명십삼릉

박정해 朴正海

1963년생

건국대학교 건축공학과 졸업
한양대학교 공학대학원 건축학과 졸업(공학석사)
한양대학교 대학원 건축학과 박사과정 재학 중

사단법인 정통풍수지리학회(www.poongsoojiri.co.kr) 이사장
한양대학교 사회교육원 풍수지리 강사
동국대학교 행정대학원 경매최고위과정 풍수지리 강사
건설경영연수원 풍수지리 강사 등 다양한 강연 활동 중

SBS 생방송 투데이, MBC 화제집중, 생방송 오늘아침, 시사매거진2580 풍수자문,
RTN 부동산TV 유쾌한 풍수여행 진행, 이코노믹리뷰 - 재벌 총수들의 생가 연재(3회) 등이 있다.

석사학위 논문: 「풍수지리적 관점으로 본 서울근교 음식점의 입지패턴에 관한 연구」

명십삼릉 - 풍수지리와 건축 -

초판1쇄 발행 | 2009년 9월 20일
초판2쇄 발행 | 2010년 9월 30일

지은이 박정해   펴낸이 홍종화

회장 홍기원
디자인 정춘경·강계영
편집 오경희·조정화·오성현·신나래·남궁현
관리 박정대

펴낸곳 문예원   출판등록 제317-2007-55호
주소 서울 마포구 대흥동 337-25   전화 02) 804-3320, 805-3320, 806-3320(代)   팩스 02) 802-3346
이메일 minsok1@chollian.net   홈페이지 www.minsokwon.com

ISBN 978-89-960984-7-8   93380
ⓒ 박정해, 2009
ⓒ 문예원, 2009

※ 책 값은 뒤표지에 있습니다.
※ 잘못된 책은 바꾸어 드립니다.
※ 저자와의 협의하에 인지는 생략합니다.

명십삼릉

− 풍수지리와 건축 −

박정해

문예원

추천사

북경 근교에 위치한 명 13릉은 중국을 여행하는 대부분의 한국 관광객, 특히 북경을 찾는 사람들이라면 반드시 방문하는 관광지 가운데 하나이다. 하지만 발굴조사가 이루어져 지하궁전이 공개된 만력황제의 정릉을 제외하면 명 13릉의 다른 능묘에 대해서는 그다지 알려져 있지 않다. 이를테면 풍요 속의 빈곤이라고나 할까 국내에도 명 13릉을 소개한 책자는 찾아보기 힘들다.

이번에 박정해 선생이 쓴 『명십삼릉 – 풍수지리와 건축』은 풍수지리의 관점에서 명 13릉을 조명한 것으로 기존의 중국 학계에서 이루어진 연구 성과와 필자 자신이 직접 현장 답사를 통해 얻은 결과를 종합한 풍수전문서적의 하나라고 할 수 있다.

사실 국내에 소개된 대다수의 풍수 서적은 경전의 번역이 아니면 대동소이한 내용을 담고 있는 일반적인 개설서가 주류를 있고 특정 대상을 깊이 있게 다룬 풍수 서적은 그다지 많지가 않은 것이 현실이다. 따라서 이 같은 서적의 간행은 풍수에 관심을 가지고 있는 일반인들은 물론 학문적으로 연구하는 사람들에게도 적지 않은 도움을 줄 수 있다고 생각되며 특히, 국내 풍수지리학계가 중국 풍수를 이해 할 수 있는 좋은 길잡이가 되어 줄 것이다.

저자 박정해 선생은 한양대학교에서 풍수를 주제로 이미 석사학위를 받았으며, 현재 박사과정에 재학 중인 동시에 정통풍수지리학회의 이사장이기도 하다. 그동안 사회 각계각층을 대상으로 풍수지리의 보급과 교육을 위해 애써 왔으며 스스로 풍수지리의 학문적인 체계를 세우고자 열심히 노력해 왔다.

　곁에서 박정해 선생을 바라보면 풍수 이외에는 다른 생각을 하지 않을 정도로 풍수에 몰입되어 풍수가 곧 생활이고 생활이 풍수인 풍수애호가, 풍수신봉자라고 해도 지나침이 없을 정도이다.

　지도교수로써 박정해 선생의 풍수에 관한 학술적인 기대가 매우 크다. 이 책의 발간을 계기로 좀 더 분발하여 국내 풍수지리학계의 중추적인 인물로써 그 역할을 다 할 수 있기를 기원한다.

한양대학교 건축학부
부교수 한동수
2009년 7월 16일

감사의 글

명 13릉에 대한 관심을 가지게 된 것은 지도 교수이신 한동수 교수님에 의해서다. 교수님께서는 처음에 석사 논문을 명 13릉으로 할 것을 제의 하셨으나, 그때는 준비 된 것이 없고 시간이 촉박해서 실천에 옮기지 못했다. 그러던 중에 우연히 명 13릉을 여행하게 되는데 웅장함과 거대함에 대단한 매력을 느끼게 되었다. 뿐만 아니라 거대한 주변 산세와 보국 그리고 정릉의 명루에서 바라 본 고축사誥軸砂는 이곳도 어김없이 풍수와 연관이 되어 있음을 알 수 있었다. 그 후 머리를 떠나지 않는 잔영과 신비감은 나로 하여금 점점 빠져 들게 하는 마력 같은 것이 있었다. 그 후 여러 번에 걸쳐 다시 찾게 되면서 자료들을 수집 정리하게 되었다.

현재 풍수가 많은 분들의 관심 속에 발전해 가고 있는데 보다 더 역사적이고 자료에 근거한 풍수서 들의 등장을 바란다.

일각에서는 풍수는 미신이다 하여 학문이라기보다는 술법으로 여기는 분들이 많은데 이 부분에 대한 풍수학인 들의 보다 많은 노력을 요구받고 있다고 생각된다.

중국을 답사하다 보면 끝없이 펼쳐진 평원으로 인하여 중국에서 과연 풍수가 시작된 곳이 맞을까? 이곳에 형세풍수는 존재하였을까? 하는 의구심을 갖게 되는데 이곳 명 13릉은 명·청 시대에 꽃피운 형세풍수의 진수를 보여준다고 할 것이다.

명·청 시대에 황릉을 조성할 때에는 조종성법이라는 엄격한 예법이 존재하고 있었다. 이것만은 비록 황제라 할지라도 거역할 수 없는 절대성이 있었음에도 불구하고 그 어떤 예법보다도 우선시 되었던 것이 풍수였다. 이와 같이 길지를 차지하기 위해서는 절대적인 조종의 예법마저도 헌신짝처럼 버려졌을 정도로 풍수는 절대적인 위치를 확보하고 있었다. 현재의 우리에게 있어 풍수는 어떤 위치를 차지하고 있는지 다시 한 번 되돌아보고 반성하는 계기가 되리라 생각된다.

풍수이론이 음양오행설과 접목되면서 더욱 더 큰 발전을 하게 되는데, 이것은 일상생활과도 밀접한 관련성을 가지게 된다. 실제로 명 황제의 이름에 오행상생의 원리를 적용하여 대대로 이어가는데, 영락제의 이름 주체朱棣에는 목木이, 그의 아들 주고치朱高熾에는 화火가, 손자 주첨기朱瞻基의 이름에는 토土가, 증손자 주기진朱祁鎭의 이름에는 금金자가, 고손자 주견심朱見深의 이름에는 수水자가 들어 있으며 다시 주견심의 아들 주우탱朱祐樘의 이름에는 목木자 들어 있다. 이와 같이 더 이상 오를 곳이 없는 황제라 할지라도 이와 같은 음양오행의 사상을 중시하고 있다.

어려운 여건 속에서도 풍수를 통한 학업을 계속이어 가게 해주시고 이 원고를 꼼꼼히 검토해 주신 한동수 교수님께 감사의 말씀을 올린다.

또 다른 면에서 풍수의 길을 열어주신 정통풍수지리학회 명예 이사장이신 정경연 선생님을 비롯한 정통풍수지리학회 회원 여러분들께도 감사의 인사를 드린다.

어려운 결정을 내려주신 홍종화 대표님, 그리고 편집을 맡아주신 여러분들께도 감사드린다.

마지막으로 묵묵히 함께 해준 아내에게도 감사의 말을 전하며, 부모님 영전에 이 책을 올립니다.

논현동 정통풍수지리학회 연구실에서
박정해

풍수지리와 건축

추천사 4
감사의 글 6

제1장 풍수학 개론 ·· 11
　1. 풍수지리의 발생배경__13　　2. 풍수지리의 활용__14
　3. 풍수의 발전과 변화__16　　5. 능지 선정의 원칙__21

제2장 풍수지리의 기본적 요소 ·· 27
　1. 황제 능 선정 때 풍수지리적인 기본적 요구사항__29
　2. 생기生氣__29　　　　　　　3. 용·맥龍脈__31
　4. 주산主山__36　　　　　　　5. 혈穴__39
　6. 사격砂格__41　　　　　　　7. 물[水]__44
　8. 명당明堂__45　　　　　　　9. 방향方向__48

제3장 명 13릉의 특징과 배경 ·· 51
　1. 명 13릉의 환경__54　　　　2. 명 13릉의 배치__54
　3. 명 13릉의 배경__57　　　　4. 명 13릉의 풍수지리적 특징__60
　5. 명 13릉의 배치법__64　　　6. 명 13릉의 건축 미학__67

제4장 명 13릉의 건설 ··· 71

1. 명 13릉의 건설순서__73
2. 명 13릉의 능지陵址 선정__73
3. 명 13릉의 능역 조성__75
4. 명 13릉의 시공 과정__78
5. 명 13릉의 능명陵名 결정__80
6. 명 이전의 황릉 건축__81
7. 주원장의 능 건축 개혁__85
8. 명 13릉의 건축체계__98

제5장 명 13릉의 풍수지리적 고찰 ······································ 115

1. 명 13릉의 구성__117
2. 명 13릉의 범위__119
3. 명 13릉의 용맥__121
4. 명 13릉의 주산__124
5. 명 13릉의 사격__128
6. 명 13릉의 물길__132
7. 명 13릉의 명당__136
8. 명 13릉의 방향__138
9. 명 13릉의 구역 구분__140

제6장 명 13릉의 구성 ·· 143

1. 장릉長陵__145
2. 헌릉獻陵__160
3. 경릉景陵__167
4. 유릉裕陵__174
5. 무릉茂陵__183
6. 태릉泰陵__194
7. 강릉康陵__201
8. 영릉永陵__209
9. 소릉昭陵__220
10. 정릉定陵__232
11. 경릉慶陵__246
12. 덕릉德陵__253
13. 사릉思陵__259

풍수지리와 건축

제7장 기타 황제 능 ··· 267
1. 혜종惠宗의 천하대사묘天下大師墓__269   2. 대종代宗 경황제景皇帝의 서산릉西山陵__272
3. 흥헌왕興獻王 주우원朱祐의 현릉顯陵__274

제8장 13릉의 배장陪葬 묘 ··· 279
1. 13릉의 배장陪葬 묘__281   2. 동정東井과 서정西井__281
3. 만귀비萬貴妃 묘__283   4. 정귀비鄭貴妃 묘__285
5. 신종의 4비 묘__287   6. 세종비와 태자 묘__289
7. 세종 세비 묘(悼陵)__291

제9장 산릉제사 ··· 293
1. 산릉 제사__295   2. 제사의식__296
3. 제사용품의 종류와 수량__298   4. 제사 때 관원의 복장__298
5. 명 황제와 황후를 안장 할 때의 예의__299

부록 303
참고문헌 317
찾아보기 321

제1장

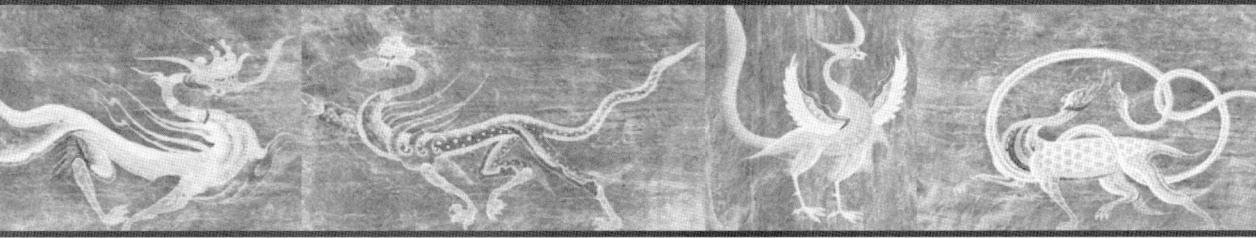

풍수학 개론

1. 풍수지리의 발생배경
2. 풍수지리의 활용
3. 풍수의 발전과 변화
4. 능지 선정의 원칙

제1장

풍수학 개론

풍수란 하나의 특수한 개념으로 진나라 곽박(郭璞)[1]에 의해 처음 등장한다.[2] 하지만 풍수관념이 진나라 시대에 처음 만들어진 것은 아니다. 수많은 책자와 고고기록이 증명하는 것처럼 일찍이 원시사회부터 있었던 것으로 인류의 초보적 이념과 풍수선택의 활동은 광범위하게 자리 잡고 있었다.

1. 풍수지리의 발생배경

원시사회에서는 열악한 자연환경과 수해, 홍수, 짐승의 출몰 등으로 인하여 생존경쟁이 치열하였다.

부족 간에는 항시 전쟁이 일어나 사람들은 수시로 위험에 빠져 안전한 시간이 거의 없었다. 하지만 이러한 위험으로부터 생명을 유지해야만 했다.

사방에 위험이 도사리고 있는 사회 환경에서 고대인들에게 일종의 강렬한 취길

---

[1] (郭璞, 276~324) 중국 진나라의 시인 겸 학자. 유곤(劉琨: 越石)과 더불어 서진(西晉) 말기부터 동진(東晉)에 걸친 시풍(詩風)을 대표하는 시인이다. 시에는 노장(老莊)의 철학이 반영되어 있으며, 『유선시(遊仙詩)』 14수가 특히 유명하다. 부(賦)에서는 『강부(江賦)』가 널리 알려져 있다.
[2] 張茗陽, 『生存風水』(學林出版社, 2005), 3頁.

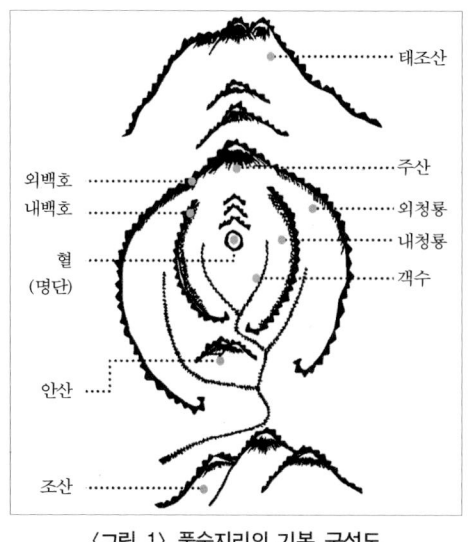

〈그림 1〉 풍수지리의 기본 구성도

피흉取吉避凶에 대한 기대가 자리 잡고 있었다. 이러한 바람 하에서는 일상적으로 두 가지의 사회활동이 진행되었는데 바로 점치는 것卜卦과 땅을 살피는 것相地이다.

점치는 것(즉 예측)은 인류의 현실적인 위험을 피하는 것으로 자신의 안전과 부족의 안전을 확보하는 일종의 과학적인 활동이다.

뿐만 아니라 고대인들은 땅을 살피는 대체적인 요소를 알게 된다. 사방에 높은 언덕[防衛]을 요하고 방향은 햇빛이 잘 드는 곳[居住]을 향하며, 앞쪽에 평원(농경지)이 있고 주위에 물이 흐르는(음용수)것이 필요함을 알게 된다.

이러한 환경이 고대인들의 생존에 필수적인 것은 아니지만 과학적이라 할 것이다. 이러한 활동은 고대인들에게는 소박한 취길피흉의 생존 관념으로 풍수가 탄생하는 하나의 근본 원인이 되는 것이다.

따라서 풍수활동擇地의 동기는 정확하고 그 핵심은 과학적이며, 인류의 필연적인 주거학住居學인 것이다.

2. 풍수지리의 활용

사람은 동물의 하나이고 동물은 본능적으로 자신의 생존과 종족의 보존을 추구하게 된다.

원시사회에서는 아주 열악한 자연환경과 냉혹한 생존경쟁 속에서 부족의 연속성을 유지하기는 굉장히 어려운 문제였다. 따라서 부족의 번성과 관련한 중요한 현상이 나타나는데, 부족의 인구가 많으면 잔혹한 생존경쟁 속에서 유리한 지위를 확보하고 부족이 지속적으로 생존할 수 있다는 희망을 갖고자 한다.

부족의 번성은 당연히 생식능력 집단에 의해 결정된다.

그렇다면 부족의 생육능력을 활성화 할 수 있는 요소는 무엇이 있을까?

생육하는 조건이 극히 열악한 원시사회에서 이것은 굉장히 어려운 문제였다. 밀림지역이나 풀들이 자라지 않는 곳에서는 사람들의 흔적을 찾아보기 힘들다. 여기에 풍수 요인 중에서 가장 중요한 요소인 생기生氣가 등장한다. 생기가 있는 지역에 종자를 파종하면 수확이 풍성해진다. 이러한 이유로 생기가 있는 곳에 부락을 형성하고 죽은 자를 안장하면 인구를 크게 증가 시킬 수 있다는 확신이 있었다.

〈그림 2〉 태보상택도(太保相宅圖)

부족이 홍성하기를 원하는 고대인들은 죽은 자의 장지葬地 선정하는 일을 굉장히 중요시 하였다. 부족의 번성을 원하는 그들에 의해 풍수는 상생 발전하는 또 다른 하나의 근본적인 원인이 된다. 즉 심리적인 근본 원인이 되는 것이다.

유구한 농업문명의 역사적 경험과 이성 사유에 기초한 풍수는 자연에 보편적인 천도가 존재하고 운행하고 있다고 여긴다.[3] 다시 말해 천지의 주재와 생육의 지존인, 그것에 순응한 즉 형통하고 위배된 즉 순탄하지 못하다.[4]고 한다.

21세기에 풍수를 과학으로 보는 경향과 미신으로 보는 경향이 상충하고 있다. 하지만 풍수의 탄생에는 하나의 과학적인 활동이 근본적인 원인으로 작용한 결과라 할 수 있다.

---

[3] 『민속학연구』 제17호(국립민속박물관, 2005.12), 143쪽.
[4] 『皇帝宅經』.
　　作天地之主, 爲孕育之尊, 順之則亨, 逆之則否.
　　『민속학연구』 제17호(국립민속박물관, 2005.12), 143쪽에서 재인용.

3. 풍수의 발전과 변화

풍수는 일찍이 고대부터 존재하였다. 단지 시대가 다르고 명칭과 내용이 같지 않았을 뿐이다.

대략 주周나라 이전에는 서우胥宇라 불렀다. 서胥는 서로간의 의사를 살핀다는 뜻이고, 우宇는 집을 의미한다. 즉 서우는 부족이 거주할 수 있는 지역을 고찰한다는 의미다.[5]

진한秦漢시대에는 감여堪輿 또는 청낭靑囊, 청오靑烏, 상택相宅, 상지相地 등으로 불렸다.[6]

그중에 감여는 가장 보편적인 말인데 본래 의미는 천지天地이다. 『회남자淮南子·천문훈天文訓』에서는,

감(堪)은 하늘의 도리요 여(輿)는 땅의 도리이다.[7]

라고 하였는데, 이것이 합쳐져 현대의 천문지리학에 해당한다.

고전에 기재된 것을 보면 진한시대의 풍수활동은 굉장히 보편적이다.

전하는 말에 의하면 진시황제는 도사道士의 말을 굉장히 믿어, 마안산馬鞍山의 지세에 천자天子의 기운이 있다고 하자 사람을 보내 구멍을 뚫고 산의 지맥을 끊어버리게 된다. 이와 같이 진秦대에도 지맥地脈의 개념은 있었던 것이다.

한대에는 음양설陰陽說과 오행설五行說의 기초위에 계통성系統性의 풍수이론이 형성된다.

그 대표적인 책으로는 『감여금궤堪輿金櫃』와 『궁택지형宮宅地形』이 있다.[8]

풍수이론의 핵심은 오성도택五姓圖宅이다. 오성도택이란 집에는 오음五音이 있고 그에 따른 성姓이 있으며 성姓에는 오성五聲이 있다는 이론이다. 이러한 이론을

---

5) 朱天運, 『十三陵風水探秘』(中國靑年出版社, 2005), 8頁.
6) 胡漢生, 『明十三陵探秘160問』(北京燕山出版社, 2004), 38頁.
7) 王其亨 等, 『風水理論硏究』(天津大學出版社, 2005), 18頁.
   원문을 살펴보면, 堪, 天道也, 輿, 地道也.
8) 何曉昕·羅雋, 『中國風水史』(九州出版社, 2008), 78頁.

바탕으로 두 가지 이상의 이로움이 있는 가장 훌륭한 길지를 찾게 된다. 그 후 유생들 중에서도 풍수에 정통한 도사가 나타나게 된다.

그중에서 가장 뛰어난 인물이 바로 제갈량諸葛亮이다. 그는 풍수를 현실에 반영하게 된다. 제갈량은 남경에 대하여

용반호거(龍盤虎踞)하니 가히 제왕의 진택지(眞宅地) 이다.9)

라고 하여 수도로서 훌륭한 조건을 갖추었음을 간파하게 된다.

그 외에도 제갈량은 자기의 묘 자리를 섬서성陝西省 면현沔縣의 정군산定軍山 아래에 선정한다. 이것은 당시의 풍수이론을 충실하게 적용하여 이루어진 일이다.

위진남북조 시대에는 풍수가 굉장히 크게 발전한 시기로 곽박과 같은 풍수종사가 나타나게 된다. 그중에 곽박의 『장서葬書』는 후세인들에게 굉장히 큰 영향을 미치게 되는데, 특히 곽박은 『장서葬書』에서 풍수를 정의하기를,

〈사진 1〉 제갈량과 제갈량 묘소

---

9) 원문을 살펴보면,
鐘阜龍盤, 石城虎踞, 此帝王之宅地.

장사를 지내는 일은

생기를 타는 것이다.

기는 바람을 타면 흩어지고

물로 경계지어 주면 멈춘다고 했다.

옛사람들은,

땅속에 기를 모아서 바람에 흩어지지 않도록 하고,

땅속으로 흘러 다니던 기가 물을 만나서 멈추게 했다.

그러므로 이를 풍수라고 하게 된 것이다.[10]

『장서葬書』의 이론적 요점으로는

첫째 생기설生氣說이다.

곽박은 만물을 기氣가 만든다고 생각하였다. 생기生氣가 충만한 지역이 완벽한 장지환경葬地環境을 형성한다고 보았다.

그리고 생기설의 음陰과 양陽은 풍수이론의 핵심이다.

둘째 장풍득수설藏風得水說이다.

바람은 생기를 흩어지게 한다. 장풍藏風은 바람을 피할 수 있는 지역으로 바람이 생기를 흩어지도록 하는 것을 면하게 한다. 또한 물은 생기를 에워싸 보존토록 한다. 물은 환포하는 환경을 구성하여 생기가 달아나는 것을 면하도록 한다. 따라서 장풍득수는 생기를 지키는 관건적關鍵的 요소이다.

풍수에서는,

득수(得水)가 위이고 장풍(藏風)이 다음이다[得水爲上, 藏風次之].

---

10) 곽박, 허찬구 역,『장서역주』(비봉출판사, 2005), 55·82~85쪽
    葬者,
    乘生氣也……
    氣乘風卽山,
    界水卽地.
    古人,
    聚之使不山,
    行之使有止,
    故謂之風水

   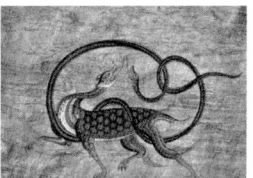

좌청룡 　　　　우백호 　　　　전주작 　　　　후현무

〈그림 3〉 사신도(四神圖)

라고 하였다. 따라서 물은 생기를 보존하는 가장 중요한 요소이다.

셋째 사신방위설四神方位說이다.

고대에 네 개 방위의 대표적인 사신四神은 좌청룡左靑龍과 우백호右白虎, 전주작前朱雀, 후현무後玄武이다. 이러한 개념의 사신을 곽박은 풍수에 끌어들이게 된다. 풍수에서의 사신은 산의 상징이 되는데, 사신이 정확하게 있으면 굉장히 장중한 느낌을 주게 된다. 이러한 원칙은 후에 점점 발전하여 고대풍수의 하나의 고정적인 형식이 된다.

넷째 음후설蔭後說이다.

곽박은 죽은 사람과 산사람은 서로 간에 정기情氣가 관련되어 있어 땅이 좋으면 조상이 편안하고 조상이 편안하면 자손이 번성한다고 하였다. 이설은 훌륭한 땅을 선택하여 그곳에 안장하면 나라의 번영이 연장되고 자손이 부귀를 누린다는 것으로 음택陰宅 풍수의 연속성과 발전의 최대 동력이 된다.[11]

총괄적으로 『장서葬書』에서는 풍수적 개념을 제공하는데, 그 주요이론은 음양陰陽이 근본이고 생기生氣가 핵심이며 장풍득수藏風得水는 조건이 된다.

하나의 이상적인 장지환경을 얻는 것은 복음자손이 최종목적으로 명확하고 완성된 사상과 이론체계를 형성하게 된다.

『장서葬書』는 중국 풍수발전사상 가장 중요한 서적 중에 하나로 후세의 풍수가들에 이르도록 경전으로 받들어져 『장경葬經』이라 존칭된다.

당·송 시대는 풍수 발전이 절정에 이른 시기이다.

첫째 수초隋初에서 송말宋末에 이르는 700여 년 동안에 풍수서적은 헤아릴 수 없이

---

11) 楊文衡, 『中國風水十講』(華夏出版社, 2007), 226頁.

등장한다. 현존하는 고서 중에 수나라 풍수 책은 245권, 당나라 때의 풍수서적은 약 300여 권이 있으며 송나라의 풍수서적은 너무 많아 그 수를 헤아릴 수가 없다.

둘째 굉장히 유명한 풍수사가 등장하는데 원천강袁天罡12)과 이순풍李淳風,13) 양균송楊筠松,14) 증문천曾文辿,15) 료우廖禹,16) 진박陳搏,17) 뢰문준賴文俊18) 등이다.

셋째 두 개의 중요학파가 등장한다.

당말 어용풍수대사는 양균송楊筠松으로 주로 강서江西에서 활동한다. 후에 그의 자손과 제자들에 의해 형세종법形勢宗法의 풍수파가 형성된다.

또 다른 하나는 복건성福建省에서 시작되어 송나라 시대의 풍수대사 왕급王伋에 의해 그 학설이 전파되는 이기종법理氣宗法의 풍수파19)이다.

형세파形勢派는 주로 강서江西에서 활동하였으며 옛날에는 감파贛派라 하였다. 그들은 형세를 중시하는데 주위의 지리환경 즉 용龍, 혈穴, 사砂, 수水의 배치를 요구하였다.20) 이들을 형가形家라고도 불렀다.

이기파理氣派는 복건성福建省에서 주로 세력을 형성하였으며21) 옛날에는 민파閩派 또는 종묘파宗廟派라 불렀다. 그들은 풍수가 좋은 환경의 관건은 생기의 유무에 달려있는데 이것을 경관의 잠재환경潛在環境으로 구성되어 있다고 보았던 것이다.

---

12) 원천강(袁天罡)은 위진남북조시대 말기, 수나라 초기 사이에 태어나 당초기 당태종 시대에 살았으나 정확한 연대를 알 수 없다. 원천강은 천문과 음양에 상당한 조예가 있었으며 사람의 관상과 명리도 보았으며, 궁극적으로는 백성들에게 희망과 꿈을 주는 예언가이자 상담가로 볼 수 있다.
13) 이순풍(李淳風) 602~670)은 중국 당(唐)나라 천문학자·수학자. 기주옹현(岐州雍縣 ; 지금의 陝西省 鳳翔) 출신. 태사령(太史令)을 지냈다. 633년 황도환(黃道環)·적도환(赤道環)·백도환(白道環)으로 이루어진 삼진의(三辰儀)를 갖춘 혼천의(渾天儀)를 새로 만들었다.『진서(晉書)』와『수서(隋書)』등 천문지(天文志)와 율력지(律曆志)를 편찬했고, 또『산경상서(算經上書)』의 주석을 했다. 혜성의 꼬리가 항상 태양의 반대쪽에 있는 것을 발견했고, 천문기상 현상의 기록을 정리하였다. 또한『을사점(乙巳占)』을 저술했다.
14) 양균송(楊筠松)은 당나라 때 사람으로 형기풍수의 이론적 바탕을 완성한 인물이다. 감룡경(撼龍經)과 의룡경(疑龍經)을 집필하여 풍수를 탄탄한 학문으로 도약시켰다.
15) 증문천(曾文辿)의 학맥은 형기풍수를 창안한 양균송(楊筠松) 선생으로부터 시작하여 증공안(曾公安·당)에게 전수되었고, 증문천(曾文辿)은 그의 아버지 증공안으로 형기풍수의 정통 맥을 전수한 인물로 형기풍수의 발전에 중요한 역할을 담당한 인물이다.
16) 료우(廖禹)는 양균송의 학맥은 이어받은 저명한 풍수가 이다.
17) 진박(陳搏) 유불도(儒佛道)를 섭렵한 대은사(大隱士)로 이름이 널리 알려진 인물이다.
18) 뢰문준(賴文俊)은 양균송의 학맥을 이어받은 송나라 때의 저명한 풍수가 이다.
19) 王玉德,『尋龍點穴』(中國電影出版社, 2006), 167~168頁.
20) 華博,『中國盜墓』(中國友誼出版公司, 2006), 165頁.
21) 何曉昕 羅雋, 前揭書(2008), 112頁.

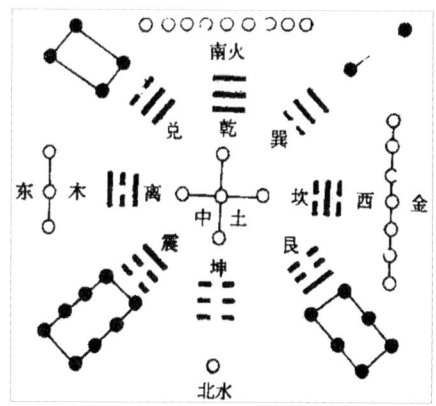
<그림 4> 낙서(洛書)와 팔괘(八卦)

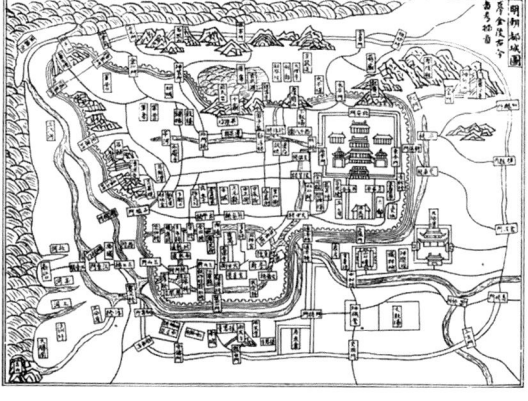
<그림 5> 명 남경성도

이 설은 주로 성괘星卦이고, 오행팔괘五行八卦를 받아들여 생극生剋의 원리를 적용하게 된다.22) 방위를 중시하고 나경佩鐵의 원리가 주요 내용이었기 때문에 복건파들은 택법宅法의 원리에 치중하게 된다.23)

이 학문은 절강성浙江省과 복건성福建省에 전하나 현재 이를 사용하는 자는 드물다.24)

명·청 시기에는 풍수지리가 범람하게 된다. 크게는 도성都城과 황궁능침에서 작게는 평민백성들의 주택과 묘지의 선정에 이르도록 모두 풍수에 의해 진행된다.

명·청 시대에 감파풍수贛派風水는 민파풍수閩派風水에 대해서 압도적으로 우세한 위치를 차지하게 된다. 이 시기의 주요 건축물인 남경성과 북경성, 명 13릉, 청 동·서릉은 감파풍수의 이론을 바탕으로 걸출한 작품을 만들게 된다.

4. 능지 선정의 원칙

황제 능지의 선정과 건설과정에서 가장 중요시 한 것은 풍수지리적인 이론을 바

---

22) 『민속학연구』 제17호(국립민속박물관, 2005.12), 141쪽.
23) 何曉昕 羅雋, 前揭書(2008), 112頁.
24) 『민속학연구』 제17호(국립민속박물관, 2005.12), 141쪽.

탕으로 여러 가지 조건을 고려하여 선정하게 된다.

　중국에서 풍수지리의 활용은 상주商周시기에 출현하였다고 할 수 있다.[25]

　서주西周 초기 주공周公 희姬는 풍수지리를 활용하여 하남 낙양에 도읍을 건설한다. 이후 정식으로 풍수지리의 정의가 정립된 것은 진晉나라의 곽박郭璞에 의해서다.

　그의 저서 『장경葬經』이 전해지는데 그 내용 중에는,

　　장사지내는 일은 생기를 타는 것이다. 기는 바람을 타면 흩어지고 물로 경계 지어 주면 멈춘다고 했다.[26] 옛 사람은 땅속에 기를 모아서 바람에 흩어지지 않도록 하고(장풍), 땅속으로 흘러다니던 기가 물을 만나서 멈추게 했다(득수). 그러므로 이를 풍수라고 하게 된 것이다.[27]

라고 하였다.

　전국시대戰國時代 후기에는 음양오행설陰陽五行說이 성행한다. 한漢, 위魏나라 이후 오행설은 풍수에 적용되어 사시四時, 사방四方과 조합하게 된다.

　『춘추번로春秋繁露』에서 말하기를,

　　목(木)은 좌(左)에 금(金)은 우(右)에 있고 화(火)는 앞에 수(水)는 뒤에 있으며 토(土)는 중앙(中央)에 있다. 고로 목(木)은 동쪽에 있어 주로 봄기운을, 화(火)는 남방에 있어 주로 여름기운을, 금(金)은 서방에 있어 가을기운을, 수(水)는 북쪽에 있어 겨울기운이 주가 된다.[28]

고 하였다.

　반고班固의 『백호통의白虎通義』에는,

---

25) 晏子有, 『淸東西陵』(中國靑年出版社, 2004), 4頁.
26) 곽박, 허찬구 역주, 앞의 책(2005), 55쪽.
　　葬者乘生氣也, 氣乘風則散, 界水則止.
27) 위의 책, 84~85쪽.
　　古人聚之使不散, 行之使有止, 故謂之風水.
28) 董仲舒, 『春秋繁露』.
　　木居左, 金居右, 火居前, 水居後, 土居中央.
　　是故木居東方而主春氣, 火居南方而主火氣, 金居西方而主秋氣, 水居北方而主冬氣.

오행(五行)과 네 마리의 짐승을 배치하여 좌 청룡(木), 우 백호(金), 전 주작(火), 후 현무(水) 중앙을 토(土)라 하였다.[29]

서한 이후에는 삼강오상三綱五常의 사상이 중국의 정신세계를 지배하게 되는데, 풍수이론에서 땅을 표현하는데 가장 잘 적용하고 응용해서 사용하게 된다. 풍수지리학 이론에서는,

사람은 삼강오상(三綱五常)을 가지는데 지리도 또한 같다.

고 설명을 하고 있다. 이로서 풍수지리에 통달한 사람들에 의해 땅의 모습을 이론화하기 시작 한다.

지리오결에서 삼강三綱에 대하여,

첫째 기맥(氣脈)은 부귀빈천(富貴貧賤)을 통괄하고,[30]

둘째 명당은 사수미악(沙水美惡)을 통괄하며,[31]

---

29) 班固, 『白虎通義』.
 左青龍(木), 右白虎(金), 前朱雀(火), 後玄武(水), 中央後土(土).
30) 趙廷棟, 신평 옮김, 『地理五訣』(동화사, 2008), 64~65쪽.
 貴龍重重穿出帳이요 賤龍無帳空雄壯이라,
  용은 거듭거듭 장막을 치고, 천룡은 장막이 없고 웅장하기만 하다.
 貴龍多自穿心出이요 富龍只從旁生上이라,
  귀룡은 중심으로 맥이 뻗어 나오고 부룡은 곁가지 줄기가 많다.
 帳幕多時貴亦多요 三重只是富豪樣이라,
  장막이 짧으면 귀함이 많고, 삼중이상 거듭되면 부호의 모양이 된다.
 倉庫箱櫃竝盞箸요 排列穴中必發富라,
  창고사와 상궤사가 있으면 자손이 가지런하고, 좌우를 헤치고 나온 혈은 반드시 부귀한다.
 且問貧龍是苦阿요 無纏無虎龍虛度라,
  또한 묻노니 빈룡은 어떠하뇨? 감싸 안음이 없고 백호와 청룡이 모두 공허하다.
 風吹脊露又孤單이요 左右凹風氣脈散이라,
  풍취하도록 돌출하면 고단할 것이오, 좌우의 요풍이 불면 기맥은 흩어지리라
 前堂傾斜無關欄하고 水直木城穴橫過이면 牽動土牛主貧寒이라.
  앞의 명당이 비뚤어지고 싸안음이 없고, 물은 곧게 가로로 놓이면 억지만 부려도 빈한하리라.
31) 위의 책, 65쪽.
 穴證看明堂이면, 沙證明堂水證穴이라.
  혈장에 올라 명당을 볼 때 사가 명당을 증명하고 수는 혈을 증명한다.
 明堂如掌心이면 家富斗量金이라.

셋째 수구는 생왕사절(生旺死絶)을 통괄 한다³²⁾고 가르쳤다.

또한 오상(五常)은

첫째가 용(龍)으로 용은 진(眞)을 요하고,

둘째 혈(穴)은 적(的)을 요하며,

셋째 사격은 빼어남[秀]을 요하고,

넷째 물은 환포[抱]함을 요하고,

다섯째 방향(方向)은 길(吉)함을 요한다.³³⁾

고 가르쳤다.

풍수가 발전을 거듭하여 정치사상과 융합하여 지세地勢와 인체人體의 화복상관관계禍福相關關係에 대한 이론을 형성한다. 또한 장지葬地는 후대자손의 성쇠영욕盛衰榮辱에 지대한 영향을 미치는 것으로 그릇되게 변질된다. 풍수는 종종 주술적인 행위로 불리게 되고 사치적인 영향을 후세에 조성하여 많은 문제점을 야기 시키는데 그런 영향을 미친 것 또한 사실이다.

사람에게 가장 기본적인 수요는 가장 강하고 가장 현명함으로 이것은 일종의 생존 수요이다. 생존을 위하여 사람은 천년만년의 계획을 추구하고 인류와 대자연은 화합하는데 힘써 천인합일天人合一³⁴⁾의 경지에 이르고자 하였다.

풍수는 실제적으로 신속하게 체험하고 일정한 정도의 개조를 통하여 인간의 생활에 편리함을 추구하고자 하였다.

　　　　명당이 손바닥 같이 아늑하면 집안이 부하여 금덩이가 쌓이리라.
　　　　明堂容萬馬요 水口不通舟라.
　　　　　　명당은 만마를 수용할 수 있어야 하고 수구는 배가 다닐 수 없을 정도로 좁아야 한다고 하였다.
32) 위의 책, 66쪽.
　　先看金龍動不動이요 次審血脈認來龍이라 했다.
　　먼저 金龍(辰戌丑未)의 움직임 상태를 보고, 다음으로 혈맥을 살피고 來龍을 보라고 했으니 제일 먼저 수구를 살피라는 뜻이다.
33) 『地理五訣』 권1・『地理通論』
　　三綱是指,
　　一曰氣脈, 爲富貴貧賤之綱, 二曰明堂, 爲沙水美惡之綱, 三曰水口, 爲生旺死絶之綱
　　五常卽是
　　一曰龍 龍要眞, 二曰穴 穴要的, 三曰砂 砂要秀, 四曰水 水要抱, 五曰向 向要吉.
34) 何曉昕 羅雋, 前揭書(2008), 71頁.

봉건이론에서는 살고 죽는 일에 대한 관념을 묘지선정의 좋고 나쁨에서 그리고 자손의 번영에 영향이 미치는 것을 강조함으로서 미래인생에 대하여 음택 풍수이론의 실천적인 행동이 이루어지도록 하였다.

이것을 원인으로 창조된 것이 황제와 황후의 능묘가 대표적인 경우이다.

중국의 고대 건축물 중에서도 능묘 건축물이 유달리 아름다운데 그중에서도 명 13릉은 풍수 명당의 요건을 두루 갖춘 대표적인 걸작이라 할 수 있다.

그럼에도 불구하고, 명 13릉의 풍수는 왕조를 부패하지 않고 영원하게 하지 못했으며, 오히려 과도한 사치는 반대로 명조의 패망을 가속화 시켰다.

전통적인 풍수활동은 음택을 선정할 때 용龍[35]을 찾고 사격砂格[36]을 살피며 물을 보고 점혈하는 방법을 종합 운용하였다.

특히 황제의 능을 선정할 경우에는, 풍수지리 이론을 바탕으로 능지를 선정하는 것을 원칙으로 여긴다. 풍수지리는 어떤 한 개의 능을 선정 할 때에만 적용한 것이 아니고 전반적으로 모든 능을 선정하는 과정에 적용되었다. 풍수지리가의 자세한 조사를 거친 후에 일반적으로 경치가 수려한 지역에 산수와 건축물이 완전한 아름다움으로 결합되도록 주의하여 황제의 능침을 건설한다.[37]

---

[35] 땅의 起伏을 龍이라 한다. 山의 변화가 無窮하고 그 조화를 측정키 어려운 점이 마치 龍과 같다하여 山의 起伏을 이름하여 龍이라 한다.
[36] 砂格이란 무덤 주변을 둘러싸고 있는 산세의 모습.
[37] 晏子有,『淸東西陵』(中國靑年出版社, 2004), 13頁.

제2장

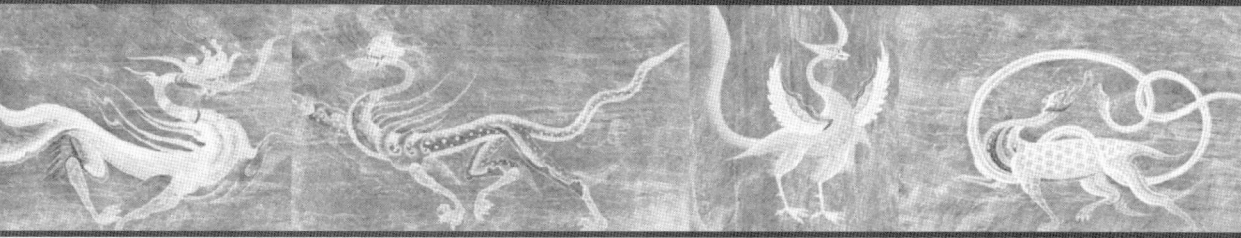

풍수지리의 기본적 요소

1. 황제 능 선정 때 풍수지리적인 기본적 요구사항
2. 생기生氣
3. 용맥龍脈
4. 주산主山
5. 혈穴
6. 사격砂格
7. 물[水]
8. 명당明堂
9. 방향方向

제2장

풍수지리의 기본적 요소

1. 황제 능 선정 때 풍수지리적인 기본적 요구사항

송宋·원元이후에는 전국적으로 감파풍수贛派風水 즉 형기풍수形氣風水가 차츰 주류를 차지하게 된다.[1]

명나라 초기에도 마찬가지다. 천수산天壽山 능역의 선택은 감파풍수贛派風水의 지도 하에 진행하였다. 감파풍수贛派風水는 황제의 능지를 선정할 때 기본적인 요구사항이 있었는데, 첫째가 생기生氣이고 두 번째가 용맥龍脈, 세 번째가 주산主山, 네 번째가 혈穴, 다섯 번째가 사격砂格, 여섯 번째가 물水, 일곱 번째가 명당明堂이고 마지막으로 방향方向이다.

이것을 하나하나 자세히 살펴보도록 하자.

2. 생기生氣

기氣는 동양전통 철학 중 가장 중요한 개념槪念이다.[2]

---

1) 林徽因, 『風生水起』(團結出版社, 2007), 74頁.
2) 毛上文 溫芳, 『陰陽宅風水』(團結出版社, 2008), 38頁.

기는 두 가지 자연세계를 말하는데 첫째 무형無形의 유체물질有體物質로 공기空氣와 운기運氣, 물기水氣 등을 말하고 두 번째는 이러한 개념으로 구성된 자연세계自然世界와 인류세계人類世界의 가장 기본적基本的인 원소元素를 말한다.

그것은 비록 보이지 않고 만져지지 않지만 그래도 우주宇宙에 가득하다. 어느 시간 어느 곳에도 없는 곳이 없고 또한 끊임없이 운동하고 변화한다. 흩어지면 보이지 않지만 모으면 유형有形의 물체物體가 된다.

특히 세상만물의 운동과 변화를 결정하고 흥하고 망함의 가장 근본요소根本要素가 된다.3)

기氣를 통하여 여러 가지 풍수술風水術을 충분히 운용할 수 있는데 중요한 것은 아래의 개념이다.

그것은 생기生氣와 양기陽氣, 음기陰氣, 사기邪氣 등 많은 종류로 분류할 수 있는데, 양기陽氣와 생기生氣는 사람에게 좋은 영향을 미쳐 부족한 부분을 보완하고 자손을 번성하게 한다. 반면에 사람에게 나쁜 영향을 미쳐 아픔을 주고 가족을 흩어지게 하기도 하는데, 이것을 사기死氣 또는 음기陰氣라 한다.

사람은 취길피흉取吉避凶 차원에서도 반드시 생기生氣가 있는 곳에 살거나 묻혀야 한다.

풍수에서는 기氣의 변화를 무궁무진無窮無盡 하다고 생각한다. 또한 기氣는 끊임없이 운행하고 변화한다. 기氣는 바람을 만나면 흩어지고 물을 만나면 멈춘다[氣乘風則散 界水則止]고 하였다. 그렇다면 어떤 곳에 생기生氣가 머무를까… 또한 어떤 형태의 산과 물이 생기生氣를 머무르게 할까?

곽박郭璞은 그의 저서 『장서葬書』에서,

첫째가 물을 얻음이고 두 번째가 장풍(藏風)이라 하였다.4)

---

3) 上揭書, 39頁.
4) 원문을 살펴보면,
 風水之法,
 得水爲上,
 藏風次之.
 곽박, 허찬구 역, 『장서역주』(비봉출판사, 2005), 87쪽.

장풍은 바로 사면을 산이 에워싼 분지盆地로 바깥쪽의 악풍惡風으로부터 생기를 보호토록 하고, 물[界水]은 구불구불 흘러 생기를 봉쇄하여 보존토록 한다.

3. 용맥龍脈

기氣는 땅 밑에서 맥脈을 타고 흐르게 되는데 이것이 토맥土脈이다. 토맥은 사람의 눈으로 볼 수는 없으나 지면에서 표정表情과 형태形態로 나타나게 되는데 이것이 바로 용맥龍脈이다. 산맥山脈이 때로는 높게 때로는 엎드리는 듯 낮게 기복起伏하여 춤추듯이 길게 이어진다. 풍수에서는 산맥을 용맥이라 부른다.

용맥에는 생기운행生氣運行의 노선路線과 생기의 정도가 명시된다.

옛날부터 풍수사가 음택지陰宅址나 양택지陽宅址를 선택할 때 생기발랄한 용맥을 찾는 것을 제일 큰일로 생각하였다. 하물며 황제의 능지陵址를 선정하는데 두말하여 무엇 하겠는가.

용龍을 찾는 요점은 진眞이다. 그렇다면 어떤 용이 진룡眞龍일까….

첫째 용맥이 명확해야 한다.

풍수에서는 제황帝皇의 무덤 뒤에는 응당 산맥을 배경으로 한 높고 큰 아름다운 산이 있이 있어야 하는데 이산을 주산主山이라고 한다.

주산 뒤에 더욱 크고 높은 산은 소조산小祖山이고 더 멀고 큰 산은 태조산太祖山[5]이다. 주

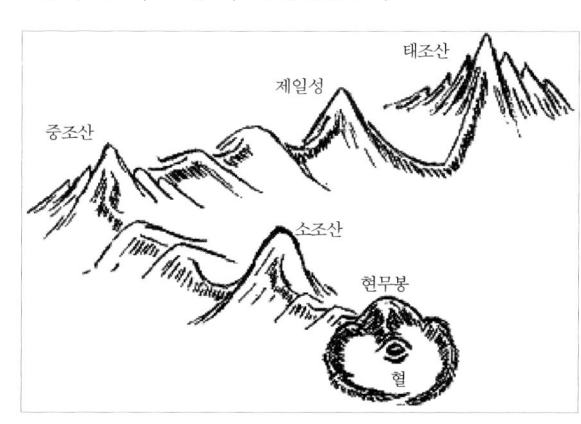

〈그림 1〉 용맥도(자료출처 : www.poongsoojiri.co.kr)

[5) 서선계·서선술, 김동규 역,『인자수지』(명문당, 1992), 159~160쪽.
대개 龍을 찾는 法은 마땅히 그 비롯된 바를 根原으로 삼는 것이니 먼저 祖宗山을 살펴야할 것이다. 經에 云하기를 龍을 찾고자 하면 반드시 祖와 宗을 찾을 것이니 祖宗을 分辨하지 아니하면 어찌 말할 수

산主山과 소조산小祖山6) 그리고 태조산太祖山은 반드시 한 용맥으로 이어져야 한다.7)

둘째 신분이 존귀尊貴해야 한다.

풍수에서는 산의 주맥主脈을 간룡幹龍이라 하고 부수되는 용을 지룡支龍이라 한다.

> 있으리오, 賦에 云, 祖를 묻고 宗을 찾음에 어찌 도중에서 그치요, 대개산의 祖가 있음은 木의 뿌리가 있고 水의 根原이 있는 것과 같으니 뿌리가 크면 가지가 멀리 무성하게 뻗고 源이 깊으면 흐름이 깊은 것은 자연의 이치일 것이다. 그러므로 龍을 찾는法은 반드시 먼저 祖宗을 硏究할 것이니 그 祖宗을 알게 되면 龍의 遠近長短과 氣의 輕重厚薄과 力의 大小와 福澤九暫을 알 수 있을 것이다. 龍유經에 云, "只用源流 來處好면 起家는 須是 好公蒲"라 하였다. (공포=조산을 말함) 또 卜則巍이 曰, "祖宗이 聳拔한 者는 子孫(자손=혈을 말함)이 必貴"하다 하였다. 이들은 모두 特異한 祖龍이 있으면 반드시 富貴美地를 結하는 것을 말한 것이니 龍을 찾을 때는 먼저 祖宗山을 보아야 하며 그중에서도 멀리 뻗어나간 것을 기준으로 하여 太祖山이라 한다. 역시 가로되 "始祖는 受穴된 곳까지가 멀수록 아름다우니 사람의 始祖와 宗族이 오래된 것과 같은 이치이다"따라서 太祖山은 반드시 높고 크며 멀고 특이하며 或 州를 넘고 郡에 連하여 數百里를 뻗어 큰 것은 名山五嶽이 되고 작은 것은 高大하여 州나 郡에서 으뜸가고 더 작은 것이라도 邑이나 方에서 으뜸이 가는 것이 이른바 太祖山이 되는 것이다. 그 形勢가 巍然高大하여 하늘에 솟아오르고 或龍樓寶殿과 千絲墜 萬石倉등 格과 같고, 發出한 枝派가 蕃衍하여 다 헤아릴 수가 없는 것이다. 사람의 太祖도 子孫이 衆多하면 歷歷히 다들기가 어려운 것과 같다. 祖山이 이와같이 高大異常하면 그곳에는 때때로 雲霧가 山嶺에 끼어 있다 하였다.
> 廖氏가 云, "祖宗高頂을 樓殿이라 하니 항상 雲氣가 있다"하였고 楊筠松이운, "먼저 霧氣를 찾아보고 正龍을 알아라"하였고 또云, "尋龍에 望氣 先尋脈이니 雲霧多生이면 在龍脊이라 春夏之交는 與二分이니 夜望雲霓 生處覓이라 雲霓는 先生 絶高頂이니 此是龍樓 寶殿定이라 하였으니 雲霧의 나타나는 것을 보고 山龍의 始胎를 아는 것도 한 方法이라 하겠다. 이리하여 太祖山을 알았으면 다음으로 그 出身行度를 살피고 父母胎息을 살펴서 穴을 받은 산에 이를 때까지를 始로 삼는 것이다.

6) 위의 책, 161~162쪽

> 龍을 찾는 데는 모름지기 祖宗을 궁구하여야 함은 당연하나 太祖山은 오히려 참이 아닌가 두려운바 있으니 반드시 小祖에서 그 來歷과 美德을 살펴야하기 때문에 小祖山을 論하지 않을 수 없는 것이다. 대개 小祖山은 太祖에서 가까운 다음의 祖宗인 것이다. 廖氏가 云, "主山龍行이 길어서 祖를 떠난지 멀고 각기 나누어진 枝派가 結穴할 곳에 가까이 와서 별안간 높고 큰 山巒을 일으키고 불과 數節에 穴場을 맺으면 그 高大한 山巒을 가르켜 小祖山이라 하는 것이다. 만약 그山의 分枝가 많고 結穴이 아직 멀면 小祖山이 되지 못하는 것이고 駐蹕山이 되는 것이며, 住脚星辰이 오히려 遠祖가 되는 것이다. 그렇치 않고 만약 小祖山이 된다면 이 山으로부터 不過數節 아래로 穴場이 되는 것인데 그렇치 아니하고 節數가 太多하다면 主星은 멀리 떠나는 징조이니 力은 輕하고 기는 弱하여 다시 主星을 일으켜야 좋은 것이다"하였다. 廖氏가 云, "만약 산이 結穴龍定되기 위하여 主星峰을 일으키면 結胎龍이라 하는 것이니 반드시 小祖山이 있어야 主星이 되는 것이다" 또 云 "二三節內에 穴星이 成福하면 力이 實하고 輕하지 않으나 節數가 많고 멀 때는 福力이 적은 것이니 主星이 다시 일어나야만 方妙한 것이다"하였으니 이들은 穴에서 主山까지가 멀면은 마땅치 않은 것을 말하였다. 또 云, "主星의 大小가 龍格에 맞으면 조화를 헤아릴 수 없다"하였으니 이 말은 小祖山은 모름지기 龍家諸格에 맞아야 融結造化되므로 무릇 미지는 반드시 穴에서 가까이 小祖山을 일으키고 小祖山은 모름지기 奇異得達하고 秀麗光彩하여 或 크게 開帳하고, 或 華蓋나 寶蓋를 일으키고 或 三臺와 玉枕御屛등 제반 貴格을 작하고 或 冲天木, 獻天金, 漲天水, 熖天火 湊天土등 星辰을 이루고 이들이 小祖山의 星體에 합하고 龍格을 이루어 虛生되지 아니하면 融結이 아름다울 것이다. 그러나 이같은 小祖山이 猗斜(의사=기울어짐) 부정하고 孤露峻嶒(고로능증=험산)하고 瘦削破碎(수삭파쇄)하고 臃腫醜惡(옹종추악)하며 巉岩帶殺(참암대살)하고 醜陋委靡(추루위미)하며 軟弱困頓하여 種種凶惡한 形이 星體를 이루지 못하고 龍格에 합하지 못하면 融結되지 못할 것이니 비록 穴場이 있고 當局제반이 아무리 사랑스럽다 하더라도 不吉한 것이다. 凶禍를 主한 것은 꼭 맞는 것이니 잘못알고 下葬하면 節節에 이를 때마다 그에 해당되는 禍患이 나타날 것이다.

7) 胡漢生,『明十三陵探秘160問』(北京燕山出版社, 2004), 43頁.

중국의 간룡幹龍은 크게 북간룡北幹龍과 중간룡中幹龍, 남간룡南幹龍으로 나눌 수 있다. 산조山祖를 곤륜산崑崙山으로 한8) 북간룡9)은 황하黃河와 압록강鴨綠江 양대 수계사이의 연음산沿陰山과 하란산賀蘭山, 태행산太行山, 연산燕山 등으로 이어져 동해東海에 이르며,

중간룡中幹龍은 황하黃河와 장강長江 두 수계사이의 연진령沿秦嶺과 대별산大別山, 숭

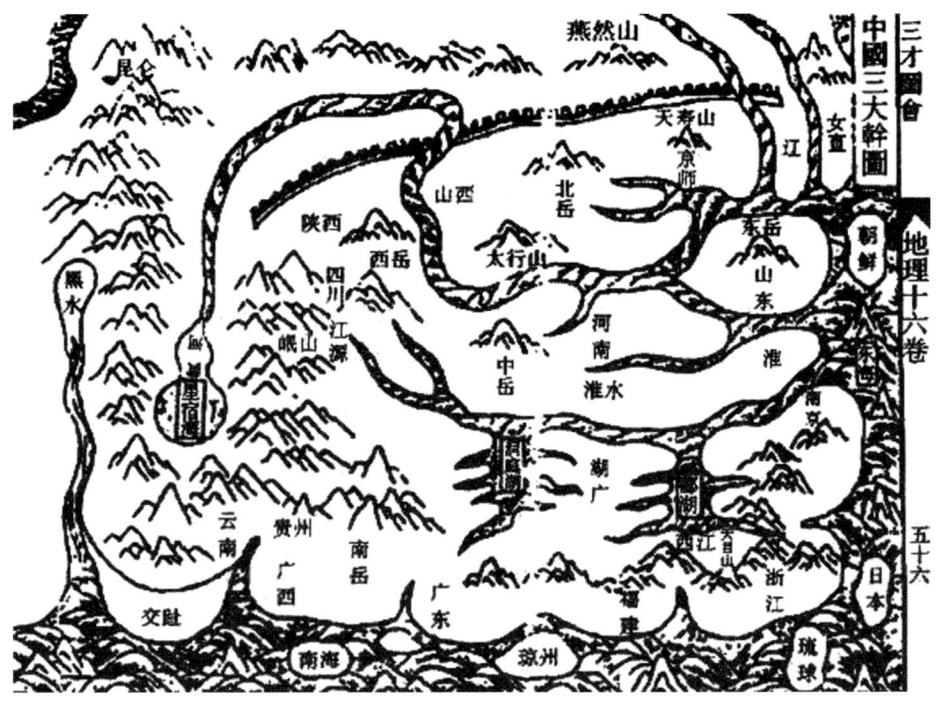

〈그림 2〉 중국 3대 간룡도(幹龍圖)

---

8) 林徽因, 『風生水起』(團結出版社, 2007), 65頁.
9) 서선계·서선술, 김동규 역, 앞의 책(1992), 81쪽.
  大河北쪽의 龍은 其脈이 모두 崑崙으로부터 일어났다 한다. 經에 云하기를 "崑崙山脚 出閶顔하니 雙雙都是 破軍山이라, 連綿走入 澣海北(北海名)하니 風俗强悍 人粗頑이라 生見五歲 學騎射 하니 骨鯁方方是此問"이라 하니 이를 말함이다. 이 白登에(大同府日 登縣에 있는 名山)이르른 서쪽 一枝는 壺口(隰州吉鄉縣에 있음)로 하여 太嶽(晋州霍邑에 있음)에 이르고 다음 一枝는 南出하여 析城(澤州陽城縣에 있음)을 지나 다시 西쪽으로 꺾여 雷首(河中縣에 있음)에 이르고 또 다음 一枝는 太行(懷慶河內縣에 이르러 九嶺綿亘十二州의 경계 入經에 있음)에 이르고 또다음 一枝는 恒山(定州曲陽縣에 있음)에 이르고 또다음 一枝는 燕山으로하여 平灤 碣石山에서 다한다. 經에 云하기를 "若以幹龍 論大盡인데 太行碣石 至海堧이라 하니 이를 말함이다. 其水源인 汾水가 管州의 管涔山에서 나와서 絳州에 이르러서 入海하게 된다.

산嵩山으로 이어진 회남淮南의 산들을 말하고, 남간룡南幹龍은 장강長江 이남의 운남雲南을 포함하여 귀주貴州, 광동廣東, 복건성福建省의 산들을 말한다.10)

양택지陽宅址나 음택지陰宅址의 산맥은 이 세 간룡幹龍과 맥이 연결되어야만 신분이 존귀하다고 할 수 있다.

셋째 생기발랄해야 한다.

용의 종류는 생룡生龍11)과 사룡死龍,12) 강룡强龍,13) 약룡弱龍,14) 순룡順龍,15) 역룡逆龍,16) 퇴룡退龍,17) 복룡福龍,18) 겁룡劫龍,19) 살룡殺龍20) 등 여러 가지 종류가 있다. 기

---

10) 朱天運, 『十三陵風水探秘』(中國靑年出版社, 2005), 16頁.
11) 최창조, 『한국의 풍수사상』(민음사, 1990), 86쪽.
　　生龍이란, 寶鑑에 이르기를 "祖山으로부터 出脈한 이래 크게 혹은 적게 起伏을 이루어 生蛇가 물을 건너는 것 같고 勢를 내려 몸을 내밀되 左右에 다리가 있고 穴場이 단정하고 應하는 산과 案山이 분명한 것이 生龍이니 이 龍이 가장 길하여 주로 富貴登名하고 人丁이 旺盛하는 것이다."라고 하였는데 모든 保局이 順應한 형세를 일컬은 것이라 볼 수 있다.
12) 위의 책, 86~87쪽.
　　死龍이란, 峰巒가 모호하고 手足이 방불하여 本體가 곧고 딱딱해서 마치 잘라놓은 나무토막 같은 것이다. 산의 변화가 극히 미약한 것인데 마치 가지없는 나무나 죽은 미꾸라지 같이 腫腫스런 모습을 띠어 生氣가 없는 것이 특징이다.
　　氣의 융결이 이루어 질 수 없는 최대 凶格으로 貧窮 下賤은 물론 絶孫의 惡地로 여겨진다.
13) 위의 책, 87쪽.
　　强龍이란, 氣勢 變化가 크고 힘이 있으며 정연하여 龍勢가 웅장한 형태를 취한다. 맹호가 出林하는 형세로 매우 강성한 힘을 내며 大吉格으로 꼽힌다.
14) 위의 책, 87쪽.
　　弱龍이란, 星峰이 빈약하고 변화가 없으며 枝脚이 짧고 龍身本體가 축 늘어진 無勢, 無力한 용을 弱龍이라 한다.
15) 위의 책, 87쪽.
　　順龍이란, 이 龍은 星峰이 순히 나오고 枝脚도 順히 펼치고 行度가 둥글게 모인 것이다.
16) 위의 책, 87쪽.
　　逆龍이란, 星峰이 기울어지고 枝脚이 거슬리어 뻗어나가고 行度가 괴이하며 어긋난 용을 말한다.
　　順龍과 배치되는 龍勢를 가지고 있다고 보면 되며 새가 거꾸로 나는 듯 한 거부감을 주는 것으로 逆臣, 悖逆無道의 凶格으로 본다.
17) 위의 책, 88쪽.
　　退龍이란, 星辰이 尖하고 枝脚이 차례가 없고 行度가 뒤로 물러나는 龍이다. 처음은 낮고 작으며 나중에 커서 용의 높음이 마치 사람이 디딜방아를 밟는 것 같고, 배가 여울로 거슬러 올라가는 듯, 높고 낮음이 차례를 잃은 것으로 精氣가 없어 大凶格이다.
18) 위의 책, 88쪽.
　　福龍이란, 祖宗山이 수려 장엄하고 좇아 호위하는 山이 많은 것을 말한다.
　　護從이 稠密하고 前後가 相應하여 마치 유복한 사람이 위로 祖上의 음덕을 입고 아래로 奴僕의 힘을 얻어 안락한 생활을 누림과 같다. 富貴悠遠, 壽福康寧, 傳之子孫의 吉格이다.
19) 위의 책, 89쪽.
　　劫龍이란, 龍身이 나뉘어 쪼개진 것이 많은 龍이다.
　　明山論에 의하면 "가지를 나누고, 脈을 쪼갠 것이 多大하고 혹 反對되고, 혹 달아나고, 혹 꺾어지고, 떠나고 기울어지고 뾰족하고 마르고, 약한 것이 모두 鬼劫으로 무릇 龍이 나뉘고 쪼갬이 많은 자가 劫이며, 적

가 힘차고 생기발랄하며 앞으로 내달리는 것이 바로 길룡吉龍이다.

잠복룡潛伏龍은 없어지는 듯한 현상으로 예전과 같이 높이 치솟고 계속 뻗어나간다. 이런 현상을 풍수에서는 과협過峽과 박환剝換이라 한다.

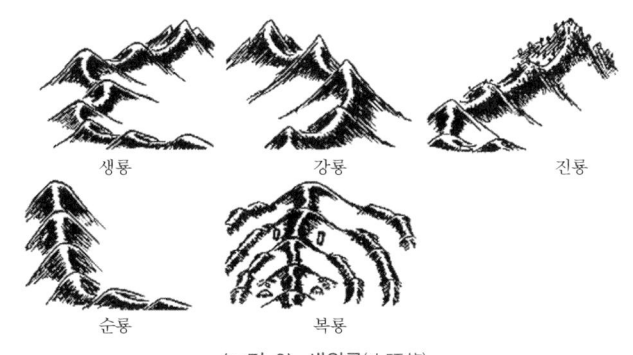

〈그림 3〉 생왕룡(生旺龍)

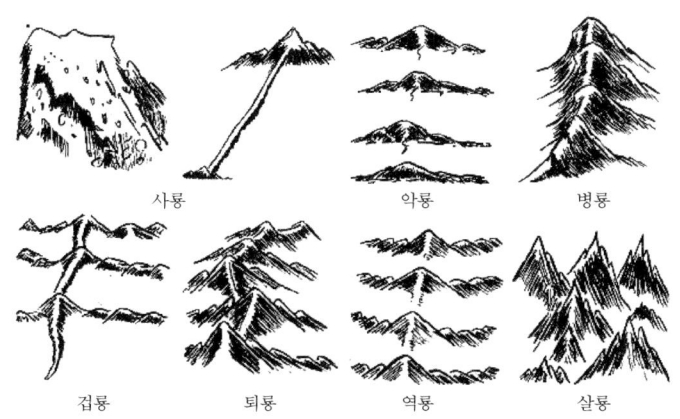

〈그림 4〉 사절용(死節龍)(자료출처 : www.poongsoojiri.co.kr)

은 것이 鬼라 이른다." 하였고 官事에 災厄이 많고 疾病에 유의하라는 해석이 따른다.
20) 위의 책, 89쪽.
殺龍이란, 龍身이 殺을 띤 채로 벗어버림이 없는 것이다.
이 龍은 바위로 뭉쳐지고 절벽이 되어 위험하고, 추악, 조잡하고 뼈가 드러나고, 돌을 띠었고, 枝脚이 뾰족하고, 날카롭고, 부서지고, 무너지고, 기울어지고 부스럼 같고, 단단하고, 곧고, 혹은 온전히 미끄러진 데와 過峽이 없고, 혹은 벗었으나 惡한 형태를 바꾸지 못하고 毛骨이 悚然할 만큼 무서운 형모는 모두 殺龍이다.
가장 흉악한 龍으로 간주된다.

〈그림 5〉 용의 박환(剝換)(자료출처 : www.poongsoojiri.co.kr)

용은 한번 박환剝換할 때 마다 모두 환골탈태換骨奪胎한다. 또한 박환을 할 때마다 젊어지고 더욱더 생기발랄하여 진다.

4. 주산主山

풍수에서는 응당 웅장하고 아름다운 산을 요구하는데 바로 이산이 혈장穴場의 주산21)이다.

〈사진 1〉 아름다운 주산의 형태

---

21) 위의 책, 58쪽.
　　主山은 穴場이 있는 明堂의 뒤에 위치하기 때문에 後山이라 하기도 하고, 그를 鎭護한다하여 鎭山이라 부를 때도 있다.
　　만약 穴場뒤에 高大한 산이 있다 하더라도 그 산의 갈라진 줄기가 많아 혈장과 상당한 거리가 떨어졌으면 주산이라 할 수 없으며, 이런 산은 駐蹕山이라 부른다.

첫째 주산主山이 좋으려면 남향을 하는 방향方向이 좋아야 한다.

주산은 북쪽이고 정혈처定穴處는 남쪽이며 산 앞은 평탄 원만해야 좋은 터를 제공할 수 있다.

둘째 주산은 반드시 웅장雄莊하고 단정端正해야 한다.

혈 뒷부분인 주산은 묻힌 사람의 신분과 지위를 밝힐 수 있도록 반드시 웅장雄莊해야 한다.

셋째 주산의 앞·뒤·좌·우에는 백호白虎와 청룡青龍이 있어 좌우를 호위해야 한다.

넷째 현무玄武는 머리를 우뚝 세워야 한다.

풍수에서는 청룡青龍과 백호白虎, 주작朱雀, 현무玄武 등 사신四神이 동서남북 4개 방위를 관장한다고 생각한다. 곽박郭璞의 저서 『장서葬書』에는 현무玄武가 혈을 향해 머리를 드리운다.22) 라는 말이 있는데 여기에서 현무玄武는 바로 주산主山을 말한다.

주산主山에서 혈 뒤까지 위이기복逶迤起伏하며 높은 곳에서 낮은 곳으로 뻗어내려 이어진 산줄기를 풍수에서는 내룡來龍23)이라 한다. 내룡來龍의 길이가 길으냐? 짧으

〈사진 2〉 탐랑(貪狼) 목성체(木星體) 주산의 형태

---

22) 玄武垂頭.
23) 來龍은 來脈이라 부르기도 한다. 풍수에서는 산세의 이어짐이나 起伏등을 비유하여 용이라 한다. 이른바 來龍은 택지나 묘지의 후방에 병풍처럼 응집되어 천연의 배경을 이루는 산계이다. 산의 형태는 마땅히 단정하고 엄숙하며, 심원하고 가운데가 높고 양쪽은 약간 낮아야 하는데 외딴 봉우리가 홀로 뛰어난 것은 꺼린다.

냐? 자태姿態가 아름다우냐? 생기生氣 발랄하냐? 안하냐? 등에 따라 황릉의 풍수가 좋다 나쁘다 판단하는데 가장 큰 영향을 미친다.

일반적으로 말하면 내룡來龍은 크고 생기가 넘쳐야 한다.

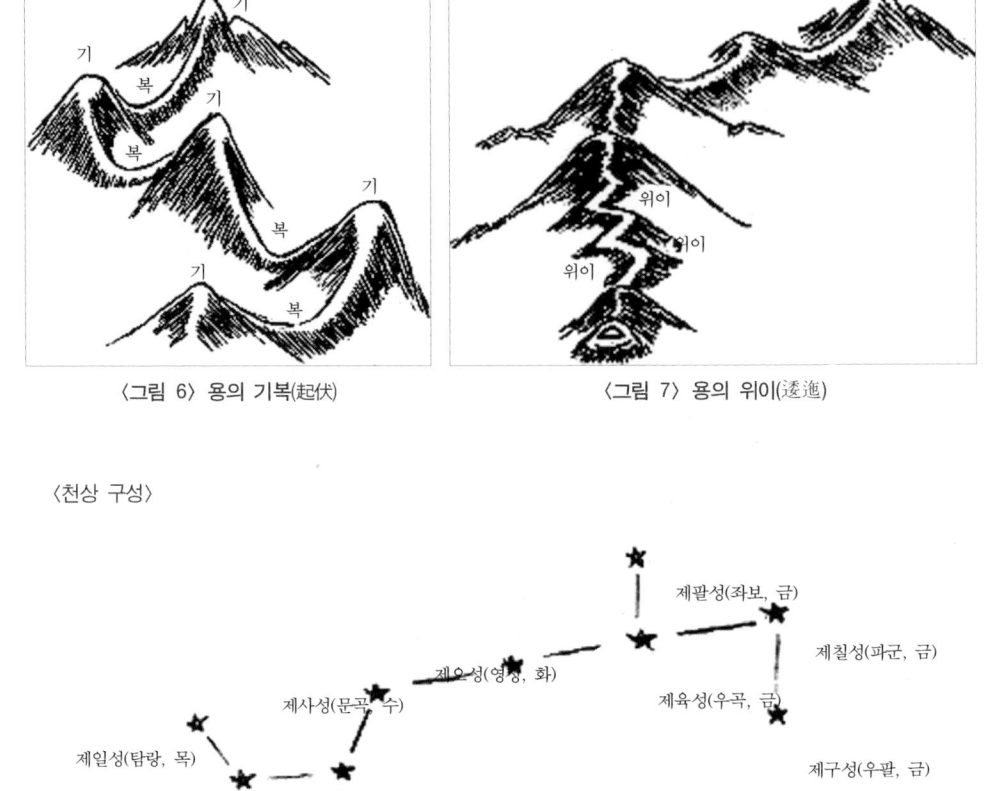

〈그림 6〉 용의 기복(起伏)

〈그림 7〉 용의 위이(逶迤)

〈천상 구성〉

제일성(탐랑, 목)
제이성(거문, 토)
제삼성(녹존, 토)
제사성(문곡, 수)
제오성(염정, 화)
제육성(우곡, 금)
제칠성(파군, 금)
제팔성(좌보, 금)
제구성(우필, 금)

〈지상 구성〉

탐랑(목) 거문(토) 녹존(토) 문곡(수) 염정(화) 무곡(금) 파군(금) 좌보(토)

龍脈이라고도 부르는데 산의 겉모양을 龍이라 하고 내부의 지기를 脈이라 부른다. 龍脈이 멈추어 응결된 곳이 혈인데 산천의 기맥이 모여 있는 곳이자 택지나 분묘에 가장 적당한 복지가 된다.

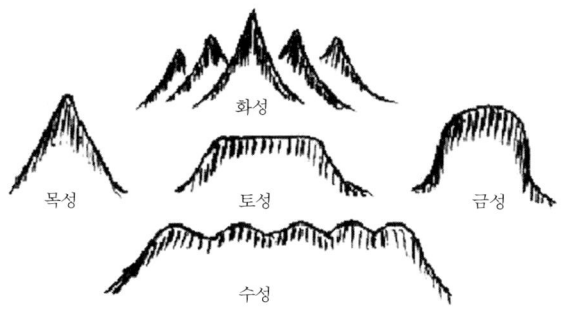

〈그림 8〉 주산의 오행(五行)(자료출처 : www.poongsoojiri.co.kr)

다섯째 내산來山을 혈성穴星이라 하며 풍수에서는 오성五星 즉 목木, 화火, 토土, 금金, 수水의 형태를 가지고 길흉을 점친다.

여섯째 천자天子의 능도 주산主山이 있다.

이러한 주산主山도 등급이 있어 주맥 앞에 있는 자리가 제일 존귀하다.

그 실례로 주맥[장릉 뒤 천수산天壽山] 좌우에서 분맥分脈한 지맥(支脈)의 자리[소릉 뒤쪽의 대욕산大峪山]는 약간 낮고, 지맥支脈에서 다시 분맥한 지맥支脈자리[정릉 뒤쪽의 소욕산小峪山]는 더욱 낮다.[24]

황제 능릉의 주산主山은 황제皇帝와 같은 위상位相과 위엄威嚴을 가져야 한다. 만약 그렇지 않다면 주산이 될 수 없다.

5. 혈穴

풍수에서 혈穴[25]은 생기生氣가 모여 있는 곳으로 가장 중요한 곳이다.

3년간 용(龍)을 찾고 10년간 점혈(點穴) 한다[三年尋龍 十年點穴].

---

24) 朱天運, 前揭書(2005), 18頁.
25) 崔昌祚, 앞의 책(1990), 56쪽.
    穴이란 龍脈 中 陰陽이 合局되고 山水의 精氣가 凝結된 곳을 말한다.

고 하였다. 그만큼 혈穴을 찾는다는 것은 어렵다는 뜻이다.

혈穴은 기세 생왕한 용이 행룡行龍을 멈춘 곳에 혈穴을 맺는다. 용이 변화해야 지기地氣가 생동하고, 용이 멈추어야 지기地氣가 융·결融結할 수 있기 때문이다.

즉 용진龍盡해야 혈적穴的함이 풍수지리의 원칙이다.26)

혈지는 항상 양기陽氣 넘치고 수려秀麗하다. 또 견고堅固하면서 유연柔軟하다. 왜냐하면 혈지는 깨끗한 생기生氣가 뭉쳐있기 때문에 흙이 밝고 부드러우면서 단단하다. 그리고 맑은 물은 여러 골짜기에서 나와 혈穴을 감싸고돌아 환포해 준다. 물이 생기生氣를 가두고 보호해 주어야 한다. 혈穴주변의 산들인 사격砂格은 아름답고 귀한 형상으로 혈穴을 감싸 보호한다. 바람으로부터 혈穴의 생기生氣가 흩어지지 않도록 하기 위해서 이다.27)

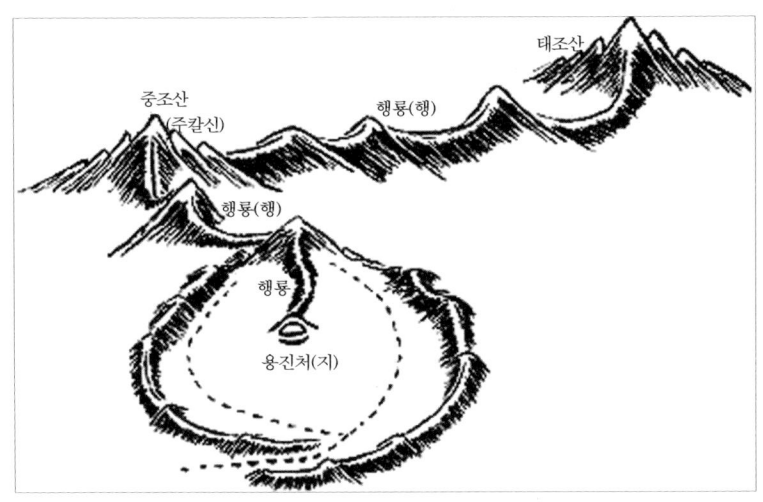

〈그림14〉 용진처(龍盡處)(자료출처 : www.poongsoojiri.co.kr)

---

26) 정경연,『정통풍수지리』(평단문화사, 2008), 283쪽.
27) 위의 책, 283쪽.

6. 사격 砂格

혈穴 주위의 산들을 말한다.

혈穴의 좌측 산을 청룡靑龍 우측 산을 백호白虎라 하는데 이를 합쳐 용호사龍虎砂[28]라 한다. 주산主山보다 조금은 낮아야 하며 형상은 온순하여야 하고 험악하지 않아야 한다. 청룡靑龍이나 백호白虎의 규모나 크기에 따라, 그리고 멀고 가까움에 따라 혈穴에 미치는 영향이 달라진다.

청룡靑龍과 백호白虎가 혈장을 많이 감싸 안아주면 안아줄수록 좋다고 할 수 있겠다.

〈그림 10〉 용의 호종 보호사
(자료출처 : www.poongsoojiri.co.kr)

1) 안산案山

안산案山은 혈장穴場 앞을 감싸주는 산으로 그중 비교적 가까운 산을 안산案山이라 하고, 비교적 먼 산을 조산朝山이라 한다.[29]

안산案山은 아담한 작은 산을 말하며 조산朝山도 너무 높아서는 안 된다. 그렇지 않으면 주인산인 주산主山에게 억압하는 기세가 된다.

---

[28] 崔昌祚, 앞의 책(1990), 57쪽.
　　穴場을 중심으로 한 주위 二十四方을 둘러싼 大小의 峰巒를 포함해서 岩石, 樹木, 강, 바다, 호수, 건물, 평야, 砂地, 구릉, 도로 등 穴 주위의 形勢를 砂라 한다.
[29] 정경연, 앞의 책(2008), 446쪽.

2) 수구사水口砂

수구사水口砂는 수구처水口處 양옆의 산을 말하며, 명당明堂의 기운을 보전하고 생기生氣를 보호하는 역할을 한다.

따라서 수구사水口砂는 명당明堂 안에 있는 물이 곧장 흘러가지 못하도록 물길을 막아 유속流速을 느리게 하여야 한다. 그래서 수구처水口處는 문에 자물쇠를 채운 듯 하여야하며 물이 어디로 갔는지 보이지 않아야 한다.

수구사水口砂로는 한문捍門[30]과 화표華表,[31] 북신北辰,[32] 나성羅星[33] 등이 있다. 그

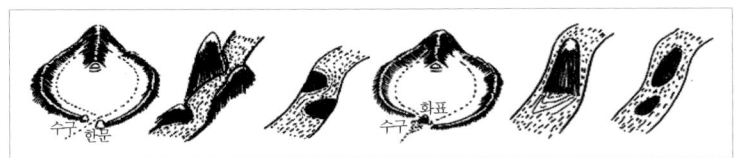

〈그림 11〉 한문과 화표(자료출처 : www.poongsoojiri.co.kr)

---

30) 서선계·서선술, 김동규 역, 앞의 책(1992), 685~686쪽.
捍門이란 水口間에 兩山이 對峙하여 門戶의 護捍과 같은 것을 말한다. 捍門에 三格이 있으니 그 一은 穴前에서보면 端正히 左右에 居하여 門戶에 放入 한 것 같고, 前砂外洋이 遠秀하여 朝邑 하는 것 같은 것이며, 그 二는 江水가 陽朝하고 먼저 捍門을 열어 물이 門戶中으로 말미암아 나와 洋洋垣夷 하게오는 근원이 보이지 않고, 흘러가는 곳도 보이지 아니하는 것이며, 그 三은 水口가 막히고 門戶를 開設하여 이로 말미암아 逝去(흘러가는 것)하는 것이니, 이늘은 다 貴格인 것이다. 捍門은 成形됨을 가장 기뻐하는 것이니 가령 日月과 같거나 旗고, 龜蛇, 獅象등 형상이 九重十重으로 있는 것이므로 捍門은 반드시 一重二重으로 禁穴을 맺는 것이니 역시 主는 王侯, 宰相, 壯元등의 貴가 있다. 만약에 捍門外에 또 羅星이 있으면 더욱 奇特한 것이다. 經에云, "捍門之外에 有羅星 이면 便作公侯山水라고 단언할 수 있다" 하였다.
31) 위의 책, 684쪽.
華表란 水口間에 奇峰이 있어 挺然히 卓立한 것을 말하는데 或 兩山이 對峙하여 물이 가운데로 흐르며, 或 橫欄이 高鑽하여 水中을 窒塞하는 것 등이 華表이다. 이 華表는 높이 솟아 天表가 되어야 華表의 이름을 받을 수 있는 것이다. 華表가 水口內에 있으면 반드시 大地가 있는 것이다. 賦에 云, "華表捍門이 水口에 있고 樓臺鼓角이 羅城에 列立하면 郡遷都를 세우지 않으면 반드시 帝에 가까운 官이 있으리라"하였다.
32) 위의 책, 688~690쪽.
北辰이란 水口間에 嵯岩한 石山이 솟구쳐 怪異한 形狀으로 朝入하는 것을 말하는데 極尊星이다.
極貴星이므로 千에서 하나를 만나기가 어려우며, 王侯大地이상이 된다. 楊公이 云, " 한 개의 北辰이 萬兵을 거느리니 駙馬와 公侯는 招討의 이름뿐이로다. 高大峥嶸하게 하늘에 솟았으니 반드시 하늘과 다투어 國人을 奪한다" 하였고, 또 "北辰星이 天中에 높아 上將下相이 분명히 列立 하였으니 此星이 乾坤에서 國寶를 누릴 것이므로 隱藏閉口하고 함부로 말하지 말라" 하였고, 許仙이 云, "한모양의 北辰星이 참되면 貴가 人倫에서는 비길데가 없고, 만약 低小하여도 朝臣이 된다"하였고, 曾公이 云, "山家에서는 北辰을 가장 貴하게 여기는 것이니 水口에 高岩大石이 蹲坐하였으면 문득 보아도 極貴地임을 알 것이며, 반드시 爭雄의 猛人을 나오리라"하였고, 吳公이 云, "水口交欄에 怪石이 있으면 大小高低로 輕重을 論할 것이니 高大한 것은 北辰이라 하여 반드시 英雄을 낳은 것이다. 만일 水口에 北辰星이 보이면 巨石이 솟아 膽이 서늘할 것

래서 수구사水口砂는 황릉풍수의 우열을 평가하는 중요한 요건이다.

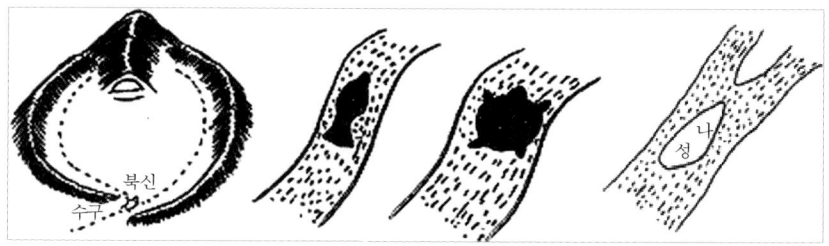

〈그림 12〉 북신과 나성(자료출처: www.poongsoojiri.co.kr)

이다. 此星이 水口를 막아주면 반드시 君王이 國人을 진압할 것이다"하고 또 "水中石山이 하늘 위까지 침입하여 衆山을 누르면 代代로 文武가 過府하고 英雄猛烈은 萬人에 달하리라, 또 水中圓墩에 石印이 低陷하게 있으면 昌榮함에 그칠 것이다. 北辰은 大山粗昻한 것이므로 반드시 男兒를 낳아 萬兵을 거느릴 것이다"하였고, 禁星論에 日, "梁筠松의 禁星에 餘星은 禁하지 아니하고 北辰을 禁하였으며, 至尊星은 마땅히 禁하여야 하는데 그대가 漏洩하여 그대의 身上에 害가될까 두렵도다. 또 大地는 龍神이 朝暮로 지키는 것이니 凡人이 亂雜하게 開口함을 허락하지 않는 것이니 그대에게 권하노니 北辰星을 만나거든 禁口禁眼하고 謹守하는 게 마땅하리라"하였으니 대개 水口北辰은 極貴하므로 上等格은 禁穴이 될 것이고, 中等格은 王侯, 宰輔, 皇親, 國戚이 되어 生殺權을 左右할 것이니 이곳도 흔히 볼 수 있는 小貴地가 아니다. 太華經에 "北辰星君은 溪中水口이나 或 傍應左右에 다 大貴가 되어 만약 州君邑鎭이 아니면 英雄之士와 驚天動地할 人物을 出産하는 것이므로 水口羅城之間에서 이것이 보이면 그곳에 반드시 大貴地가 있을 것이니 龍穴을 찾아보라"하였다. 어떤 이가 나에게 힐난하기를 "北辰(北極星)은 尊貴星인데 어찌하여 門戶사이에서 把守나보는 것으로 천대하는가? 하거늘, 答曰," 術家들의 欠缺인 것이다. 이뿐 아니라 天乙, 太乙, 太陰, 太陽같은 것도 다 尊貴星이나 별의 美名을 特異한 砂에다 빌러 稱한 것에 불과하다. 이는 오래된 因襲이니 구애받지 말기 바란다 "吳公口訣에云," 北辰은 水口間에 石山이 嵯峨하여 雄星高挿하며, 높은 절벽과 빙애로 怪異하게 귀가 생기고, 뿔이 생기고 부리도 생기며 어떤 짐승이나 鎗刀등 기물같기도 하여 쑥빼어나 萬길이나 솟고, 屹立하여 바라보면 神이 놀라고 마음이 두려우니 峻嶒峻險하고 巉岩한 것을 말한다. 만약 여러 가지 古怪한 形狀이 안되면 北辰이라 할수없으며 極貴星辰이나 水口에 居하여야 만이 眞이며, 穴上에서 보이면 반대로 不吉한 것이다.

33) 위의 책, 865쪽.

羅星이란 水口關攔之中에서 墩阜가 特起한 것인데 石이나 土로 平平한 門戶사이에서 突然히 솟아 四面으로 물이 둘러있는 것을 말한다. 石으로 된 것은 上으로 치고 土로된 것은 다음이며, 羅城밖에 居함을 要하며, 貴한 것으로 친다. 羅星은 안에 있는 것이 아닌데 만약 안에 居하면 抱養충(병을 기름)山이되며, 또 눈병과 낙태산이라 하고 羅星이 羅城口에 있으면 玉箏班然이라 하는 것이다. 羅星은 비록 城外이나 開口에 있더라도 반드시 다른山이 안아주고 감싸주어야 有力한 것이다. 經에云, "水中에 重重히 異石이 생긴 것은 羅星이 水에 立한 것이니 이 羅星 外面山이 있어서 막아주면 上生下生되어 좋은 것이다"하고 그러나 羅星에도 眞僞가 있는 것이다. 經에云, "羅星은 眞假가 있는데 天然의인 것이지 人力이 아니라 眞羅星은 首尾가 있어서 首는 逆上流하고 尾는 水拖한다"하였고, 또 "羅星의 眞妙訣을 알고져하면 一邊은 水를 배개하고 一邊은 밭을 배개하는데 田中에 骨脈이 있어서 頑石이나 集土로 되어 견고하게 서로 連하여지는 것이다. 羅星이 餘氣가 있어서 卓立한 星辰이 水邊에 있는 것이라"하였다. 대개 羅星은 火羅라고도 하니 하늘에 있는 火의 餘曜가 되는 연고인 것이다. 그러므로 頑石焦土로 되는 것이나 龍神은 火星에 많이 있는 것이다. 經에云, "火星龍에 羅星이 많은데 그 形은 尖圓, 端正, 方偏을 美로 한다" 또云, "貪巨羅星은 方輿尖이요, 武曲輔弼은 圓偏眼이요, 祿存廉貞은 多破碎하고 破軍尖破는 最堪嫌이라, 只有尖圓 方形狀하니 此是羅星이 得正形이라, 忽然四面이 皆是水이면 兩山環合 此應靑이라"하였다. 대저서 眞되고 法度에 맞으면 그 안에는 반드시 大貴地가 있는 것이다. 대개 羅星은 證左인 것이니 虛生을 아니한다. 만약 또 數가 많으면 더욱 妙한 것이다. 그러나 또 極貴한 龍穴이 아니면 많지 않은 것이다. 訣에云, "一箇羅星이 低萬山이라"하니 많을 수가 있겠는가?

수구산은 일반적으로 사자 산, 코끼리 산, 거북이 산, 뱀 산이라고 부른다. 풍수지리의 각도에서 보면 기본 작용은 생기보존이다.

7. 물[水]

기氣는 바람을 만나면 흩어지고 물을 만나면 멈춘다.[34] 고 한다.

그래서 풍수에서는 묘지를 선택할 때 사격과 물을 굉장히 중요시 한다.

물길은 작은 것부터 큰 것으로 하염수蝦髥水와 용호수龍虎水, 주작수朱雀水 세 가지로 나눈다.

하염수蝦髥水는 선익사蟬翼砂에 있다. 보성寶城을 따라 흐르는 두 갈래의 작은 물길이다. 명·청 황릉에서는 현궁玄宮 뒤쪽의 개울 또는 인공으로 만든 배수구排水口가 해당된다.

용호수龍虎水는 혈穴의 좌우 쪽 청룡靑龍과 백호白虎 사이를 흐르는 중간쯤의 물길이다. 그들은 주산에서부터 밖으로 흐르는데 혈穴앞에서 합류하여 U자 형태로 혈穴을 감싸 안고 흐르는데 교합수交合水라 부르기도 한다.

사격砂格과 물[水]이 교합하는 형상에 따라 목木, 화火, 토土, 금金, 수水 5종으로 나눌 수 있다.

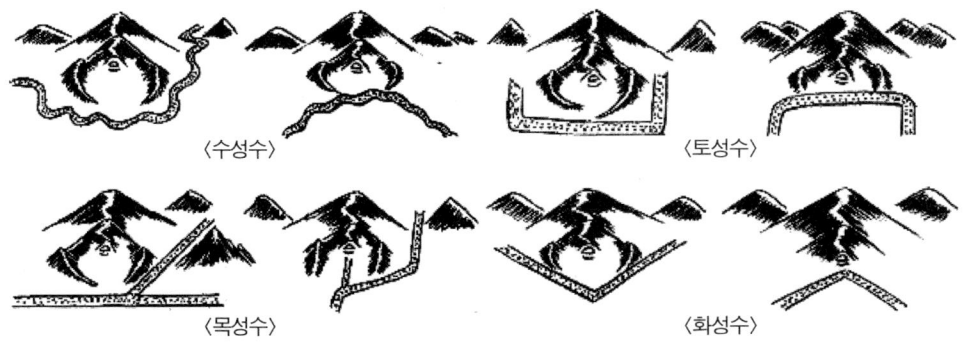

〈그림 13〉 물의 형태(자료출처 : www.poongsoojiri.co.kr)

---

34) 氣乘風則散, 界水則止.

그중 둥글게 혈을 감싸고도는 형태를 금성수金星水라고 하는데 이것이 제일 귀한 형상이다.35) 그러므로 각 중요 건축물이나 능 앞의 합수는 모두 금성수金星水이다(천안문과 태화전 앞의 돌다리 아래의 물도 모두 금성수이다).

〈그림 14〉 금성수(자료출처 : www.poongsoojiri.co.kr)

주작수朱雀水는 혈장穴 앞의 대형 물길이다.

오형이 북쪽(뒤)을 현무玄武라 부르고 남쪽(앞)을 주작朱雀이라 부르는데 주작朱雀은 화火이니 반드시 물로 억눌러야만 하는 것이다. 따라서 앞에 물이 있어야 길한 것이다.

작은 물은 좌우에서 오고 큰물은 앞으로 휘돌아 흐르는 것이다.

이것이 물 흐름의 기본적인 형태이다.

물 흐름의 선택 원칙은 환포環抱하는 관대수(冠帶水)를 말하는 것이고 가장 꺼려하는 것은 직선直線으로 흐르는 것과 반배反背하고 흐르는 형상인 반궁수反弓水를 말한다.36) 반배反背하는 물은 생기生氣를 모을 수 없기 때문이다.

수구水口의 문제도 주의해야 한다. 수구水口는 혈 앞 물 흐름의 출구를 말하는데 한문捍門37)이라 하여 자물통을 채운 것처럼 관쇄關鎖되어야만 한다.

8. 명당明堂

명당明堂38)이란 천자가 정치를 하는 곳으로 백관을 알현謁見하는 장소이다. 풍수상으로는 혈穴 앞의 많은 산들이 둘러싸고 물이 합수하여 생기가 결합하는 평탄한

---

35) 袁守定,『李非 白活主譯 地理啖蔗錄』(華齡出版社, 2006), 132頁.
36) 林徹因, 前揭書(2007), 40頁.
37) 水口의 양쪽 물가에 산이나 바위가 마주보고 서 있는 것을 捍門이라 한다.
38) 吳少珉 徐金星,『河洛文化通論』(光明日報出版社, 2006), 206~207頁.
　　『周禮考工記, 匠人』에 의하면 夏나라 때는 世堂이라 하고, 殷나라 때는 重屋, 周나라는 明堂이라 불렀다. 주나라 때 明堂은 天子가 명령을 하달하고, 大臣들과 회의를 주재하던 곳이며, 오제천신지신(五帝天神地神)에게 제사를 지내는 아주 重大한 儀禮를 행하는 곳으로 극히 장엄하고 엄숙한 공간이었다.

〈그림 15〉 명당도(자료출처 : www.poongsoojiri.co.kr)

곳이다.

　명당明堂은 내외 구별이 있다. 보통 청룡青龍과 백호白虎가 끌어안은 안산案山 사이의 공간을 내명당內明堂이라 하고 조산朝山과의 사이를 외명당外明堂이라 한다.39)

　작은 명당明堂은 장풍藏風하여 기를 모아야 하기 때문에 너무 넓어서는 안 된다. 큰 명당明堂은 기세가 뚜렷해야 하며 너무 좁아서도 안 된다.

　혈穴에 올라 명당明堂을 본다는 것은 바로 혈穴 앞에 있는 작은 명당明堂을 본다는 것이며 멀리 본다는 것은 바로 큰 명당明堂을 본다는 것이다.

　명당明堂의 길흉은 교쇄명당交鎖明堂40)과 주밀명당周密明堂,41) 대회명당大會明堂42) 등

---
39) 정경연, 앞의 책(2008), 553쪽.
40) 서선계·서선술, 김동규 역, 앞의 책(1992), 861쪽.
　　交鎖란 明堂中에 兩邊砂가 交鎖한 것을 말한다. 經에는 云, "明堂은 주름과 같이 左로 맺히고 右로 맺혀야 貴가되는 것이니 或 山脚이 田壠으로 더불어 이와같이 關攔되면 참으로 기쁜일이라"하였고, 또 "衆水聚處는是堂이니 左右가 交牙라야 鎭眞氣이므로 진실로 貴한것"이라 하였으니 이것이 極吉하여 主, 鉅富顯貴하다.
41) 위의 책, 861쪽.
　　周密明堂은 四圍가 拱固하여 洩氣됨이 없는 것이다. 대개 堂氣가 周密하면 生氣가 스스로 모이는 것이다. 楊公이 云, "明堂은 물 아끼기를 피 아끼듯이 하고, 바람을 피하기를 도적피하듯 하여야 한다" 하였으니

은 모두 길하며 반대로 반배명당反背明堂[43])과 경도명당傾倒明堂,[44]) 광야명당曠野明堂,[45]) 겁살명당劫殺明堂[46]) 등은 흉하다.

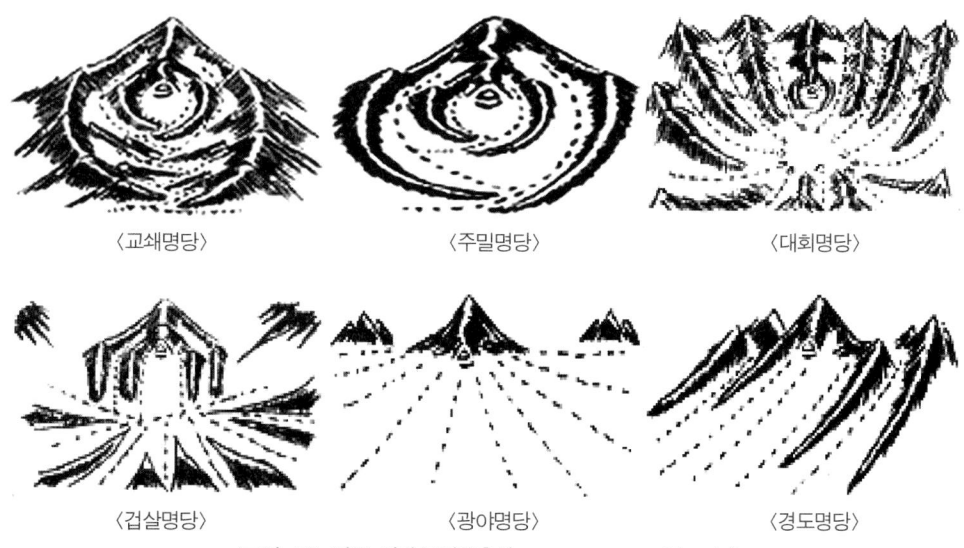

〈그림 16〉 각종 명당도(자료출처 : www.poongsoojiri.co.kr)

明堂은 周密한 것이 좋다. 凹缺됨은 周密이 아니다.
42) 위의 책, 865쪽.
大會란 諸龍이 크게다되고 衆水가 堂으로 모이는 것이니 萬邦이 納貢하는 것과 같으며, 百辟이 來朝하는 것과 같으니 大會라 하였다. 이곳에 地가 있다면 반드시 크리라. 여러 산이 百餘里를 와서 이곳에서 大盡한다는 것이다. 이것은 廣聚와는 다르니 廣聚는 山水가 重疊으로 團聚한 것인데 이것은 衆龍이 大盡되는 것이다.
43) 위의 책, 866쪽.
反背明堂은 悖逆之像을 말하는 것이다. 穴에는 弓抱拱身되어야 마땅한 것인데 이는 突拗反背한 것이니 어찌 凶하지 않으리오. 主, 逆妻拘子, 悖戾之奴하여 百無一成이며 門戶가 쇠퇴하여 간다.
44) 위의 책, 867쪽.
傾倒明堂은 明堂水가 기울어져 龍虎를 順順히 따라 흐르는 것이다. 이것이 가장 損害가 많은 것이다. 斷訣에 云 "明堂이 傾倒커든 穴 좋다고 자랑마라" 하였고, 료씨가 云, "明堂이 기울어져 落聚가 없으면 穴이 있더라도 버려라" 하였으니 傾倒明堂은 비록 龍穴이 있으나 쓸 수 없는 것이다. 동씨가 云, "明堂이 傾倒된 것이 제일 싫은 것이니 砂가 다시 물을 따라 달아나면 田園을 다팔고 外鄕으로 도망가게 되며, 兒孫들의 夭壽를 主掌한다" 하였다.
45) 위의 책, 870쪽.
明堂이 曠野하면 바람을 타고 氣가 흩어지므로 融結이 안된다는 것을 명심하기 바란다.
46) 위의 책, 866쪽.
劫殺明堂은 明堂中에 砂의 尖嘴가 順水하는 것인데 或 穴中에 射入하기도 한다. 이러한 곳은 取用이 불가하다. 대개 明堂은 諸水가 모이는 곳이니 平正하여야 한다. 오공이 云, "劫殺이 照破하면 全無地요, 順水斜飛하면 피할곳이 없으며, 穴을 尖射하면 悼逆의 刑戮이 두렵다" 하였다.

9. 방향方向

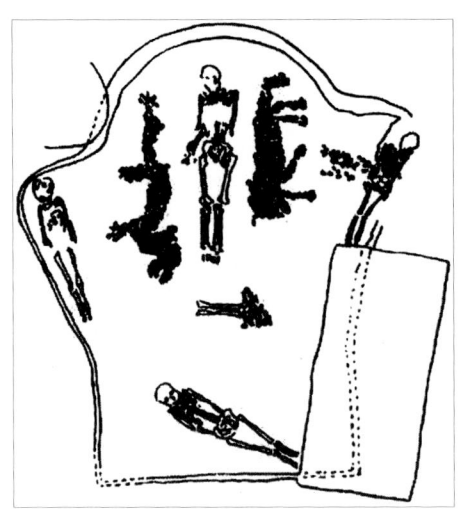

〈그림 17〉 앙소(坡韶) 유적

방위方位는 사람이 최초부터 갖고 있는 하나의 개념槪念이다.

좋은 방위方位는 햇빛을 받고 찬바람을 막으며 아주 좋은 기후氣候를 형성하는 작용을 한다. 그래서 옛날 고대인들은 벌써 이 문제를 중요시 하였다. 방향을 중히 여긴 과거의 일을 더듬을 수 있는 원시시대原始時代 특히 신석기시대新石器時代에 매장한 사람들의 머리는 한 곳을 향하고 있다.

주周나라 부터 진秦나라 한漢나라에 이르기까지 동향東向을 중시하여, 진시황릉秦始皇陵과 제갈량諸葛亮의 묘는 모두 동향東向을 하고 있다. 당·송唐宋 이후는 주로 남향南向을 하게 된다.

명·청 이후 일반 백성은 죽은 자의 머리 방향에 대해서 중요하게 여기지 않아 지형地形을 이용하여 죽은 자의 머리 방향을 정하게 된다.[47]

그러나 황제皇帝의 경우에는 이는 합당치 않다. 황제皇帝는 일국의 통치자이고 지고지상至高至上이다. 그래서 당연히 황제릉皇帝陵의 방위는 굉장히 세심한 주의를 기울이게 된다. 명·청 황릉은 한 결 같이 북좌남향北坐南向의 형태를 취하게 된다. 또한, 배산임수背山臨水는 황제릉皇帝陵의 방위를 결정하는 중요한 원칙이 된다.

황릉皇陵의 방위方位는 고대로 부터 패철佩鐵을 활용하여 방위方位를 측정하여 왔다. 패철佩鐵의 4층은 전문적으로 방위方位를 측정하는 것이며 지반地盤이라 한다.

---

[47] 朱天運, 前揭書(2005), 26頁.

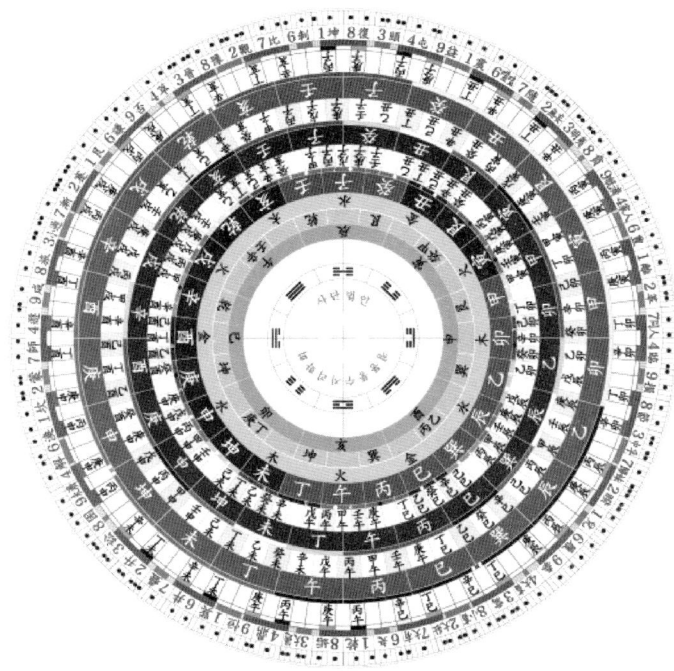

<그림 18> 패철 구조도
(자료출처 : www.poongsoojiri.co.kr)

　패철은 24개 방위로 팔괘八卦와 십간十干, 십이지十二支의 조합에 의하여[48] 구성되어 있다.

　각각 15°씩 이고 8개의 천간天干 즉 갑을병정무기경신임계甲乙丙丁戊己庚辛壬癸와 12지지地支 즉 자축인묘진사오미신유술해子丑寅卯辰巳午未申酉戌亥, 4개의 괘상卦象 즉 건곤손간乾坤巽艮으로 구성되어 있다.

---

48) 崔昌祚, 앞의 책(19900, 175쪽.

제3장

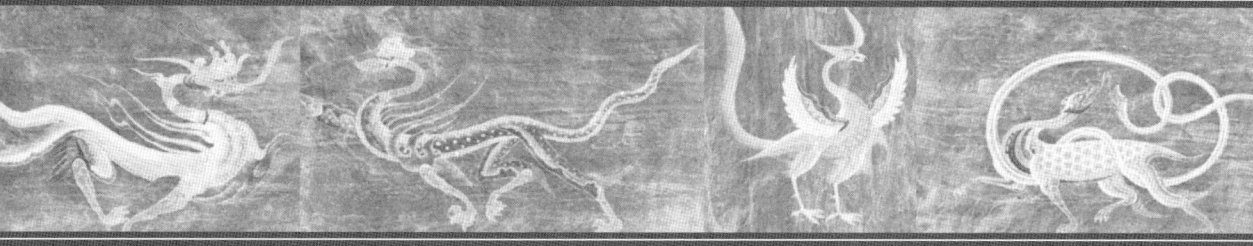

명 13릉의 특징과 배경

1. 명 13릉의 환경
2. 명 13릉의 배치
3. 명 13릉의 배경
4. 명 13릉의 풍수지리적 특징
5. 명 13릉의 배치법
6. 명 13릉의 건축 미학

제3장

명 13릉의 특징과 배경

영락 6년(1408) 성조成祖 영락제永樂帝가 북경 교외에서 자기의 능지陵址를 찾게 되면서 명 13릉의 역사는 시작된다.

청순치淸順治 원년(1644) 청세조淸世祖 복림福臨[1]이 명의 마지막 황제 주유검朱由檢을 위하여 안장安葬하는 예식禮式을 거행하는 것으로 끝을 맺게 된다.

명 13릉은 236년의 긴긴 세월을 거치면서 건설 되는데 많은 변동과 변화를 동반하게 된다.

이 능역의 건설을 시작할 때는 통일된 기획企劃이나 설계設計는 없었다.

그렇지만 지금 13릉을 답사해보면 능과 능 사이의 원근遠近이 적절하고 정취情趣가 가득하여 오히려 사전에 치밀한 기획企劃과 설계設計가 이루어진 하나의 거대한 무리와 같이 느껴진다.

〈그림 1〉 청세조 복림(福臨)

---

[1] 순치제(順治帝, 1638~1661). 청나라의 제3대 황제. 영명왕을 윈난으로부터 미얀마로 내몰아 명나라의 잔존 세력을 대부분 평정하였다. 명나라의 정치 체제를 계승하고 한인을 등용하였으며, 명나라 말기의 폐정을 바로잡아 인심의 안정에 힘을 기울여 중국 지배의 기초를 닦았다(자료출처 : 두산백과사전 EnCyber & EnCyber.com).

1. 명 13릉의 환경

13릉의 지리환경은 아래의 특징이 있다.

첫째 능역의 위치는 연산산맥燕山山脈의 중간 천수산 자락에 위치하고 있다.[2]

능에서 서북방향으로 20여km를 가면 바로 북방의 요충지要衝地에 해당하는 유명한 장성長城이 있다.

모두가 알다시피 명나라는 원제국元帝國의 통치자를 물리치고 건립된 제국帝國이다. 장성 밖이 바로 그 북방 국경 방위선이다. 만리장성萬里長城을 따라 동쪽에서 서쪽까지 모두 9개의 국경수비 요충지要衝地를 설치하였는데 그것이 바로 몽고蒙古의 침입을 방비하기 위한 것이라 할 수 있다.[3] 따라서 이 13릉이 하나의 전형적인 국경의 요새릉역要塞陵域이라는 것을 우리는 쉽게 알 수 있다.

둘째 장릉長陵 중심의 천수산天壽山 능역은 남북의 길이가 12km, 동서길이가 10여km의 원형圓形 분지盆地에 위치하고 있다.

그 북쪽에는 천수산天壽山이, 동쪽에는 망산蟒山이, 서쪽에는 대욕산大峪山과 호욕산虎峪山이, 남쪽에는 한포산汗包山과 창평성후산昌平城後山, 용산龍山, 호산虎山이, 서북에는 필가산筆架山이 있고 동남은 평태산平台山이, 서남은 장수산長壽山이 첩첩이 둘러싼 산봉우리가 솟아 있다.[4]

웅장하고 넓은 산속의 분지이외에 능역 안의 물길도 서북에서 동남으로 구불구불 흘러가고 있으며, 모든 능역은 산에 둘러 싸여 있어서 산 좋고 물 좋은 하나의 독립된 분지환경盆地環境이 형성되었다.

2. 명 13릉의 배치

천수산天壽山 능역에서 능의 배치를 살펴보면 장릉長陵을 중심으로 하여 좌우에

---

2) 蔣平階 輯, 『李峰整理, 水龍經』(海南出版社, 2003), 12頁.
3) 김두규, 『주간동아』 504호(2005.10. 4), 93쪽.
4) 楊文衡, 『中國風水十講』(華夏出版社, 2007), 93頁.

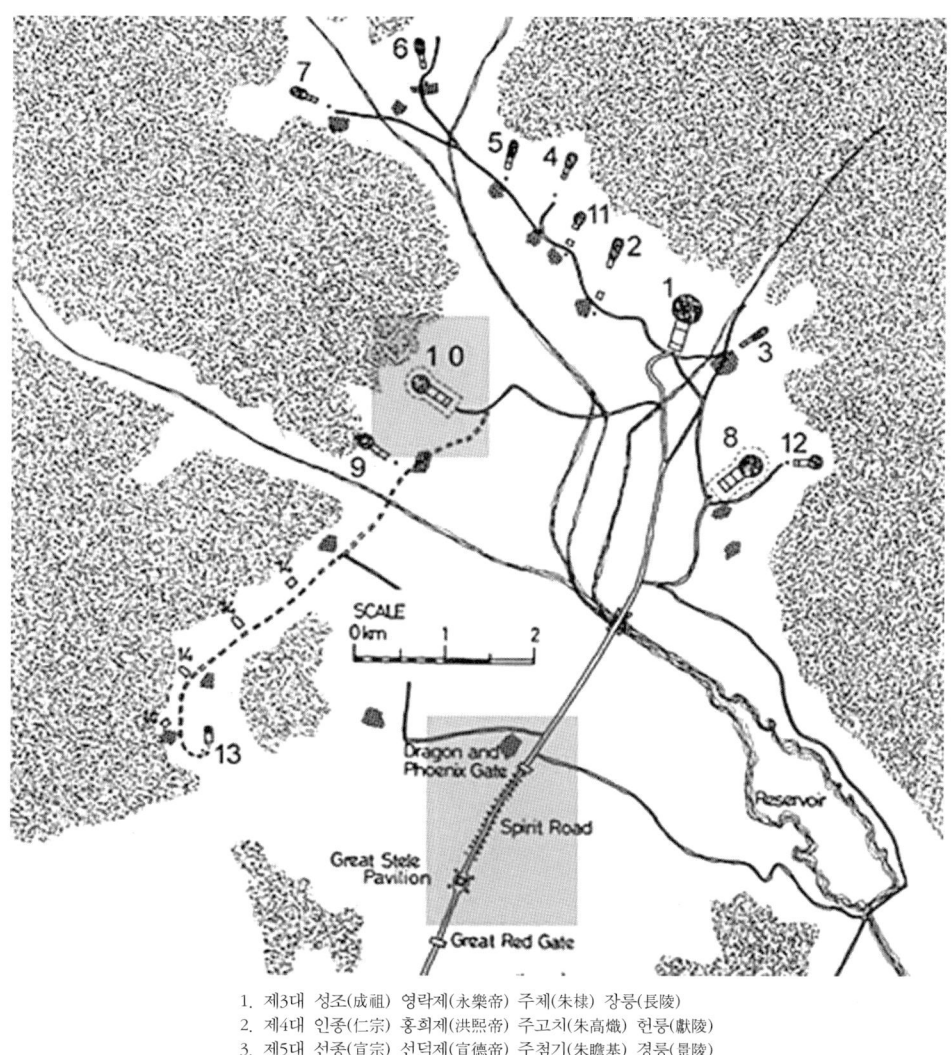

1. 제3대 성조(成祖) 영락제(永樂帝) 주체(朱棣) 장릉(長陵)
2. 제4대 인종(仁宗) 홍희제(洪熙帝) 주고치(朱高熾) 헌릉(獻陵)
3. 제5대 선종(宣宗) 선덕제(宣德帝) 주첨기(朱瞻基) 경릉(景陵)
4. 제6대 영종(英宗) 정통제(正統帝) 주기진(朱祁鎭) 유릉(裕陵)
   제7대 대종(代宗) 경태제(景泰帝) 주기옥(朱祁鈺)
4. 제8대 영종(英宗) 천순제(天順帝) 주기진(朱祁鎭) 유릉(裕陵)
5. 제9대 헌종(憲宗) 성화제(成化帝) 주견심(朱見深) 무릉(茂陵)
6. 제10대 효종(孝宗) 홍치제(洪治帝) 주우탱(朱祐樘) 태릉(泰陵)
7. 제11대 무종(武宗) 정덕제(正德帝) 주후조(朱厚照) 강릉(康陵)
8. 제12대 세종(世宗) 가정제(嘉靖帝) 주후총(朱厚熜) 영릉(永陵)
9. 제13대 목종(穆宗) 융경제(隆慶帝) 주재후(朱載垕) 소릉(昭陵)
10. 제14대 신종(神宗) 만력제(萬曆帝) 주익균(朱翊鈞) 정릉(定陵)
11. 제15대 광종(光宗) 태창제(泰昌帝) 주상락(朱常洛) 경릉(慶陵)
12. 제16대 희종(熹宗) 천계제(天啓帝) 주유교(朱由校) 덕릉(德陵)
13. 제17대 의종(毅宗) 숭정제(崇禎帝) 주유검(朱由檢) 사릉(思陵)

〈그림 2〉 13릉 배치도

다른 능들이 배치된 형국으로, 장릉長陵은 천수산天壽山 가운데 봉우리 앞에 위치하고 있다.5)

촌수가 높은 황제는 그 능묘가 장릉長陵에 가깝고 촌수가 낮은 황제는 장릉長陵에서 멀리 배치되어 있는 게 일반적이지만 꼭 그러한 배치법을 준수한 것만은 아니다.6)

성조成祖의 장자인 인종仁宗 주고치朱高熾의 헌릉獻陵 자리는 장릉長陵 우측(2번)이고, 인종仁宗의 장자인 선종宣宗 주첨기朱瞻基의 경릉景陵 자리는 좌측(3번)이며, 선종宣宗의 장자 영종英宗 주기진朱祁鎭의 유릉裕陵 자리(4번)는 헌릉獻陵 우측에 배치되게 되는데 이것은 이러한 규칙에 대체로 맞는 배치라 할 것이다.

그러나 영종英宗의 장자 헌종憲宗 주견심朱見深의 무릉茂陵(5번)은 원래 경릉景陵의 좌측(3번)에 건설해야 한다.

그러나 그는 이 법칙을 위반하고 유릉裕陵의 우측(4번)에 건설하였다.

또한 명나라 마지막 3번째 황제 광종光宗 주상락朱常洛의 경릉慶陵(11번)은 원래는 가장자리에 위치해야 하나 그는 그의 아버지의 능을 넘어서 촌수가 높은 헌릉獻陵과 유릉裕陵 사이에 끼어들어 있다.

〈사진 1〉 명 13릉 모형도

---

5) 王子林, 『紫禁城 風水』(紫禁城出版社, 2005), 287頁.
6) 胡漢生, 『明十三陵探秘160問』(北京燕山出版社, 2004), 12~13頁.

3. 명 13릉의 배경

13릉은 하나의 전형적인 국경 요새능역要塞陵域이다.

그러면 명나라[明朝]는 무엇 때문에 국경에서 멀지 않은 국경의 요새에 황제릉皇帝陵을 조성하였을까?

이 문제를 설명하기에 앞서 먼저 명조明朝는 무엇 때문에 수도를 북경北京으로 옮겼는지 살펴보자.

성조成祖 주체朱棣는 태조太祖 주원장朱元璋의 넷째 아들로서 홍무3년(1370)에 연왕燕王에 봉해져 대장군 서달徐達[7]과 함께 북평北平(지금의 북경)을 지키고 있었다.

주원장朱元璋이 죽은 후에 황제의 지위를 황태손皇太孫 주윤문朱允炆[8]이 물려받았다. 연호는 건문建文이며 역사상 건문제建文帝라 부른다.

주윤문朱允炆은 정치경험과 경륜이 부족한 젊은 황제였는데, 대신大臣 황태黃泰와 제자징齊子澄 등은 삼촌들의 권력이 큰 위협이 되니 제거해야만 한다고 부추기게 된다. 그들의 의견을 적극 수용한 황제 주윤문朱允炆은 1년 이내에 연이어 몇 분의 숙부叔父를 죽이거나 작위爵位를 삭탈하여 서민庶民으로 강등시켜 버린다.

---

7) 서달(徐達, 1332~1385). 자 천덕(天德). 호(濠 : 安徽省 鳳陽縣) 출생. 집안 대대로 내려오는 농민 출신이다. 22세 때 곽자흥(郭子興)의 배하(配下)에 있던 주원장(朱元璋)의 부하가 되어, 손덕애(孫德崖)에게 붙잡힌 주원장을 구출한 뒤로 신뢰를 받아, 양쯔강[揚子江]을 건너 집경로(集慶路 : 南京)를 공략한 뒤 대장이 되고, 전장[鎭江]을 점령한 뒤 통군원수(統軍元帥)가 되었다.
1361년 원장이 오국공(吳國公)이 되자 강남행추밀원사(江南行樞密院事)가 되었다. 이어서 장시[江西]의 한제(漢帝) 진우량(陳友諒)을 격파하고, 주원장이 오왕(吳王)이 되자 좌상국(左相國)에 오르고, 1367년 쑤저우[蘇州]의 오왕 장사성(張士誠)을 공략한 무공으로 신국공(信國公)에 봉해졌다. 연이어 원군(元軍) 토벌에서는 25만의 군세(軍勢)를 총지휘하였고, 주원장이 응천부(應天府 : 南京)에서 즉위하자 무관(武官) 제일의 자리를 차지하였다. 1370년 위국공(魏國公)에 봉해지고 5,000석의 녹(祿)을 받았다.
(자료출처 : 두산백과사전 EnCyber & EnCyber.com)
8) 주윤문(朱允炆, 1383~1402). 휘 윤문(允炆). 시호 혜제(惠帝). 1392년 황태자였던 부친 의문태자(懿文太子)가 병사하여 황태손에 책봉되었다. 1398년 태조 홍무제(洪武帝)가 죽자 16세로 즉위, 건문(建文)이라는 연호를 썼다. 당시 태조의 여러 아들들은 각 지방의 왕으로 분봉(分封)되어 있었는데 건문제는 황자징(黃子澄)·방효유(方孝孺) 등의 획책에 따라 황제의 권위를 높이는 한편, 봉령을 삭감하여 그 세력의 약화를 도모하였다. 그 때문에 1399년 연왕(燕王)이 정난(靖難)의 변을 일으켜, 1402년 경사(京師 : 南京)를 함락하고 제위를 빼앗아 영락제(永樂帝)에 즉위하였다. 건문제는 이때 성안에서 불에 타 죽은 것으로 전해진다.
(자료출처 : 두산백과사전 EnCyber & EnCyber.com)

〈그림 3〉 주원장 초상화   〈그림 4〉 효자고황후(孝慈高皇后)9)

이에 곧 재난災難이 찾아올 것을 염려한 주체朱棣는 3년간의 지루한 전쟁 끝에 1402년 조카 주윤문朱允炆의 손에서 황제 자리를 빼앗아 자기가 황제가 되고 연호를 영락永樂이라 한다.

영락 2년 주체朱棣는 수도를 북경北京으로 옮길 것을 생각하게 되는데, 주체朱棣가 북경으로 옮기는 것은 주로 정치와 군사적인 측면 외에도 여러 가지를 생각해서 결정한 일이다.

혈육이 서로 싸워 조카 손에서 무력으로 정권을 빼앗은 것으로 인해서 정치적으로는 봉건전통封建傳統 사상과 윤리적인 측면에서 기존 남경세력들의 거센 반대에 부딪힌다. 주체朱棣는 잔혹한 방법으로 반대파를 숙청하게 되는데 아주 큰 상처와 심리적 압박감을 느껴야만 했던 것이다. 이러한 이유로 남경南京의 정치적 환경이 북경北京보다 못하다고 판단하게 된다. 그에 비해서 북경北京은 그가 몇 십 년을 경영하여 마치 물고기가 물을 만난 것 같은 감각이 있었다.

그래서 수도를 북경北京으로 옮기는 것도 좋은 방법이라 생각했다.

---

9) 효자고황후(孝慈高皇后)의 본명은 마수영(馬秀英)이다. 안휘성 숙주(宿州)에서 태어나 어려서 부모를 잃고 곽자흥(郭子興)의 의녀(義女)로 자라게 된다. 이후 곽자흥의 수하가 된 주원장과 결혼하게 되면서 주원장이 명나라를 창업할 수 있는 군사적 기반을 확보하게 된다.

군사 형세는 더욱 낙관하지 못했다.

비록 원 몽골 귀족의 세력은 고비사막의 북쪽으로 물러났다고 하지만 상당한 군사력을 가지고 있었고, 가끔 남쪽으로 내려와 명 북부의 변경지역을 습격하곤 했던 것이다. 통신 속도가 매우 느린 구시대에 빨리 지령을 전달하여 효과적으로 몽골기병을 반격하기 위하여 수도를 북방으로 옮겨야만 했던 것이다. 북경北京을 수도로 하면 중원을 효과적으로 제어할 수 있을 뿐만 아니라 조직적으로 원몽귀족의 방위와 전략적 공격에 편리하게 대처할 수 있었던 것이다. 황제가 직접 지키게 되면 전략적인 우세로 인하여 북부변경의 안전을 보위할 수 있다는 장점이 있게 된다.10) 그래서 어떠한 이유에서도 북경北京으로 수도를 옮기는 것은 반드시 옳은 선택이었던 것이다.

주체朱棣가 북경北京으로 옮기는 또 한 가지 이유가 있었다.

그것은 북경北京의 풍수가 아주 좋다는 점이다.

북경北京은 좌로는 푸른 바다가 우로는 태행太行이 내부는 중원中原이 바깥쪽은 고비사막이 호위하고 있어 정말로 수도를 건설하는데 아주 좋은 조건을 갖춘 곳이다.

북경北京의 풍수는 송宋·원元 때부터 정평이 나 있었다. 역사서에도 많은 기록들이 나타난다.

그 중에서도 송宋나라의 학자 주희朱熹11)의 형론이 제일 권위가 있었다.

〈그림 5〉 주희(朱熹)

> 북경(北京)은 천지간에 제일 좋은 풍수다.
> 산맥은 구름에 이르고 앞에는 황하(黃河)가 환포하며 태산(泰山)이 좌청룡(左靑龍)이고 화산(華山)이 우백호(右白虎)이며, 숭산(嵩山)은 안산(案山)이다. 회남의 모든 산

---

10) 王子林, 前揭書(2005), 300頁.
11) 주희(朱熹).
　　주자(朱子)라고 칭송되는 중국 송대 유학자이다. 휘는 희이며, 자는 원회(元晦)·중회(仲晦)이다. 호는 회암(晦庵)·회옹(晦翁)·둔옹(遯翁)이다. 중국 복건성 우계에서 출생했으며 주자학의 창시자이다. 주희는 주렴계, 정주로 대표되는 이전 송학의 흐름을 이어 받아 이를 집대성하고 종래 유교가 불·도에 비해 사상적인 약점이었던 이론적 결여를 보완하는 우주론적, 인간론적 형이상학을 수립하게 된다.

들이 2중의 안산(案山)이며 강남 오령의 모든 산 들이 3중의 안산(案山)이다.12)

라고 하였다.

고금을 막론하고 수도를 건설한 자리 중에서 이곳보다 좋은 곳은 없다. 북경北京은 요遼, 금金, 원元 세 왕조의 수도이다. 또한 그들의 용흥龍興의 자리여서 주체朱棣가 좋아하는 것은 당연한 일이었다.

주체朱棣는 이미 북경北京으로 옮기는 것으로 결정하였으니 당연히 능묘陵墓 자리도 북경北京에서 선택해야 했다.

이러면 조정에서 능묘를 관리하기 편하고 후세 황제의 능행도 편리하며 자손이 조상의 능을 보위하는데 굳센 의지를 가지고 지키리라 생각한 것이다

영락 5년 황후서씨가 병으로 죽게 된다. 다음해 예부상서 조공趙羾을 파견하여 북경성 부근에서 서 황후(실제로는 자신의 능지)의 능지를 선정토록 한다.13)

영락 19년 주체朱棣는 수도를 북경北京으로 옮긴다.

4. 명 13릉의 풍수지리적 특징

명나라[明朝]가 수도를 북경北京으로 옮겨 북경北京교외에서 능지를 찾게 된 것은 정치, 군사적인 이유가 주요한 이유였다. 또한 천수산天壽山의 양지 바른 곳을 황제의 능지로 정한 것은 완전히 풍수적인 원인에 의해서다.

영락 6년(1408) 주체朱棣는 예부상서 조공趙羾으로 하여금 북경北京 교외에 자기의 능지를 찾도록 지시한다.14)

그리고 자기의 능지를 찾기 위하여 특별히 감파풍수贛派風水의 고수高手로 유명한 료균경廖均卿15)을 고용하여 함께 가게 하였다.

---

12) 『朱子語類輯略』 권1의 원문을 살펴보면,
"冀都正天地間好個大風水! 山脈從雲中發來, 前面黃河環繞, 泰山聳左爲龍, 華山聳右爲虎. 嵩山爲前案, 淮南諸山爲第二重案, 江南五岭諸山爲第三重案".
13) 晏子友, 『明淸帝王及其陵寢』(臺海出版社, 1998), 19頁.
14) 毛上文 溫芳, 『陰陽宅風水』(團結出版社, 2008), 226頁.

조趙와 료廖 등은 북경北京에 도착하자 먼저 서산西山을 주시하게 된다. 서산西山의 향산香山에 위치한 담자사潭柘寺는 유명한 풍수 혈지 이다.16) 금나라 황제와 요遼, 금金, 원元 3대의 고관高官과 귀족貴族의 묘혈墓穴이 이 일대에 있었기 때문이다.

하지만 조趙와 료廖 등은 서산西山에서 혈지를 찾아 몇 개월을 헤매 다녔으나 얻은 것은 아무 것도 없었다. 그 지역은 국세局勢가 극히 작던지17) 형세形勢가 완전하지 못하여 맘에 드는 곳이 없었다.

그래서 그들은 눈을 북쪽으로 돌리게 되는데 최종적으로 창평현昌平縣 동북의 황토산黃土山 일대가 풍수가 아주 좋은 곳임을 발견하게 된다.18)

〈그림 6〉 료균경(廖均卿) 초상화

당시 유행하는 풍수이론의 관점으로 보면 이곳은 결점이 없는 아주 좋은 곳으로 황제 능을 조성할 수 있는 지리조건을 완벽하게 갖추고 있었다.

황토산黃土山은 연산산맥燕山山脈19)의 주맥主脈으로20) 아주 크게 행룡行龍하여 예로부터 북쪽에 왕기王氣가 서린 곳으로 알려진 곳이다.

---

15) 료균경(廖均卿)은 강서성(江西省) 감주시(贛州市) 홍국현(興國縣) 의금향(衣錦鄕) 삼료촌(三僚村) 출신이다. 자는 도보(兆保) 호는 옥봉(玉峰)이다.
   명나라의 國師이다. 흠천감의 영대박사(靈臺博士)로 영락제 주체의 능묘선정과 점혈에 결정적 역할을 담당한다.
16) 胡漢生, 前揭書(2004), 34頁.
17) 王子林, 前揭書(2005), 282頁.
18) 晏子有, 『明淸帝王及其陵寢』(臺海出版社, 1998), 20頁.
19) 연산산맥(燕山山脈)
    중국 허베이평원(河北平原) 북쪽에 자리잡고 있는 산맥이다. 베이징(北京) 북동쪽에서 위톈(玉田)·펑룬(豊潤) 등지를 거쳐 산하이관(山海關)에 이른다. 산맥의 동부는 차오바이강(潮白河) 계곡에서부터 산하이관까지 만리장성을 따라 동서방향으로 뻗어 있으며, 해발고도 400~1,000m를 이룬다.
    산맥의 서부는 북동에서 남서 방향으로 달리며, 대부분이 해발고도 1,500m를 넘는다. 싱룽현(興隆縣) 북쪽에 있는 주봉 우링산(霧靈山)의 해발고도는 2,116m이다. 화베이(華北)평야의 북쪽 방벽(防壁)을 이루며, 차오바이강·롼허강·융딩강이 산맥을 가로지르며 흐른다.
    (자료출처 : 두산백과사전 EnCyber & EnCyber.com)
20) 劉沛林, 『風水』(上海三聯書店, 2005), 238頁.

특히 황토산黃土山 일대는 주산主山이 웅장하고 청룡靑龍과 백호白虎가 동서를 둘러싸고 있으며 수려한 작은 산들이 남쪽 방면을 에워싸고 있어 풍수적으로 굉장히 뛰어난 곳이다.

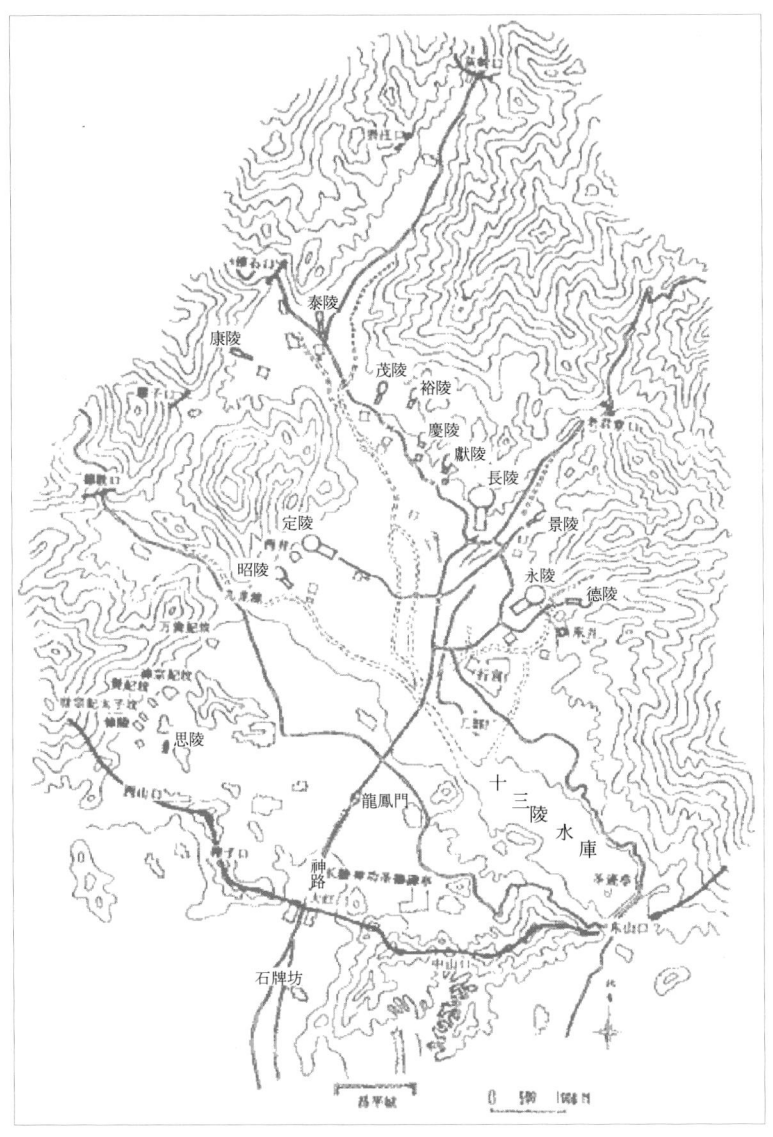

〈그림 7〉 명 13릉 배치도

서북쪽의 물이 중간부분에서 합수하여 동남쪽으로 구불거리며 흐르고 있어 형기풍수의 완벽한 국세局勢가 구성되어 있었던 것이다.21)

영락 7년(1409) 4월 주체朱棣는 창평으로 직접 가서 조趙와 료廖 등이 찍어놓은 황토산黃土山을 심사하고 매우 맘에 들어 한다. 같은 해 5월 8일 정식으로 점혈點穴하고 조성공사를 착공하면서 황토산黃土山을 천수산天壽山으로 고친다.22)

영락 11년(1413) 현궁玄宮이 낙성되어 장릉長陵이라 명명하였다.

2월 서황후徐皇后를 안장하게 되고, 영락 22년(1424) 7월 주체朱棣가 고비사막 북쪽에 출정하였다가 병사하자 12월에 이곳 장릉長陵에 안장하게 된다.

천수산天壽山 능역은 넓으면서 좋은 터가 많아 장릉長陵 이후에 앞뒤로 11개의 황제 능이 건설된다.

그들은 인종仁宗 주고치朱高熾의 헌릉獻陵, 선종宣宗 주첨기朱瞻基의 경릉景陵, 영종英宗 주기진朱祁鎭의 유릉裕陵, 헌종憲宗 주견심朱見深의 무릉茂陵, 효종孝宗 주우탱朱祐樘의 태릉泰陵, 무종武宗 주후조朱厚照의 강릉康陵, 세종世宗 주후총朱厚熜의 영릉永陵, 목종穆宗 주재후朱載垕의 소릉昭陵, 신종神宗 주익균朱翊鈞의 정릉定陵, 광종光宗 주상락朱常洛의 경릉慶陵, 희종熹宗 주유교朱由校의 덕릉德陵 등이다.

숭정17년(1644) 이자성23)이 영도한 농민군이 북경을 쳐 들어오자 숭정崇禎황제는 경산景山24)에서 자결한다. 이로서 명은 망하고 만다.

살아 있을 때 능을 건설하지 않은 숭정제는 주황후周皇后의 시신과 함께 능역 서남쪽에 위치한 전귀비田貴妃의 묘에 안장 된다.25)

순치원년 청 통치자는 한족漢族의 인심을 사기위해 숭정제崇禎帝 안장의식安葬義式을 거행 한다. 동시에 전귀비田貴妃 묘를 사릉思陵이라 바꿔 부르게 된다. 이로서 13

---

21) 王子林, 前揭書(2005), 298頁.
22) 晏子友, 前揭書(1998), 20頁.
23) 이자성(李自成, 1606~1645). 중국 명(明) 말기의 농민 반란 지도자로서 1644년 대순(大順)을 세우고 베이징(北京)을 점령해 명(明)을 멸망시켰으나 오삼계(吳三桂)와 청(淸)의 연합군에 패하였다.
(자료출처 : 두산백과사전 EnCyber & EnCyber.com)
24) 경산(景山).
명나라 영락18년(1420)에 건축되었는데, 원나라의 왕기(王氣)를 누르기 위해 지은 것이다. 처음에는 만세산(萬歲山), 매산(煤山)이라고 불렀으나, 청나라 순치12년(1655)에 지금의 이름으로 바뀌었다. 산의 둘레는 1km정도이고 전체면적은 23ha이다. 산 정상에는 봉우리가 다섯 개이며 주봉의 높이는 43m이다. 산의 동쪽 기슭은 명나라 숭정제가 자살한 곳이다.
25) 朱天運, 『十三陵風水探秘』(中國青年出版社, 2005), 35頁.

릉 중에 최후의 능이 된다.

　13릉은 풍수가 좋은 곳이었지만 명조明朝가 멸망滅亡의 운명運命을 벗어나게 하지는 못했다.

5. 명 13릉의 배치법

　능역의 배치配置는 원칙原則과 예외例外가 공존하였는데 능역의 배치配置가 어떻게 되었는지 살펴보자.

　13릉은 장릉長陵을 중심으로 다른 능들을 좌우에 배치配置하는 체제이다. 촌수가 비교적 높은 황제의 능은 장릉長陵에서 가깝게 위치하고 촌수가 낮은 능은 장릉長陵에서 멀리 배치하였다.

　대체적으로 이런 식으로 배치配置하는 것을 원칙으로 하였으나 다 그런 것은 아니었다. 능역의 배치配置는 종법윤리宗法倫理 체계와 풍수요소가 공통적으로 작용한 결과라 할 수 있다. 중국 봉건사회封建社會에서 장유유서적長幼有序的인 종법윤리체계는 굉장히 엄격하였다.26) 황제는 예禮로서 천하를 다스린다[禮治天下]는27) 이 원칙은 당연히 지켜져야만 하는 것이었다.

　명·청시대 개국황제開國皇帝가 죽은 후 일반적으로 능원의 북부중심에 안장하는 것을 원칙으로 하였다. 주체朱棣는 비록 개국황제開國皇帝는 아니지만 천수산天壽山 능역에서 가장 자격이 있는 황제였다. 그래서 그의 아들이 죽으면 그의 우측에 안장하고 그의 손자가 죽으면 좌측에 안장하는 것이다. 대대손손代代孫孫 이렇게 안장하여 장릉長陵을 중심으로 한 좌우분포의 황릉체계가 형성되는 것이다.

　중국 봉건사회에서 좌는 소昭라 하고 우는 목穆이라고 부른다.28) 좌우분포의 원칙을 소목상망체제昭穆相望體制라고도 한다. 즉 서로가 공경하고 밝게 빛나는 사이라는 뜻일 것이다. 명·청 두 황조는 태묘太廟의 신주神主 배열이나 능침의 위치를 정

---

26) 毛上文 溫芳, 『陰陽宅風水』(團結出版社, 2008), 222頁.
27) 樓慶西, 한동수 옮김, 『중국의 고대건축』(도서출판 혜안, 2004), 22쪽.
28) 毛上文 溫芳, 前揭書(20080, 226頁.

할 때에는 대체적으로 이러한 질서를 기준으로 배치하였다. 그러나 능역의 소목제도昭穆는 풍수지리의 영향과 단속을 받을 수밖에 없는 구조였기에 많은 예외적인 상황이 만들어지게 되었다.

제5대 황제 헌종憲宗 주견심朱見深의 무릉茂陵은 좌우 소목체계昭穆體系에 따라 응당 장릉長陵의 좌측에 위치한 선종宣宗 주첨기朱瞻基의 경릉景陵 동쪽에 위치해야 한다.

그러나 경릉景陵의 동쪽에는 상당한 범위 안에서 풍수적인 길지吉地를 찾기가 어려웠다. 뿐만 아니라 계속해서 동쪽에서 찾게 되면 장릉長陵 등 조상들의 능과도 멀어지게 되기 때문에 부득이하게 장릉長陵의 우측에서 찾게 된다. 즉 그의 아버지 영종英宗 주기진朱祁鎭의 능 서쪽에 위치하게 되면서 명릉의 소목체계昭穆體系는 여기에서 처음 예외가 등장하게 된다.

지고지상至高至上인 봉건 종법예식도 풍수술 앞에서는 한발 물러설 수밖에 없었던 것이다. 이걸 보면 절대 권력자인 황제도 풍수지리風水地理 앞에서는 지고지상至高至上의 종법 예절의 절대성을 고집하지 못하게 된다.29)

효종孝宗의 태릉泰陵과 무종武宗의 강릉康陵도 이 원인 때문에 계속 서북쪽을 따라 배치한다. 그러나 세종世宗 주후총朱厚熜때 상황이 변하기 시작하였다. 세종世宗 주후총朱厚熜은 황제자리에 앉은 후 자기의 만년길지萬年吉地를 찾게 된다.

〈사진 2〉 흥왕부(興王府) 세종의 출생지

---

29) 胡漢生, 前揭書(2004), 12~13頁.

무종武宗 주후조朱厚照의 강릉康陵이 능역의 서북 가장자리에 자리를 차지함으로서 서쪽으로는 더 이상 선택할 길지吉地가 없었던 것이다.

그러자 그는 조상 능역의 뒤쪽에서 찾을 수밖에 없어 능역 동쪽의 양취령陽翠岭 아래에 자기의 영면처永眠處를 정하게 되는데 이곳이 바로 영릉永陵이다.

소릉昭陵은 주후총朱厚熜이 만든 걸작傑作이다.

주후총朱厚熜은 주후조朱厚照의 사촌동생이다. 주후조朱厚照는 황음무도荒淫無道하고 주색에 빠져서 후사를 두기도 전에 죽고 만다. 따라서 자식이 없었던 것이다.

명의 가법원칙家法原則에 따라 호북湖北의 흥왕세자興王世子인 주후총朱厚熜이 황제 자리를 물려받게 되는데 그가 곧 세종世宗이다. 세종世宗은 자리에 앉은 후 돌아가신 자기 아버지 흥왕興王을 황제에 추봉하려고 하였으나 대신들의 강렬한 반대에 부딪힌다. 그는 황제의 권위를 높인다는 미명하에 대신들을 연속하여 수십여 명을 죽이면서 까지도 고집을 꺾지 않는다. 그 후 장릉長陵에서 서남쪽으로 조금 먼 대욕산大峪山 아래에다 자기 아버지 흥왕興王의 현릉顯陵 현궁玄宮을 건설하였다. 현궁玄宮을 지은 후 세종世宗은 생각이 바뀌어 몇 번을 표류하면서,

대욕산(大峪山)은 쓸쓸하고 애달프다[凄苦] 아버지를 여기에 안장하면 마음이 아프다.[30]

며 그 뒤 버리고 쓰지 않았다. 그의 아들 목종穆宗 주재후朱載垕가 죽은 후 국정을 장악한 대정치가大政治家 장거정張居正은 세종世宗이 그의 아버지 흥왕興王을 위해 이미 조성해 놓은 무덤자리에 목종穆宗 주재후朱載垕를 안장토록 신종황제를 설득한다. 신종황제도 처음에는 주저하였으나 대정치가大政治家 장거정張居正의 설득과 풍수가들의 조언을 듣고서는 이곳에 그의 아버지 목종穆宗 주재후朱載垕를 안장토록 한다. 그리고 그곳의 이름을 현릉顯陵에서 소릉昭陵이라 바꿔 부르게 된다. 소릉昭陵은 장릉長陵에서 굉장히 먼 능역 서북쪽에 위치하고 있어 후세 황제들이 능을 참배하는데 상당히 곤란해진다. 주재후朱載垕의 아들 신종神宗 주익균朱翊鈞은 이 때문에 상당히 골치가 아팠다. 원칙대로 하면 주익균朱翊鈞의 능은 응당 영릉永陵 아니면 소릉昭陵 밖

---

30) 大峪山凄苦, 將父皇葬此, 心猶未忍.

에서 찾아야만 한다. 하지만 영릉永陵과 소릉昭陵은 능역의 가장자리에 있어서 만약 그 능 밖에서 찾으면 능역의 남부까지 와야만 한다. 하지만 남쪽은 후궁後宮들의 원침園寢 공간으로 여타 황제 능과 같을 수가 없었다.31)

주익균朱翊鈞은 명나라 역대 황제 중에서도 겉 치례를 가장 좋아하는 황제였다. 그런 그가 후궁後宮들의 원침공간園寢空間인 남쪽이 눈에 들어올 리가 없었다. 신종神宗 황제는 자기가 좋아하는 풍수 길지를 찾기 위해 뜻밖에도 그의 아버지 능인 소릉昭陵 뒤쪽에서 자기의 능지(정릉)를 정하게 된다.

광종光宗 주상락朱常洛의 경릉慶陵 또한 분수에 넘친 특례에 해당한다. 광종光宗은 명 후기의 황제이고 재위기간이 짧은 3명의 황제 중 한명으로서 황제자리에 있는 시간은 불과 1달여에 불과 했다.

그런 그가 죽은 후 아들 주유교朱由校는 아버지의 장지로 상상길지上上吉地로 알려진 황산사黃山寺 2령嶺의 경태와景泰洼를 선택한다.

이리하여 경릉慶陵은 헌릉獻陵과 유릉裕陵 두 조상 능 사이에 끼어든다. 희종熹宗이 많은 반대를 무릅쓰고 분수에 넘치게 아버지를 매장한 것은 그 자리의 풍수가 너무 좋았기 때문이다. 좋은 풍수 길지를 차지하기 위하여 장유유서長幼有序의 종법예식宗法禮式 등은 거들 떠 보지도 않고 팽개쳐 버리게 된다.

13릉의 배치는 종법예식宗法禮式과 풍수지리가 서로 공통으로 작용한 결과물인 것이다. 풍수조건이 합당한 경우에는 황릉은 소목체계昭穆體系의 배열에 따라 배치한다. 그러나 풍수조건이 합당하지 않은 경우에는 원래의 원칙보다는 풍수원칙을 제일 우선시 하였다.32)

6. 명 13릉의 건축 미학33)

13릉의 형성은 위에서 기술한 몇 개 외에도 또 한 가지 건축적建築的 미학美學이

---

31) 朱天運, 前揭書(2005), 37頁.
32) 胡漢生, 前揭書(2004), 13頁.
33) 朱天運, 前揭書(2005), 38~40頁.

있다.

이 원칙은 몇 개의 요소처럼 명확하지는 않으나 13릉은 결국 중요한 원칙을 가지고 있었다. 그것을 살펴보자

첫째 능역 크기 알맞음의 원칙이다.

천수산天壽山 능역의 선택은 크기의 알맞음을 우선순위로 두었다. 천수산天壽山은 황실의 능역이다. 황릉인 이상 당연히 규모가 클 것을 요구하고 부디 황실의 존귀尊貴함과 위엄威嚴을 동시에 만족할 것을 요구하게 된다.

성조가 능지를 찾기 시작한 이후에 서산西山에서 몇 군데의 후보지候補址를 찾았으나 선택하지 않은 것은 형국形局이 안 된 탓도 있었지만 주원인은 국세局勢가 작은 탓이었다.[34]

그렇다고 무조건 큰 것만을 추구하지도 않았다. 너무 크면 사람들에게 광활廣闊하게 느껴져 설사 용龍, 혈穴, 사砂, 수水, 향向 즉 지리오결地理五訣을 모두 갖추었다 해도 좋은 효과를 얻기가 힘들어지기 때문이다.

그렇다면 얼마나 커야 할까… 이것의 해답은 사람의 눈으로 볼 수 있는 범위 안이어야 한다. 사람이 평원에서 관찰할 수 있는 일반적 범위는 반경 2~3km이고, 산 정상에서 관찰할 경우에는 반경 5~6km 정도에 달한다.

천수산天壽山 능역의 남북 길이는 12km이고 동서 길이는 10km로서 중앙의 산 정상에 서서 보면 시력이 미치는 범위 내에 있었던 것이다.

둘째 황릉 배치상의 소밀적당疏密的當 원칙이다.

사릉思陵을 제외하고 긴 200여 년의 시간을 앞뒤로 12명의 황제가 천수산天壽山의 좋은 자리에 안장되어 있다. 능과 능사이의 구성미학構成美學도 능역 건축建築의 중요한 요소이다.

황제 능의 구성에서 역대 건축 전문가들을 채용한 것도 소밀적당疏密的當하게 서로가 건축되어지도록 하기위해 끼워 넣은 것이다.

---

[34] 王子林, 前揭書(2005), 282頁.

세심하게 관찰해보면 능 사이의 떨어진 거리는 일반적으로 0.5~1km 좌우로 되어 있는 것을 발견할 수 있다. 이렇게 떨어져 있는 황제 능의 거리는 모두 하나의 완전독립 건축체제라는 것이다. 다른 황릉의 영향을 받지 않으면서도 그들은 또 치밀하게 배치되어 서로가 알맞은 것이다.

배치상配置上 이런 미학美學의 원칙 뒤에는 정치政治와 윤리의식倫理意識이 깊이 자리 잡고 있다.

황제들이 살아 있을 때에는 더할 수 없이 높은 통치자 이다. 그들은 나라를 경영하며 누구에게도 견제 받는 것을 싫어한다. 세상을 떠 난 후에도 마찬가지로 한곳을 독차지하여 다른 사람과 풍수적 길지를 나누는 걸 싫어한다. 그렇지만 그들도 황위皇位를 조상으로부터 물려받은 사람인 것이다. 그래서 아버지와 조상황제들을 그리워하는 것은 인지상정人之常情인 것이다.

따라서 그들이 죽은 후에 조상으로부터 멀지 않은 곳에 안장해야만 하는 이유인 것이다. 이것 또한 봉건 윤리관계에 대한 당연한 이치이다.

13릉의 건축물에는 총체적總體的으로 통일된 기획企劃이란 있을 수 없다. 그렇지만 결과적으로 그들은 독립적이면서 공통적이고 또 서로 관련된 건축물 집단을 만들었다.

셋째 황릉 건축물의 웅장雄壯함과 장려壯麗한 아름다움의 원칙이다.

봉건사회에서 황릉皇陵과 궁전宮殿 건축물은 같은 예식성禮式性 건축물에 속한다. 예식성禮式性 건축물인 이상 크고 넓고 웅장雄壯해야 한다. 다른 말로 하면 크고 화려하지 않으면 진중하고 위엄이 있다고 할 수 없다. 반드시 꼭 장엄웅대莊嚴雄大하여야 만이 위엄威嚴이 있어 상하上下를 구분할 수 있는 예식禮式의 효과를 거둘 수 있다고 보았다.

그래서 명 황릉皇陵 건축물은 웅장雄壯하고 기세氣勢 높은 건축 예술품藝術品인 것이다.

13릉의 건축물은 장릉長陵의 예에 따라 대체로 4개 부분으로 나누어 형성되었다.

제1부분은 정문正門에서부터 3개의 다리를 건너 대홍문大紅門까지 길이가 약 1.25km이다. 능역 건축물의 제1밀집 지역이고 또한 시작이다.

제2부분은 대홍문大紅門에서 용봉문龍鳳門까지 길이가 1.7km이다. 신도비와 36석상 등은 능역의 제2밀집지역이며 능역 건축물의 최고봉이다.

제3부분은 용봉문龍鳳門에서 능궁문陵宮門 앞까지 길이가 약4.4km이다. 3개의 흰 옥돌 다리가 있어 건축상 분산分散의 효과를 추구하며 능역 건축의 저조한 부위이다. 그러나 이 저조한 것은 곧 닥쳐올 최고봉最高峰을 위하여 준비하는 것이다.

제4부분은 능 궁에서 또 하나의 밀집된 부분이다. 능문陵門과 능은문稜恩門, 명루明樓, 보정寶頂35)으로 갈수록 더욱더 웅장하고 높고 커져 능역건축 예술의 최고봉最高峰에 해당한다.36)

명릉明陵의 건축은 이런 오밀조밀함과 높고 낮은 공간의 서열배치, 예술적 형상으로 사람들에게 아름다움을 느끼게 한다. 뿐만 아니라 같지 않은 용도의 건축물도 질서秩序있게 안배해서 배치하였다.

넷째 황릉皇陵과 산수山水가 상호 어우러지는 원칙이다.

풍수 때문에 황제의 능은 반드시 산자락을 선택해야 한다. 그것은 형기풍수의 형식에 의거하여 용龍, 혈穴, 사砂, 수水, 향向 모두가 구비된 곳에 윤리倫理와 도덕관념道德觀念을 깊이 구현하고자 한 것이다.

능陵과 산수山水의 조화를 원칙으로 고도의 화합과 통일의 아름다움을 추구하는 것으로 황권숭배皇權崇拜의 목적을 이루고자 하였던 것이다.

황릉 건축은 대자연의 거대한 아름다움을 빨아들여 기세를 드높이고 돋보이게 하여 황릉 건축의 위엄威嚴을 나타냈던 것이다.

둘이 서로 융합하여 공통으로 일종의 신성神聖함과 영원永遠한 생기生氣가 충만한 기념물을 만들었다. 이것이 중국 고대 능침陵寢 건축물의 예술성과에서 가장 돌출된 하나의 특징이다.

---

35) 獨龍阜라고 부르기도 한다. 황릉내의 동산 크기의 분묘이다. 원형이거나 타원형이며 위로 뾰족하게 융기되어 있다. 높이는 寶城보다 높으며, 크기는 당시 국가의 성쇠와 능묘 주인의 신분에 따라 높낮이의 차이가 있다. 명나라 황제의 능묘 보정은 황토로 속을 채우고, 중심부분은 白灰에 黃土를 섞어 다지면서 쌓아 올렸다. 보정위에는 푸른 소나무와 측백나무를 가득 심어 고대 樹墓의 예와 부합시켰을 뿐만 아니라 풍수지리적으로 뛰어나고, 자손들이 만년 長壽할 수 있다는 것을 상징하였다.
36) 朱天運, 前揭書(2005), 40頁.

제4장

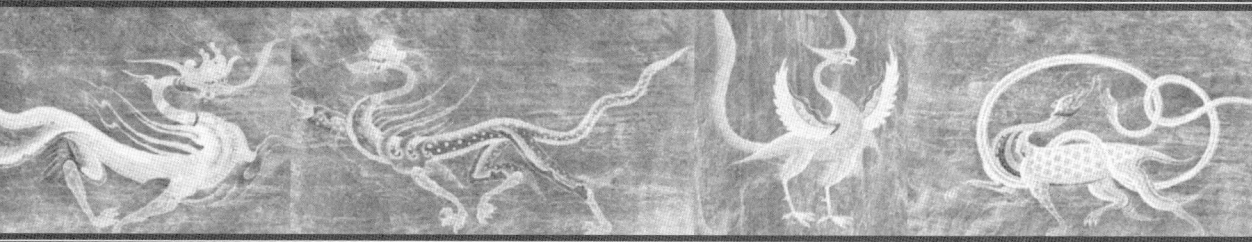

명 13릉의 건설

1. 명 13릉의 건설순서
2. 명 13릉의 능지陵址 선정
3. 명 13릉의 능역 조성
4. 명 13릉의 시공 과정
5. 명 13릉의 능명陵名 결정
6. 명 이전의 황릉 건축
7. 주원장의 능 건축 개혁
8. 명 13릉의 건축체계

제4장

명 13릉의 건설

1. 명 13릉의 건설순서

명明 황제皇帝와 중국역사의 역대 통치자統治者는 비슷한 면이 많다.

그들은 국운國運을 황조皇朝의 안위安危와 관련하여 생각하는 유심주의적唯心主義的 철학관념哲學觀念을 가졌다. 따라서 궁전宮殿과 능묘건축陵墓建築도 같은 중요한 국가의 대사大事로 여겼던 것이다.

그래서 능지陵址를 찾고 건설하는 활동은 매우 중요한 하나의 국사로 생각하였던 것이다.

그 중요한 황제皇帝의 능지陵址를 찾는 것, 능릉陵의 건축적 규칙規則과 제도制度를 세워 공사를 완성하는 일은 몇 개의 순서적 절차를 거치게 된다.

2. 명 13릉의 능지陵址 선정[1]

능지陵址를 결정하는 것은 황릉皇陵을 건설하는데 가장 중요한 과정이다. 딱 맞는 하나의 풍수상 길지吉地를 찾기 위해 처음에는 격格이 높은 조직을 구성하고, 조정朝

---

[1] 朱天運, 『十三陵風水探秘』(中國靑年出版社, 2005), 44~45頁.

廷에 주관主管하는 부서部署와 풍수지리가를 모아서 소위원회小委員會 성격의 조직組織을 구성한다.

소위원회에 참가하는 주요 인물로는,

예부상서禮部尙書 - 예부주관 제사祭祀와 조공朝貢, 황릉조성皇陵造成등의 예식禮式 등 대소사大小事를 주관한다. 또한 능지 조사과정에 예부관원禮部官員을 참가시켜 당연히 주관 하였다.

공부관원工部官員 - 주요업무主要業務는 이후 설계設計와 공사工事를 하기 위해서다.

흠천감관원欽天監官員 - 흠천감欽天監은 길일吉日을 잡고 길지吉地를 찾는 책임이 있으며 반드시 책임자가 참가하여 기술 방면의 일을 주관해야 한다.

풍수를 아는 관원官員과 특별히 민간에서 고용한 유명한 풍수사風水士가 참여한다.

어떤 때에는 황제皇帝가 부르기 편리하고 즉시 감독監督도 가능하며 공사 진도를 파악하기 위하여 옆에 있는 환관宦官도 이 일에 참가하게 된다.

명 중후기中後期에는 힘을 강화하기 위하여 내각대신內閣大臣을 보내 능침陵寢을 건축하였는데 감독監督을 맡기기도 하였다.

길지吉地를 찾는 순서는 일반적으로 흠천감관원欽天監官員과 풍수사風水士들이 먼저 풍수지리적인 길지吉地 조건을 갖춘 곳의 산의 형태形態와 용맥龍脈, 사격砂格과 수세水勢 등에 대하여 의견서意見書와 그림을 그려 종합적인 의견을 제출하면 황제皇帝가 최종最終적으로 결정決定하는 구조였다. 만약 황제皇帝가 이 자리를 맘에 들어 하지 않든지 아니면 결정하지 못하면 좋은 곳을 찾아 반복해서 황제가 맘에 들 때 까지 계속하여 제시해야 했다.

어떤 황제皇帝는 자기 맘에 드는 영면처永眠處를 찾기 위하여 능지陵址에 직접 나가 심사하여 결정하기도 하였다.

태조太祖와 성조成祖, 세종世宗, 신종神宗 등 이 4명의 황제들은 이렇게 능지陵址를 결정했다. 특히 신종神宗 주익균朱翊鈞은 대신大臣들을 데리고 현궁玄宮안을 참관 하였을 뿐만 아니라 술을 마시고 또 누워 실험實驗까지 하며 큰소리로 "좋다"고 하였다 한다. 재미있는 것은 이 4명의 황제皇帝들은 명나라 황제皇帝 중 가장 오래살고 오랫동안 통치한 황제皇帝들이다.

능지陵址를 구하는 제1원칙은 풍수환경風水環境으로 용혈사수향龍穴砂水向의 지리요

건을 갖추고 있을 것이 기본적인 요구사항이다.

천수산天壽山의 모든 능(사릉 제외)은 그런 요구조건을 모두 충족할 뿐만 아니라 정성들여 선택한 곳이다. 천수산天壽山은 땅이 넓어 이런 요구에 부합한 좋은 지역이다. 따라서 선대先代 황제皇帝들의 능릉은 풍수상風水上으로 아주 좋은 길지吉地에 입지하게 된다. 하지만 후대後代에 가면서 능역의 한계상限界上 길지吉地를 찾는데 어려움을 겪게 되는데 그것은 불가피하다 할 것이다.

능지陵址 선택의 제2원칙은 황릉 구성의 종법원칙으로 좌우 번갈아 매장하는 법[昭穆分葬]과 아들은 아버지를 따라 장사[子隨父葬]한다는 원칙이다.

하지만 이 두 원칙도 당연히 풍수조건을 만족하는 조건하에서야만 작동 한다. 길지를 찾기 어려운 조건에서는 두 가지 원칙은 무너지고 만다. 따라서 풍수는 능지陵址 선택의 최고원칙最高原則인 것이다.

능지陵址를 찾는 제3원칙은 미학美學의 원칙原則이다.

능과 능 사이의 원근감과 능역안의 다른 능과의 형평성衡平性, 능과 산수山水와의 조화調和, 주위 환경과의 어울림 등을 모두 고려하여 결정하였다. 능지陵址를 찾는 표준標準은 풍수요소風水要素가 주도主導하고 인문자연人文自然과 예술성藝術性 등 많은 요소가 동시에 작용한 환경지리環境地理 평가評價의 총합체總合體인 것이다.

능지陵址를 찾는 과정은 여러 특정한 지리환경地理環境을 종합 평가하고 대비對比하는 과정過程이다.

3. 명 13릉의 능역 조성

명 황제皇帝 능역의 조성 규정規定과 건축체계建築體系는 주원장朱元璋이 개혁한 후에 비교적 고정固定된 형식을 따르게 된다.

능역 조성은 바로 이 규정規定에 기초하여 치수를 크게 하거나 또는 작게 할 수 있고 항목項目을 증감增減 할 수 있었다.

황릉건축皇陵建築은 예식禮式과 황제皇帝의 위엄威嚴에 관계되는 막중대사莫重大事로서 예부당관禮部堂官이 책임지고 결정하는 총체적 구조였다. 그러나 사실 말은 이렇게 하지만 꼭 그렇지 않았다. 왜냐하면 예부당관禮部堂官은 황제皇帝의 명命에 따라 행동하는 것이다.

따라서 능의 구조는 황제皇帝가 사실상 직접 확정하는 구조라고 할 수 있다. 황제皇帝는 항상 하늘을 공경하고 조상을 또한 그와 같이 하였다[敬天法祖]. 그리고 조상가법祖上家法이 그들에게 중대한 영향을 미치는 약속으로 작용한 것이다.

그렇기 때문에 아무리 황제皇帝라 할지라도 마음대로 할 수 없는 것이 있었는데, 그것은 조상이 남겨놓은 제도로서 이것만은 꼭 지켜야만 하는 일종의 철칙이라 할 수 있었다.

그렇다면 명 황제皇帝의 조상들이 남겨 놓은 황릉구조皇陵構造 방면의 제도制度와 가법家法은 무엇이 있을까.

남경南京 주원장朱元璋의 효릉孝陵 건축제도는 그 후손 황제皇帝들에게 황릉구조皇陵構造에 대하여 대대로 내려오는 가법원칙家法原則이 된다.[2]

홍무 15년(1382) 주원장朱元璋이 남경南京 동쪽 교외 완주봉玩珠峰 아래에 자기와 황후皇后 마씨馬氏의 능묘陵墓를 건설하게 되는데 이 능은 진秦·한漢 이후 모든 능의 기본체계基本體系가 된다.[3]

전궁후침前宮後寢, 전방후원前方後圓, 종향배열縱向排列의 1문3진一門三進 체계를 채용하는 건축형식이다.[4]

당송唐宋 이전 모든 능의 기본체계基本體系를 더욱 웅장하고 편리하게 구성한 것으로 후대 황제들은 따르지 않을 수 없었다.

주원장朱元璋은 명의 개국황제開國皇帝이고 후대 황제들의 조상祖上으로서 자격資格이 가장 많고 공로功勞가 제일 크다 할 수 있다.

그렇기 때문에 후세 황제는 그에게 존경의 표시로 황릉皇陵의 건축항목建築項目과 규모規模, 치수면值數面에서 주원장朱元璋의 효릉孝陵보다 작게 할 수 밖에 없었다.

때로는 조상祖上의 능陵 보다 크기도 하고 작기도 하지만 효릉孝陵을 넘는 경우는 있을 수 없었고 그것은 하나의 불성문자不成文字와도 같은 것이었다. 이 두 가지는 명

---

2) 華博, 『中國盜墓』(中國友誼出版公司, 2006), 164頁.
3) 胡漢生, 『明十三陵探秘160問』(北京燕山出版社, 2004), 75頁.
4) 華博, 前揭書(2006), 165頁.

나라明代 황제皇帝가 황릉皇陵을 조성할 때 반드시 지켜야할 철칙鐵則이었던 것이다.

13릉의 조성(사릉 제외) 과정은 대체로 3가지 경우로 나누어 볼 수 있는데,

첫째 황제가 살았을 때 자기의 능묘陵墓를 건설하는 경우,

둘째 황제가 죽은 후 유서遺書대로 능묘陵墓를 조성하는 경우,

셋째 황제가 죽은 후 이어받은 황제가 능묘陵墓를 조성하는 경우가 있는데, 이런 경우에는 상황狀況이 달라서 그런지 능묘陵墓의 구조가 아주 다르게 된다.

살았을 때 능묘를 조성한 황제는 성조成祖와 세종世宗, 신종神宗 황제이다. 이 세 황제는 황위皇位에 오르는 과정이 정통적正統的이지 못했다고 할 수 있다.

성조成祖는 조카 손에서 황위皇位를 빼앗았고, 세종世宗은 사촌형으로부터 황위皇位를 물려받은 경우이며, 신종神宗은 황권皇權을 악성적惡性的으로 팽창한 사람이다. 그들은 방대尨大하고 호화豪華로운 능묘陵墓로 자기의 정통성正統性과 위엄威嚴을 표현하고자 하였던 것이다. 그리하여 이 세 황제의 장릉長陵과 영릉英陵 그리고 정릉定陵은 13릉 중 규모가 제일 크고 사용 재료가 제일 좋으며 가장 많은 경비經費가 들어간 능묘이다.

승하昇遐한 황제로부터 물자를 절약하라는 유언遺言에 따라 건설한 능으로는 인종仁宗과 선종宣宗 두 황제가 있다. 이 두 황제는 모두 명 전기의 명군明君이다. 그들은 백성을 생각할 줄 알았고 백성의 부담을 줄이고 생활을 안정시켜 원기를 회복시키고자 하였던 황제들이다.

인종仁宗은 죽기 전,

산릉에 물자를 아껴라

라는 유언遺言을 남기는데 선종宣宗도 또한 같은 유지의 유언遺言을 남김으로서 헌릉獻陵과 경릉景陵은 13릉 중 규모가 가장 작은 능이 된다.

황제가 죽은 후 이어받은 황제가 조성한 능묘는 영종英宗과 헌종憲宗, 효종孝宗, 무종武宗, 목종穆宗, 광종光宗, 희종熹宗 등 7명의 황제다.

대행황제大行皇帝로 부터 산릉山陵에 물자를 아끼라는 유언遺言이 없어 중간 규모의 능으로 건설되었다.

장릉長陵과 영릉永陵, 정릉定陵 등에 비해 작고 헌릉獻陵과 경릉景陵에 비해서는 크다.

예외적으로 명 마지막 황제 숭정제崇禎帝는 살았을 때 능묘를 조성하지 않았는데 숭정제崇禎帝가 자결한 후에 농민군 정권도 일일이 돌볼 겨를이 없어 장례葬는 창평현昌平縣 관원官員들이 대신하여 처리하게 된다. 하지만 창평현昌平縣 창고에는 장례를 치를 것이 아무것도 없었다. 그래서 할 수 없이 상인商人들로부터 백은 200냥을 거둬 숭정황제崇禎皇帝와 황후의 관棺을 전귀비田貴妃의 묘에 넣고 일을 끝내 버렸다. 그래서 그의 능묘는 황제의 능묘 구조를 갖추지 못했다. 따라서 기존의 황제능皇帝陵과 같을 수는 없었다.

순치원년順治元年 청세조淸世祖는 그를 위하여 새로 안장의식安葬儀式을 거행하여 준다.

4. 명 13릉의 시공 과정

능지陵址와 구조를 확정하면 조직을 구성하여 공사를 착공한다.

능 공사는 대공사이기 때문에 공사工事의 질質과 공정工程의 진도進度에 대한 요구가 매우 엄격하였다.

그래서 공사가 시작되면 현궁조성 공인工人들을 소집하고 자재를 준비하여 순서대로 진행한다. 일련의 공정을 조정朝政의 공무公務를 논의하는데 제출하여 상호협의 하에 꼼꼼하게 처리 하였다.

공사를 시작하기 전에 먼저 감독하여 완성할 관원을 선정한다.

명나라 때에는 능묘를 건설할 때는 한명의 무관대신武官大臣과 한명의 공부관원工部官員이 공동책임共同責任 지는 구조로 조직을 구성한다.

무관대신武官大臣은 전 분야 지휘를 책임지고 공부관원은 기술을 관리한다. 병부兵部와 일반 관아官衙의 관원들도 조성공사에 참여 하였다.[5]

명 황제는 대신大臣들을 믿지 못해 일일이 직접통치를 하는 경우가 많았는데, 능

---

5) 朱天運, 前揭書(2005), 48頁.

역릉城의 건축공사建築工事도 마찬가지로 직접 관여하여 완성하는 경우가 많았다. 그래서 황제가 신임하는 환관宦官이 직접 감독하는 일이 많았다.

공사조건이 매우 열악한 구시대에서는 필연코 대량의 인력과 물자를 사용하였지만, 그러한 물자 및 인력에 대해서 상세한 기록은 남기지 않았다.

능묘陵墓를 건축하는데 쓰는 인력은 적어도 몇 만이고 많게는 몇 십만 명이 동원되었다. 이 인력을 직업별로 나누어 보면 공인工人과 군졸軍卒, 민간인民間人 3종으로 나눌 수 있다.

공인工人은 능의 건축물建築物을 책임지고, 군졸軍卒은 토목공사土木工事를 책임지며, 민간 인부들은 벽돌과 기와, 나무, 돌등의 건설재료를 운반하는 것을 책임진다.

능 건축물에서 사용하는 남목柟木은 운남雲南과 귀주貴州, 사천四川 등지의 깊은 산에서 나는 것이다.[6] 목재가 크고 길어서 채벌採伐하기도 어렵지만 운송運送하기는 더욱더 어려웠다.

돌 재료는 방산房山과 순의順義 등지에서 채석하였다.[7] 거리가 멀지는 않았지만 큰 돌을 운반하기 어려워 겨울철에 얼음길로 운송하여야 했으므로 민간인부들의 어려움을 짐작할 것이다.

지궁地宮[8]을 파는데 자갈과 흙 량이 어마어마하게 많았으나, 엄청난 군졸들을 동원하여 해결하였다.

천수산天壽山 능역의 공사기간은 다 다르다. 일반적으로 6개월에서 몇 년이 걸리기도 하지만 어떤 능은 시작부터 끝날 때 까지 심지어 몇 십 년이 걸린 경우도 있다.

일반적으로 황제가 죽어서 시급히 사용하여야만 하는 경우에는 급하게 공사가 진행 되어야만 했고, 황제가 건강하게 살아서 조성한 경우에는 조금 느리게 진행되기도 했던 것이다.

능묘 조성의 건축 순서는 대체로 먼저 지하 현궁玄宮을 건설한 다음 보성寶城[9]을 건설하고 망루望樓와 향전享殿 그리고 다른 건축물을 건축했다.

---

6) 華博, 『中國盜墓』(中國友誼出版公司, 2006), 154頁.
7) 上揭書, 154頁.
8) 地宮은 玄宮, 幽宮이라고 칭하기도 한다. 棺을 안치한 지하 묘실이다.
9) 보성(寶城). 묘 외부를 둘러싸고 있는 원형 또는 타원형의 성벽으로 벽돌을 쌓아 만든 능원의 마지막 부분이다. 보성의 전면은 명루, 방성과 서로 연결되어 있고 성안은 황토로 채워져 있다.

이것은 장례예식葬禮禮式에 필요한 것이며 또한 공사의 원칙이기도 하였다.

5. 명 13릉의 능명陵名 결정

능명陵名을 능호陵號라고도 한다. 서로 같지 않은 두 가지 상황에서 확정하게 되는데 명明나라 때에는 황제가 정했다.

첫째는 황제가 승하했을 때 현궁이 건설되지 않았을 경우이다.

이 경우에는 황제의 시신을 임시 안치하고 현궁玄宮을 완성하면 낙성落成할 때 능명陵名을 결정하는 방법이다.

두 번째는 황제가 살았을 때 현궁玄宮을 건설한 경우이다.

이 경우에는 황제의 시신을 안장할 때까지 기다렸다가 황제를 안장할 때 능명陵名을 정하는 방법이다.

능호陵號를 결정하는 순서는 먼저 예부禮部에서 후보안候補案 몇 가지를 정하여 황제에게 올리면 황제가 직접 필을 들어 결정한다.

1. 능호陵號는 능陵자와 앞에 특별히 붙이는 1~2개의 글자로 구성된다.

예를 들면 모릉謀陵 또는 모모릉謀謀陵 이렇게 말이다

진秦나라 때에는 황제시대로 명명하였다.

예를 들면 시황릉始皇陵, 2세릉二世陵 이런 식으로 명명했고,[10] 한漢나라 때에는 황제 능이 있는 지역을 명명하는데 예를 들어 한문제의 패릉覇陵은 패수覇水에서 유래한 것이고, 한 무제[11]의 무릉茂陵은 무향茂鄕이란 마을 이름에서 따온 것이다.

당唐이후 능호陵號를 지명地名 외에 길吉한 글자를 찾아 능명陵名으로 하였다. 당唐 태종太宗[12]의 소릉昭陵과 송 진종宋眞宗의 영정릉永定陵은 이와 같은 방식으로 능호陵號

---

10) 華博, 前揭書(2006), 46頁.
11) 무제(武帝, BC 156~87). 중국 역사에서 '진황한무(秦皇漢武)'라 불리며 진시황과 버금가는 역사적 비중을 지닌 황제가 바로 전한(前漢)의 7번째 황제이다. 15세(BC 141)에 황제에 즉위하여 69세로 죽을 때 까지 54년 동안 중국을 통치했는데, 18세기에 청나라 강희제(康熙帝)가 등장하기 이전까지 역대의 중국 황제어느 누구도 한 무제보다 오래 황제의 자리에 있었던 인물은 없었다.

를 지은 경우이다.

차츰 황릉에 잘 쓰는 문자가 있는데 장長, 정定, 경景, 태泰, 영永, 소昭 등이다.

2. 두 글자로 명명한 능호陵號는 일반적으로 전조前朝와 반복되는 것을 피해야 하며 한 글자로 명명한 능호陵號는 전조前朝의 능호陵號와 같아도 된다.

명 황릉은 능자 앞에 한 글자를 붙여 능명陵名으로 하였으며, 전조와 같아도 개의치 않았다.

성조의 장릉長陵은 한漢 고조高祖와 북위北魏의 효문제孝文帝와 능명이 같고, 인종仁宗의 헌릉獻陵은 당唐 고조高祖와 금金 목종穆宗과 능명이 같다.

선종宣宗의 경릉景陵은 위선무제魏宣武帝와 당唐 헌종憲宗, 금金예종睿宗의 능명과 같다.

명 황릉 중 사릉思陵은 청나라가 능호陵號를 정한 유일한 능묘이다.

청 통치자가 사思자로 정한 것은 숭정제崇禎帝를 애도하고 추모한다는 뜻을 담아서 정한 것이다.

6. 명 이전의 황릉 건축

1) 명 이전의 건축체계

중국의 황제 능 건설은 진秦나라 때에 시작되며 창시자는 진시황秦始皇이다. 진시황秦始皇은 능을 사각 능方陵 형태로 건설한다.

이런 체계는 역대 왕조들이 계속하여 사용한다.

한漢, 진秦, 당唐, 송宋을 거쳐 천여 년 간 조금의 변화만 있을 뿐 큰 변화는 없이 이 방식을 사용한다.

---

12) 당 태종 이세민[唐太宗 李世民, 599년 : 개황(開皇) 19년 1월 23일~649년 : 정관(貞觀) 23년 7월 10일]은 중국 당나라의 제2대 황제이며 당 고조 이연의 차남이다. 이름인 '세민'의 본래 뜻은 제세안민(濟世安民), 즉 세상을 구하고 백성을 편안케 하라는 뜻이다. 그는 실제로 뛰어난 장군이자, 정치가, 전략가, 그리고 서예가이기까지 했으며, 중국 역대 황제 중 최고의 성군으로 불리어 청나라의 강희제와도 줄곧 비교된다. 그가 다스린 시대를 정관의 치라 했다.

당송唐宋 이후의 그 주요 방식은

첫째 황릉을 상궁上宮과 하궁下宮 두개 부분으로 조성하였다.[13]

둘째 상궁上宮은 능역의 주 건축군이라 할 수 있는데 주요 건축군을 5개 부분으로 구성하였다. 5개 건축군을 살펴보면,

1. 황당皇堂과 능대陵臺이다.

그중에 황당皇堂은 지하묘실地下墓室로 황제의 관곽을 놓는 곳이다.[14] 능대陵臺는 묘혈墓穴 위의 토산土山을 말한다. 위치는 상궁上宮의 중간이며 황토로 쌓은 형태로 위는 작고 밑은 크다. 규모가 가장 큰 것은 진시황릉秦始皇陵으로 둘레가 수km이고 높이는 약70m이다.[15] 한무제漢武帝의 무릉茂陵은 둘레가 500m이고 높이가 약 40여m이다. 당唐나라 황제는 산을 능으로 조성하여 규모가 더욱 크지만 인공이 아니며 자연적인 것이다.

2. 헌전獻殿은 제사를 지내는 공간으로 능대陵臺 앞에 위치한다.[16]

3. 신장神墻은 능대陵臺 주위 담에 둘러 싸여 있고 정사각형으로 동서남북 각 방향에 신문神門이 있고 밖으로 나가는 길이 있다.[17]

4. 능원陵垣은 정사각형으로 주위에 문이 있고 동서남북을 나누어 청룡青龍과 백호白虎, 주작朱雀, 현무玄武라고 부른다.

5. 석상생石像生[18]은 주작문朱雀門[19]과 신장남문神墻南門[20] 사이에 위치한다. 수량과 품종도 낙타駱駝와 천마天馬,[21] 기린麒麟, 해치獬豸,[22] 문신文臣, 무신상武神像 등이 있

---

13) 毛上文 溫芳, 『陰陽宅風水』(團結出版社, 2008), 211頁.
14) 華博, 前揭書(20060, 144頁.
15) 毛上文 溫芳, 前揭書(20080, 213頁.
16) 華博, 前揭書(2006), 165頁.
17) 上揭書, 140頁.
18) 석상생(石象生). 석망주(石望柱), 석인(石人), 석수(石獸)등으로 구성되어 있는 석조군으로 두 개씩 짝을 이루어 능묘 전면의 양측에 서 있다. 처음에는 귀신을 물리치는 의미가 짙었으나 점차 황제의 의장대를 상징하는 것으로 바뀌게 되었다. 망주는 옛날에 묘표로 칭해졌는데, 송나라 이전에는 능묘의 가장 앞에 세워져 신도의 시작을 알리는 지표로 삼았다. 명나라와 청나라 때 석패방을 능묘지역을 알리는 첫 번째 입구에 세우게 되자 망주는 부차적인 지위로 물러나 순수 장식용으로 사용되었을 따름이다.
19) 송(宋) 나라 황릉(皇陵) 성문(城門) 중의 하나이다. 주작(朱雀)은 이십팔수(二十八宿) 중 남방(南方)의 성수(星宿)를 총칭하며, 사신(四神)의 하나로 남쪽 하늘을 맡은 신령으로서, 형상은 봉황(鳳凰)으로 상징된다. 따라서 朱雀門은 황릉의 남문(南門)이다.
20) 능역 남쪽 담장의 문이다.
21) 천마(天馬). 옥황상제가 하늘에서 타고 다닌다는 말.
22) 해치(獬豸). 해치(獬豸)는 옳고 그름을 가릴 줄 안다는 상상의 동물로서 중국의 『이물지』란 책을 보면, "해

다.[23)]

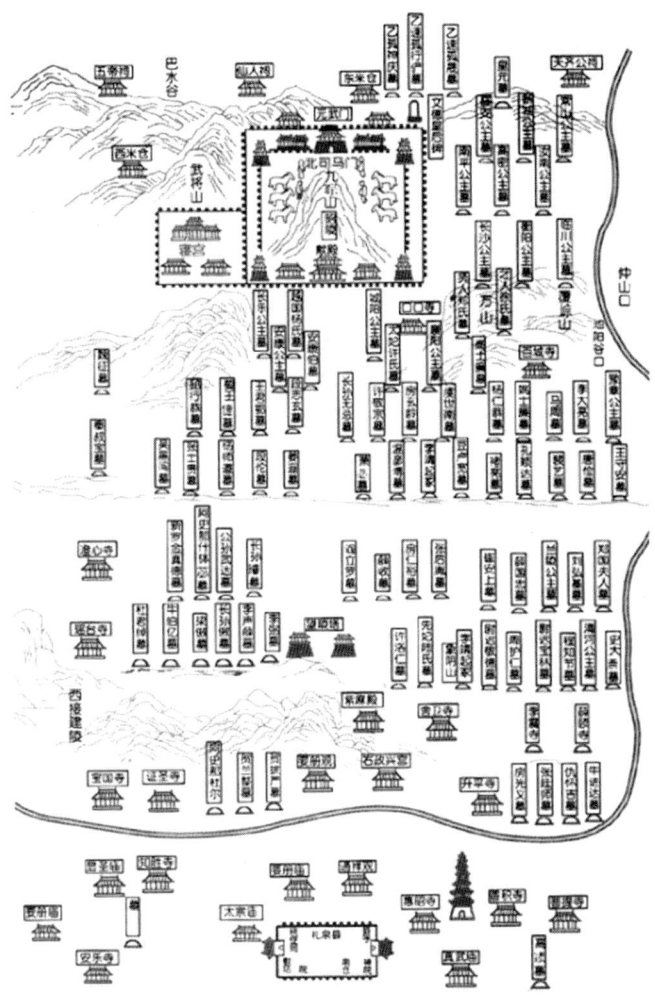

〈그림 7〉 당 소릉(昭陵) 배치도(자료출처 : www.zydg.net)

    치(獬豸)는 동북 지방의 거친 곳에 사는 짐승이다. 뿔이 하나에 성품이 충직하여 사람이 싸우는 것을 보면 올바르지 못한 사람을 뿔로 받고 사람이 논란을 벌이는 것을 보면 바르지 못한 사람을 물어 뜯는다"라고 한다. 이러한 해치(獬豸)는 우리나라에서는 사헌부라는 관리의 부정과 비리를 감찰하여 탄핵하는 기관과 관련이 있습니다. 조선시대 관복은 가슴과 등에 흉배를 붙였는데 문관학, 무관은 호랑이를 수 놓은데 비하여 사헌부의 관원들의 흉배에는 해치(獬豸)를 수놓았습니다. 또 이들은 치관이라 하여 해치(獬豸)가 장식된 모자를 쓰기도 하였습니다.

23) 朱天運, 前揭書(2005), 50~51頁.

셋째 하궁下宮은 궁宮城북문 밖 약 100m에 있으며 주요 건축물은 영전影殿과 재궁齋宮, 신주고神廚庫 등이 있다. 황제의 영구靈柩를 안장하기 전에 임시 모셔놓는 곳으로 평소에는 능원의 관리인들이 사용하는 곳이다.[24] 또한, 혼령이 일상생활을 하는 곳으로 음식을 먹고 기거하는 공간이다.[25]

〈사진 2〉 한무제(漢武帝)의 무릉(茂陵)

〈그림 8〉 송 영창릉 평면도
(자료출처 : www.bjww.gov.cn)

〈사진 3〉 송 영창릉

---

24) 吳少珉 徐金星, 『河洛文化通論』(光明日報出版社, 2006), 761頁.
25) 華博, 前揭書(2006), 167頁.

송대의 능묘는 규모가 작기는 하지만 앞에 묘도가 있고 뒤에는 침전이 있으며 능대는 뒤에 있고 그 밑에 묘혈을 설치하였다. 지하와 지상이 서로 결합된 이 같은 형식은 이미 중국 고대황가능묘의 정형이 되었다. 뿐만 아니라 황릉을 한곳에 집중시켜 배치함으로써 방대한 능묘구역을 만드는 송대의 수법은 명・청대로 이어졌다.26)

7. 주원장의 능 건축 개혁

홍무원년(1368) 주원장朱元璋은 그의 아버지 주세진朱世珍을 인조순황제仁祖淳皇帝로 추존하고 안휘봉양安徽鳳陽에 황릉皇陵을 건축하였다.27) 그 후 남경南京 동쪽 종산鐘山의 남쪽 기슭 독룡부獨龍阜 완주봉玩珠峰아래에 자기를 위한 능묘孝陵를 건축하였다.28)

〈그림 9〉 주원장 초상화

---

26) 樓慶西, 한동수 옮김, 『중국의 고대건축』(도서출판 혜안, 2004), 20~21쪽.
27) 毛上文 溫芳, 前揭書(2008), 222頁.
28) 王煥鑣, 『明孝陵誌』(南京出版社, 2007), 1頁.

이렇게 두 황릉을 건설하면서 주원장朱元璋은 전조前朝의 황릉 체계에 대하여 근본적인 개혁을 단행한다.29)

첫째 당唐·송宋시대에 상궁上宮과 하궁下宮으로 나눈 황릉구조를 상궁上宮과 하궁下宮을 하나로 합치는 건축체계를 실행하였다.30)

아래 그림은 명나라 사람 유영柳瑛이 그린 <봉양황릉도>이다.

이 그림과 앞쪽의 당 소릉의 평면도를 비교해 보면 두 곳이 같은 것을 볼 수 있을 것이다.

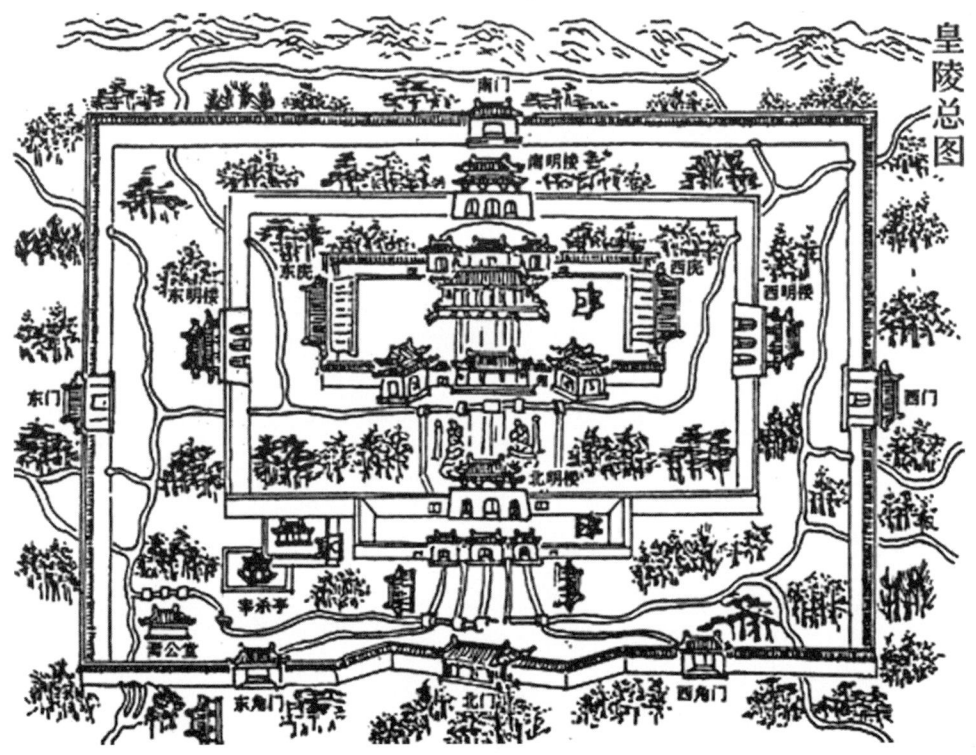

〈그림 10〉 봉양 황릉도(자료출처 : www.bjww.gov.cn)

---

29) 胡漢生, 前揭書(2004), 77頁.
30) 上揭書, 77頁.

〈사진 4〉 봉양 황릉의 석상(자료출처 : www.59766.com)

〈사진 5〉 봉양 황릉의 석상(자료출처 : www.59766.com)

〈사진 6〉 봉양 황릉의 신도(자료출처 : www.59766.com)

〈사진 7〉 주원장 부모 묘(안휘성 봉양)(자료출처 : www.59766.com)

능원의 본체 배치는 네 면에 대칭적인 문을 배치한 사각 능 체계로 하였다.[31]
능총 앞에는 향전享殿을 향전享殿 앞에는 신도神道를 배치한다.

신도神道에는 석상생石像生을 배치하는데 이것은 송릉宋陵과 같다.

대부분의 능원 건축물은 당·송 때의 능침 건축물을 뚜렷하게 전수하고 계승하였다. 다시 말하면 봉양황릉의 능총陵塚도 마름모꼴형태로 송宋의 능대陵臺와 같다.[32] 능총 앞에 설치된 제전祭殿은 진秦, 한漢, 당唐, 송宋의 능침陵寢 또는 헌전獻殿과 일맥상통한다. 그뿐만 아니라 황릉의 구복전具服殿[33]과 재궁齋宮, 신주神廚,[34] 신고神庫,[35] 신백로神帛爐 등의 건축물도 송능宋陵에서 유래한 것이다.[36]

이와 같이 안휘봉양安徽鳳陽 황릉과 당송唐宋의 황릉은 많은 부분에서 같은 면이 많았지만 한편으로는 뚜렷한 차이점을 함께 가지고 있었다.

당·송시대에 상궁上宮과 하궁下宮으로 나눈 건축체계를[37] 안휘봉양安徽鳳陽의 황릉은 상하궁上下宮을 합친 건축체계를 실행하였다. 하궁下宮을 없애고 신주神廚와 신고神庫등을 병합하여 상궁上宮에 포함시킨다.

그리고 황릉의 건축 항목을 조절한다.

성원城垣은 원래 두 겹이었으나 3겹으로 늘리고 외부는 황성皇城과 전성甎城, 토성土城을 조성하였다. 당·송의 안쪽 담장內垣은 황성皇城의 능대陵臺와 제전祭殿 주위의 담장에 해당된다. 황성皇城 밖에는 사각형의 전성甎城을 추가 건설한다. 그리고 네 면에 대칭적인 문을 배치하고 문 위에는 누각樓閣을 앉혔다.[38]

전성甎城 밖에는 또 다시 토성土城을 건설하는데 둘레는 약22.5km이고 당·송 능의 바깥 담장[外垣]과 같은 역할을 한다.[39] 그 외에 석상생石像生의 숫자와 종류를 증감하였다.

---

31) 上揭書, 77頁.
32) 上揭書, 75頁.
33) 구복전(具服殿)은 황제나 황후가 능묘를 알현할 때 옷을 갈아입거나 휴식하는 장소이다.
34) 신주(神廚) 안에는 주방이 설치되어 있으며, 공품이나 고기 등을 요리하는 곳이다.
35) 신고(神庫)는 음식 원료를 저장하는 곳으로 준비된 공품을 잠시 놓아두는 창고이다.
36) 胡漢生, 前揭書(2004), 77頁.
37) 王前華 廖錦漢, 『明孝陵史話』(南京出版社, 2005), 47頁.
38) 胡漢生, 前揭書(2004), 79頁.
39) 王前華 廖錦漢, 前揭書(2005), 44頁.

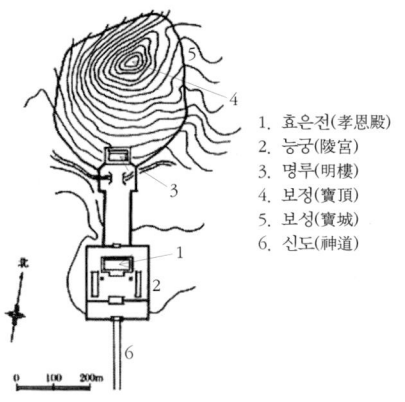

〈그림 11〉 효릉 평면도 (자료출처: www.bjww.gov.cn)

1. 효은전(孝恩殿)
2. 능궁(陵宮)
3. 명루(明樓)
4. 보정(寶頂)
5. 보성(寶城)
6. 신도(神道)

둘째 효릉孝陵의 건설을 통하여 진秦에서 송宋에 이르는 사각형 능 체계를 철저히 제거하고 전방후원前方後圓과 종방향적배열縱方向的排列의 능궁체계陵宮體系를 개창한다.

두 그림(봉양황릉과 효릉 배치도)을 비교 해보면 효릉孝陵이 능 건축에서 대폭적인 개혁을 하였음을 알 수 있다.

〈사진〉 효릉 위성도

봉양 황릉은 능원을 3겹으로 둘러싼 형식을 채택하여 안[內]과 밖[外]을 황성皇城과 전성甎城, 토성土城으로 구성한다. 효릉孝陵도 이와 똑같이 3겹의 능성陵城 형식을 채택한다.[40]

그러나 효릉의 배치 형식에는 근본적인 변화가 발생한다.

길이 약22.5km의 외곽 성벽(황릉의 토성에 해당)은 정사각형이 아닌 독룡부獨龍阜의 산을 이용하여 건설한다.[41] 외곽의 각 문門도 지형地形을 이용하여 건설하였기 때문에 봉양황릉과 전조前朝의 황릉을 비교하면 상당한 변화가 있음을 알게 된다.

봉양황릉 건축의 두 번째 성벽 - 즉 벽돌성[甎城]을 포함한 능묘陵墓와

---

40) 胡漢生, 前揭書(2004), 77頁.
41) 王前華 廖錦漢, 前揭書2005), 50頁.

향전享殿, 황성皇城은 거대한 사각형의 능벽陵壁이다. 그러나 효릉孝陵은 가운데 벽돌성[甎城]의 범위를 굉장히 작게 줄이는 변화를 주고 능묘陵墓를 원형의 보성寶城을 쌓아 조성한다.42)

〈사진 8〉 명루(明樓)(자료출처 : tour.jschina.com.cn)

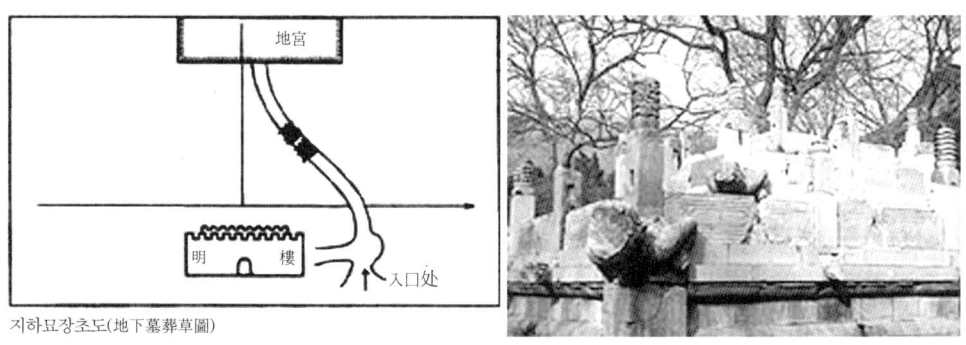

〈그림 12〉 명효릉지하묘장초도(明孝陵地下墓葬草圖)(자료출처 : www.tushenme.com, www.51766.com)

그리고 봉양황릉은 벽돌성[甎城]의 성문城門과 명루明樓를 동서남북 사방에 설치하였으나 효릉孝陵은 남쪽방향으로만 명루明樓를 설치한다.43)

---

42) 胡漢生, 前揭書(2004), 77頁.

봉양황릉의 벽돌성[甎城]은 사각형이며 중심의 능 총은 복두식覆斗式의 능대陵臺였다. 하지만 효릉의 보성寶城은 원주형圓柱形이며 중간의 묘 총도 원주형圓柱形의 보산寶山으로 조성하였다.44)

봉양황릉에서 황성에 포함된 건축물은 향전享殿과 배전配殿, 신백로神帛爐 등으로 능원陵園의 중심자리에 위치하고 있다.

하지만 효릉孝陵의 향전享殿 등 건축물은 보성寶城의 남쪽 공간에 포함되어 있다.

봉양황릉에서는 전성甎城과 황성皇城을 회回자 형으로 배치한 형태였다면, 효릉에서는 보성寶城과 능궁陵宮을 앞뒤로 연결한 건축체계로 변경하였다.

구복전具服殿과 신주神廚, 신고神庫 등의 건축물을 통합하고 능원 앞부분을 증설하는데 첫 번째 공간이다. 보성과 능궁이 서로 연결되도록 그 뒤 부분을 또 다시 증설하는데 세 번째 공간이다. 능궁陵宮은 보성寶城과 서로 연결되어 세 개의 직사각형 공간을 구성하게 된다.45)

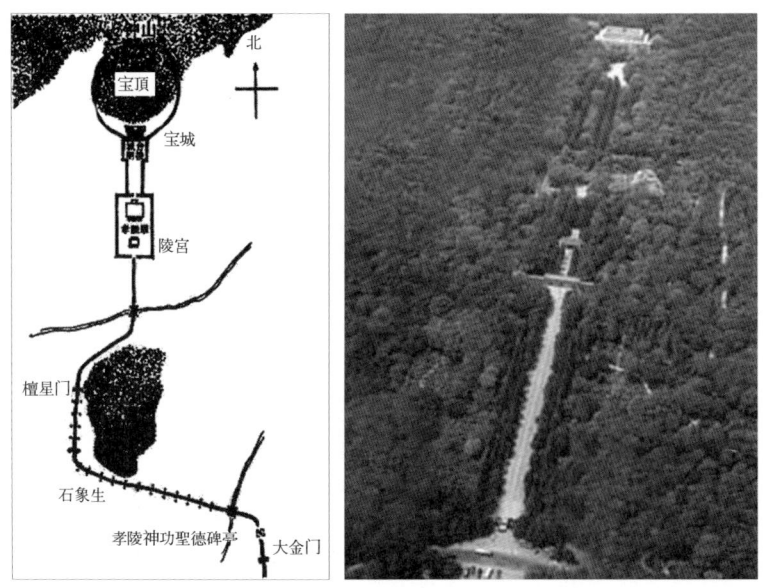

〈그림 13〉 명효릉 배치도(자료출처 : www.njucni.com)

43) 上揭書, 77頁.
44) 楊寬, 장인성 임대희 옮김, 『중국역대릉침제도』(도서출판 서경문화사, 2005), 124頁.
45) 王前華 廖錦漢, 前揭書(2005), 49頁.

봉양황릉의 석상은 벽돌성[甎城] 안에 있으나 효릉孝陵의 석상은 첫 번째 공간 앞에 배치하였다.46)

어쨋든 이상의 개혁 후에 능궁陵宮은 앞에 보성은 뒤에 위치하는 전방후원前方後圓의47) 종향배열縱向排列 체계가 완성되었다.

효릉孝陵은 무엇 때문에 새로운 능역체계를 만들어야만 한 것일까?

근본 원인은 아마도 풍수이론의 발전과 변혁이라 생각된다.

풍수이론은 발전 변화하게 되며 또한 풍수이론이 지도한 황릉 건축체계 때문에 계속 발전과 변화하는 것이다.

〈사진 9〉 명 효릉 석상생(자료출처 : www.17u.com)

---

46) 朱天運, 前揭書(2005), 52~55頁.
47) 王前華 廖錦漢, 前揭書(2005), 47頁.

〈사진 10〉 진시황릉(秦始皇陵)

진秦나라 때에는 능지陵址를 선택하는 풍수지리적인 기본원칙 네 가지가 있었다.
첫째 방위方位는 서좌동향西坐東向하며,
둘째 환경은 의산방수依山傍水하고,[48]
셋째 능원 건축은 오행팔괘구궁격五行八卦九宮格의 형식을 채택하였으며,
넷째 묘혈은 구궁격九宮格 중에서 중심자리가 가장 길하다 생각했다.
진시황秦始皇의 능궁은 여산驪山 북쪽 기슭, 위하 남쪽에 동향東向을 하고 있다.[49]
중앙의 능 궁은 사각형의 성벽을 조성하고 네 면에 서로 대칭되는 문을 배치하였다. 사각형의 묘혈 위에는 사각형의 묘총墓塚을 조성하였다. 묘총의 중앙을 높게 한 것은 풍수원칙에 따른 것이다.

한漢대에는 앞의 두 가지 원칙에 변화가 발생한다. 좌향坐向은 동향東向이 남향南向으로, 의산방수依山傍水가 배산임수背山臨水로 변하게 된다.[50]
그 결과 한대漢代의 능묘건축은 구준산九嶟山을 배경으로 하고 위하수渭河水를 앞에

---

48) 毛上文 溫芳, 前揭書(2008), 212頁.
49) 上揭書, 212頁.
50) 張茗陽 編著, 『生存風水學』(學林出版社, 2005), 222頁.

면하는 북좌남향北坐南向의 배치를 하게 된다.

그러나 능원의 묘총(봉분) 형태는 진秦나라 때와 같다.

당 태종은 흙으로 거대한 능의 본체를 쌓아올리는 것에 만족하지 않고 기세있는 주변의 산을 택하여 산 자체를 능의 본체로 삼는 선례를 남겼다.[51]

여기서 당唐나라의 3가지 원칙도 변화가 발생한다. 무덤은 더 이상 흙으로 조성하는 것이 아니라 산으로 능을 만드는 방식 즉 산에 구멍을 파고 능을 조성하는 방식으로 변하게 된다.[52]

그래서 능원의 중심은 더 이상 하나의 능대陵臺가 아니라 치솟은 산봉우리가 된 것이다. 하지만 남향南向과 배산임수背山臨水의 배치는 여전히 중요한 원칙이 된다.

〈사진 11〉 한 무제(漢武帝)의 무릉(武陵)

---

51) 樓慶西, 한동수 옮김, 앞의 책(2004), 19쪽.
52) 林徽因, 『風生水起』(團結出版社, 2007), 71頁.

북송北宋의 황릉은 오음성리五音姓利의 논조는 황릉 풍수의 주요원칙이다.53)

<표 1> 오음성리(五音姓利)

음률 音律	궁 宮	상 商	각 角	치 徵	우 羽
오행 五行	토 土	금 金	목 木	화 火	수 水
방향 方向	東北 南西	西 北西	東 東南	南	北

사람의 성을 궁宮, 상商, 각角, 치徵, 우羽 다섯 음으로 나누어54) 목木, 화火, 토土, 금金, 수水 오행의 상대방과 음양지리책에서 찾은 성씨姓氏의 짝을 찾아 묘지의 방향을 정하는 방식이다.

송宋나라 황제의 성姓 조趙씨의 오음은 각角이며 당시 지리책에서 규정한 각角 음의 제일 길한 방향은 병좌임향丙坐壬向이다.55) 병丙은 남남동南南東, 임壬은 북북서北北西로써 남좌북향南坐北向이 되는 것이다.

〈사진 12〉 당(唐) 태종과 측천무의 합장릉인 건릉(乾陵)

---

53) 王其亨 等, 『風水理論硏究』(天津大學出版社, 2005), 22頁.
54) 楊寬, 장인성 인대희 옮김, 앞의 책(2005), 120쪽.
55) 林徽因, 前揭書(2007), 73頁.

능원의 배수가 편하기 위하여 동남東南은 높고 서북西北은 낮아야 한다. 그러나 중국의 지형은 대체로 서북西北이 높고 동남東南이 낮다.56)

중국에서 서북西北이 높고 동남東南이 낮은 곳을 찾으려면 곳곳에 있으나, 동남東南이 높고 서북西北이 낮은 곳을 찾으려면 아주 어렵다.

그래서 풍수사는 천신만고 끝에 하남현의 낙하洛河 남쪽 기슭에서 북송 황제의 능지를 선정하게 된다.57) 송릉宋陵의 방위환경은 독특한 요구가 있지만 왕릉 건축체계 중 묘혈墓穴 자리와 묘총墓塚의 형상은 전대前代와 같다.

원말명초元末明初 형기풍수形氣風水는 중국에서 주도적인 위치를 차지한다.58) 이 풍수유파는 전적으로 용龍, 혈穴, 사砂, 수水가 서로 어우러지는 배치를 중요하게 생각하여 산 능선 자락을 능지陵址로 선택하게 된다. 진秦에서 송宋나라 까지는 광활廣闊한 평지平地에서 혈穴을 찾는 방법이라면 원말명초元末明初는 산에서 찾는다는 점에서 많은 차이가 있다.59) 전대前代의 광활한 평지에 건설한 사각형方形의 능릉은 좌, 우, 뒤 3방향에는 실제적으로 건축할 수가 없었다.

그러나 형기풍수에 근거한 능침은 주산主山은 뒤에 있고 청룡靑龍과 백호白虎는 좌우에 있어 앞쪽의 넓은 명당에 건축을 할 수 있게 된다.

이것이 바로 주원장朱元璋이 사각형方形 능릉 체계를 전방후원前方後圓의 체계로 바꾸는 근본적인 원인이 된다.60)

효릉孝陵의 배치 형식은 지형조건에 근거하였으나 황릉 배치 형식의 변화 때문이기도 하다. 효릉孝陵의 배치법은 천수산天壽山 모든 능릉의 기본 모형이 되었을61) 뿐만 아니라 청淸 황릉 건축제도에도 많은 영향을 미치게 된다.

---

56) 何曉昕 羅雋, 『中國風水史』(九州出版社, 2008), 153~154頁.
57) 林徽因, 『風生水起』(團結出版社, 2007), 73頁.
58) 王其亨 等, 前揭書(2005), 24頁.
59) 胡漢生, 前揭書(2004), 77頁.
60) 朱天運, 前揭書(2005), 56~58頁.
61) 樓慶西, 한동수 옮김, 앞의 책(2004), 22쪽.

8. 명 13릉의 건축체계

천수산天壽山 황릉은 명 효릉孝陵의 발전에 기인한 것으로 그 주요 건축물은 효릉孝陵과 큰 차이가 없다.62)

모든 능은 3가지 건축물을 건축하게 되는데 신도神道와 능궁陵宮 그리고 현궁玄宮은 반드시 건축하는 것이 원칙이다.

신도神道는 황릉 건축의 선도先導 부분이다. 천수산天壽山의 황릉은 사릉思陵을 제외하고는 신도神道가 있다. 장릉長陵의 신도神道는 그 규모가 제일 크다. 기타 다른 능의 신도神道는 직접 또는 간접으로 장릉 신도神道에서 나누어져 장릉長陵 신도神道 또는 총신도總神道라 한다.

장릉長陵 신도神道의 총 길이는 7.3km이며, 남에서 북으로 차례대로 석패방石牌坊과 하마비下馬碑, 대홍문大紅門, 신공성덕비정神功聖德碑亭, 석상생石像生, 영성문欞星門 등의 건축물이 있다.63)

〈사진 13〉 석패방(石牌坊)
석패방(石牌坊) : 너비가 28.86m, 높이가 12m이다.
거대한 청백석(靑白石)으로 정교하고 아름답게 조각하여 만들어졌다.64)

---

62) 胡漢生, 前揭書(2004), 78頁.
63) 上揭書, 83頁.
64) 上揭書, 86頁.

🔼〈사진 14〉 대홍문(大紅門)

대홍문(大紅門) : 천수산(天壽山) 청룡(靑龍)과 백호(白虎) 사이에 위치해 있으며 13릉의 출입문이다. 빨간색 벽과 노란색 기와, 3개의 둥근 문으로 구성되어 있으며 조적조 구조로 건축되어 기세가 높다.

🔽〈사진 15〉 장릉 신공성덕비정(神功聖德碑亭)

장릉 신공성덕비정 : 중층 팔작지붕의 정사각형 건축물로서 높이가 7.91m이다. 빨간색 벽과 노란색 기와의 정(亭)안의 비는 인종(仁宗) 주고치(朱高熾)가 선대 황제인 주체를 위하여[65] 비문은 3,000여 자로 그의 아버지 주체(朱棣)의 일생과 업적을 기록하였으며 주위에는 화표(華表) 4개가 모두 한백옥으로 만들어져 있다.

---

65) 樓慶西, 한동수 옮김, 前揭書(2004), 24頁.

〈사진 16〉 장릉 신공성덕비정(神功聖德碑亭)의 옛 사진
〈사진 17〉 13릉 신도 옛 모습
〈사진 18〉 13릉 신도의 옛 모습

⬆ 〈사진 19〉 13릉 신도의 옛 모습
⬇ 〈사진 20〉 화표(華表)와 석상생(石像生)

⬆ 〈사진 21〉 석상생(石像生)
⬇ 〈사진 22〉 사자 상

⬆ 〈사진 23〉 낙타 상
⬇ 〈사진 24〉 코끼리 상

◀ 〈사진 25〉 문신 상
▶ 〈사진 26〉 장군 상

석상생(石像生) : 모두 18쌍이다. 앞에는 2개의 석망주(石望柱)가 있다.
차례대로 사자, 해치, 낙타, 코끼리, 기린, 말 모두 12쌍이며 각 2쌍은 앉아 있고 2쌍은 서있다. 그밖에 석인 6쌍이 있는데 장군과 관원, 훈신이 각2쌍이 있다.[66]

⬇ 〈사진 27〉 영성문(欞星門)

영성문(欞星門) : 용봉문(龍鳳門)이라고도 하며 3개의 문과 6개의 기둥으로 구성되어 있으며, 문 위 중간에는 화염이 진귀한 구슬로 장식되어 화염패방(火焰牌坊)이라고도 한다.[67]

---

66) 胡漢生, 前揭書(2004), 96頁.
67) 上揭書, 104頁.

오공교, 칠공교가 각 하나씩 있으며 한백옥漢白玉[68]으로 건설한 것이다.

칠공교는 13릉 분지 중심이며 또 모든 물들이 흘러내리는 곳이다.

능신도陵神道는 긴 곳도 있고 짧은 곳도 있으며 각 건축물은 같지 않다.

일반적으로 백석교 1~2개와 신공성덕비정神功聖德碑亭이 하나씩이다.

비정은 훼손된 곳이 많고 비에는 글이 없다.

총신도와 분신도의 작용은 분산되어 있는 능역의 각 황릉을 연결하여 교통이 편리하도록 할 뿐만 아니라 건축맥락을 더욱 뚜렷하게 하여 황실의 종법을 통합하고 계승토록 하였다.

능 궁은 황릉 건축의 주체적인 부분으로 직사각형의 공간이다.

앞에서 뒤쪽으로 배치된 주요 건축물은 능문陵門과 능은문稜恩門, 능은전稜恩殿, 배전配殿, 분백로焚帛爐, 이주문二柱門, 석공안石供案, 명루明樓, 보성寶城과 보정寶頂 등의 건축물이 있다.[69]

〈사진 28〉 장릉 능문(陵門)

능문 : 능 궁으로 들어가는 첫째 문으로 장릉과 영릉, 정릉 3개 능만 있다. 빨간색 벽과 노란색 기와의 궁문 건축물로 아래에는 동그란 문이 설계되어 있다.

---

68) 한백옥(漢白玉)은 옥처럼 순백색에 결이 곱고 섬세한 대리석으로 빛이 투과되며 견고하기 이를 데 없다. 최고급 건축 재료로 사용되며 조각을 하거나 연마하는데 적합하다.
69) 張玉正,『細說中國帝陵風水』(聖環圖書, 2008), 132~133頁.

🔼 〈사진 29〉 능은문(稜恩門)
능은문(稜恩門) : 능궁 두번째 문이며 팔작지붕의 궁문으로 건축되어 있으며 3개의 문이 있다.
중앙에는 능은문(稜恩門)이라는 현판이 있고 장릉과 영릉, 정릉은 5칸이며 나머지는 3칸이다.

🔽 〈사진 30〉 능은전(稜恩殿)
능은전(稜恩殿) : 향전(享殿)이라고도 부르며 능궁의 주 건축물이다.
안에는 황제의 신주(神主)와 어좌(御座), 제사상이 있으며 제사를 지내는 곳이다. 장릉은 9칸, 영릉과 정릉은 7칸이며 나머지는 5칸으로 규모가 같지 않다. 전당은 기단위에 건축하였는데 장릉은 3단이고 나머지는 1단이다.

⬆ 〈사진 31〉 능은전(稜恩殿)과 이주문(二柱門)
⬇ 〈사진 32〉 추원판을 태우는 화로인 분백로(焚帛爐)

⬆ 〈사진 33〉 이주문(二柱門)과 명루
⬇ 〈사진 34〉 석공안(石供案)

석공안(石供案) : 석오공(石五供)이라고도 부르며, 5개의 석조 제기(祭器)가 장식되어 있고 중간에는 향로, 양쪽에는 촛대가 있다.
또 그 양쪽에는 꽃병이 있다.

◘ 〈사진 35〉 성조문황제지릉비(成祖文皇帝之陵碑)

◁ 〈사진 36〉 명루(明樓)

명루(明樓) : 보성 앞의 표지성 건축물로 빨간 벽에 노란기와, 벽돌로 건축되었다. 중층 팔작지붕으로 둥근 굴 중간에 능호가 새겨진 비석이 서있다

▷ 〈사진 37〉 장릉배치도

배전配殿은 능은전 앞에 건축하였으며 장릉은 15칸, 영릉은 9칸, 정릉은 7칸이며 나머지는 5칸이다.

방성方城은 명루 아래 탁상식의 건축물이며 그 중간 혹은 그 뒤에는 명루에 오르는 계단이 있다.

보성寶城은 능총을 둘러싼 성벽식 건축물이다. 벽돌로 쌓아 조성하였으며, 높이는 5~7m이다.

보정寶頂은 능총의 꼭대기이며 직경이 200~300m이다.

제사 지낼 때 편리하도록 능문 앞에는 재생정宰牲亭과 신주神廚, 신고神庫 등 부속 건축물이 있다.

현궁玄宮은 왕릉 건축물중 최고로 신비로운 색채를 가진 부분으로 땅속 깊이 묻혀 있고, 문헌 기록이 간단하여 그곳에 대한 자세한 모습을 알기는 아주 어려운 일이었다.

하지만 1956~1957년 중국의 과학자와 고고학자가 명 13릉의 정릉定陵에 대하여 발굴을 진행함으로서 명릉 현궁玄宮에 대한 상세한 상황이 세상에 명백히 밝혀지게 된다.70)

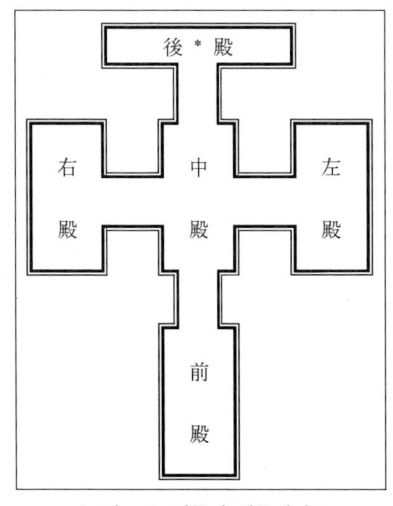

〈그림 14〉 정릉의 현궁배치도

명릉의 현궁玄宮 건축은 5실3수5室3隧로 구성되어져 있다.

오실五室은 또 오전五殿이라고도 하며 전전前殿과 중전中殿, 좌전左殿, 우전右殿, 후전後殿이 있다.

전전前殿은 아무런 장식품이 없다.

중전中殿은 황제와 황후의 어좌御座와 제기祭器가 설치되어 있는 지하향전地下享殿이다.

좌전左殿과 우전右殿은 각각 관상棺牀이 하나씩 설치되어 있다.

원래 설계의 취지는 황제 후궁의 관곽을 놓

---

70) 毛上文 溫芳, 前揭書(2008), 228頁.

도록 한 곳이다. 후전后殿이 바로 주실이다. 중간에는 관상棺牀이 하나 설치되어 있는데, 한 곳은 황제의 관곽을 놓는 곳이다.

삼수三隧는 전전과 중전, 후전이 연결된 터널 길로 좌우 배전과 상호 연결된 통로이다.

명나라의 지하 궁궐은 무엇 때문에 이러한 건축을 하였을까?

이 문제를 말하기 전에 먼저 오행팔괘五行八卦에 대하여 간단히 설명하고자 한다.

오행설五行說은 자연계의 모든 만물을 5개의 큰 종류로 나누어 목木, 화火, 토土, 금金, 수水라고 여긴다. 이 5종의 물질은 서로 상반되는 극剋과 서로 잘 어울리는 생生으로 구성된다.

상생의 관계는 목생화木生火, 화생토火生土, 토생금土生金, 금생수金生水, 수생목水生木이다.

상극의 관계는 금극목金剋木, 목극토木剋土, 토극수土剋水, 수극화水剋火, 화극금火剋金이다.

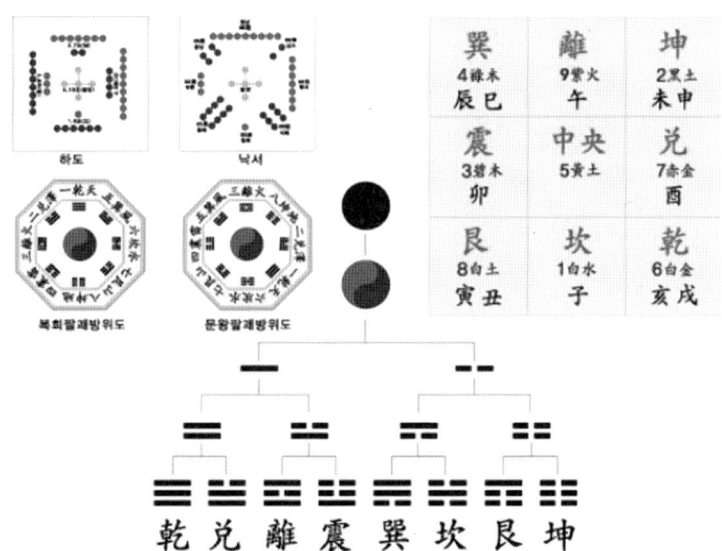

〈그림 15〉 태극도(太極圖)와 팔괘도(八卦圖)(자료출처 : www.poongsoojiri.co.kr)

정오행중 또 오행은 5개 방위를 대표하여 동쪽은 목木, 남쪽은 화火, 서쪽은 금金, 북쪽은 수水, 중앙은 토土이다. 중앙의 토土는 고대인들이 땅에 대한 숭배崇拜와 의지하는 감정을 표현한 것이다.

팔괘설八卦說은 태극설太極說을 전제로 한 것이다. 북송北宋의 대학자 주돈이周敦頤는 『태극도설太極圖說』에서 다음과 같이 태극설의 발생을 설명하고 있다.

무극생태극無極生太極 - 자연계 최초 혼돈渾沌의 한 조각이 그 후 물질과 분리하여 자연계를 만들었다.[71]
태극생양의太極生兩儀 - 자연계는 운동 때문에 음양陰陽이 생겨난다.[72]
양의생사상兩儀生四象 - 음양陰陽은 진일보進一步하고 분화分化하여 동서남북 네 개의 방위方位가 생겼다[四正].[73]
사상생팔괘四象生八卦 - 네 개 방위가 진일보하고 세분화하여 동북, 동남, 서북, 서남 네 개의 부 방위가 생겨났다[四維].[74]

사정四正과 사유四維는 모두 8개 방위가 되었다.
각 방위를 괘卦로 표시하면 모두 8개가 되었다.

4 東南 巽 ☴	9 남가 離 ☲ 火　朱雀	2 南西 坤 ☷
3 東 震 ☳ 木　青龍	5 中央 土	7 西 兌 ☱ 金　白虎
8 北東 艮 ☶	1 北 坎 ☵ 水　玄武	6 北西 乾 ☰

〈그림 16〉 구궁도(九宮圖)

---

71) 自然界最早時候是渾沌一片的, 而後物質分離, 才產生自然界.
72) 自然界由于運動才產生了陰陽兩個方面.
73) 陰陽進一步分化, 產生了東西南北四個正方位.
74) 四個方位進一步細分化, 又產生了東北, 東南, 西北, 西南四個副方位.

그들은 건乾, 감坎, 진震, 손巽, 리離, 곤坤, 태兌, 간艮이다.

오행과 팔괘가 결합하여 하도河圖와 낙서洛書를 만들고 태일구궁도(또는 五行八卦九宮圖라고도 부른다)가 생겼다.

구궁도九宮圖는 사람들이 살고 있는 곳을 9개 구역으로 나누었다.

방위 방면에서 말하면 위 남南, 아래 북北 좌동우서左東右西 이다(이것은 현대 지도 방위와 같지 않다). 좌청룡左青龍 우백호右白虎 전[南] 주작, 후[北] 현무다.

오행방면에서 말하면 남화南火, 북수北水, 동목東木, 서금西金 중앙은 토土이다. 팔괘八卦 방위에서 보면 북[坎], 북동[艮], 동[震], 동남[巽], 남[離], 남서[坤], 서[兌], 서북[乾]이다.75) 각각 구역을 숫자로 표시하면 가운데 열 아래에서 위로 1, 5, 9 좌측 열 아래에서 위로 하면 8, 3, 4 우측 열 아래에서 위로 하면 6, 7, 2이다. 이리하여 아무렇게나 숫자를 더하면 15이다.

고대인들은 이것이 하늘의 뜻이라고 여겼을 뿐만 아니라 이런 배치와 분포만이 가장 과학적이라고 생각했다.

고대 음양설에 근거하면 기수奇數(홀수)는 양陽 우수偶數(짝수)는 음陰이다. 그림에서 보면 구궁각의 4개각(4개의 부 방향)은 모두 우수偶數로 음陰에 해당하니 사람이 살기엔 적합하지 않다. 4개 정 방향과 중앙이 모두 기수奇數이다. 양陽에 속하니 사람이 살기에 알맞고 특히 남부와 중앙(9, 5)이 가장 좋다. 양택陽宅과 음택陰宅도 다 그런 이치로 좋다.

태일구궁격太一九宮格으로 명 지하 궁의 건축을 설명하면 아주 쉽다.

동북, 동남, 서북, 서남 4개 구역은 우수偶數 음陰에 속해서 사람이 살기에 적합하지 않아 건축하지 않는다. 중간의 1, 5, 9와 좌3 우7은 양수陽數로 사람이 살기에 알맞아 궁전을 건설한다.

후전 관상棺牀의 중심(그림 중 * 표시 자리)은 하나의 둥근 구멍으로 금정穴中76)이라고도 한다. 금정金井은 지면地面의 혈穴이 위치하는 곳으로 현궁玄宮에 투영投影 되어 있

---

75) 王玉德, 『尋龍點穴』(中國電影出版社, 2006), 92頁.
76) 금정(金井)은 혈중(穴中)이라고도 하는데 이곳은 관(棺) 정중앙의 풍수 혈 자리이다. 이를 정(井)이라 하는 것은 실제 직경 약14cm, 깊이가 1m가 채 안되는 수직 구멍이기 때문인데, 실제는 물이 있는 것은 아니다. 금정은 땅의 기운을 받기 위함이지만 건축학적 측면에서 지하궁 기점에 판 구멍이 능침 전체의 평면배치와 각 단위 건축물의 수평고저를 결정한다고 한다.

다. 능지의 선정과 건설 과정에서 가장 중요시 하고 제일 신비로운 색채를 가진 곳이다.

따라서 황제의 관곽棺槨은 반드시 금정상부金井上部에 놓는다.77)

---

77) 王其亨 等, 前揭書(2005), 230頁.

제5장

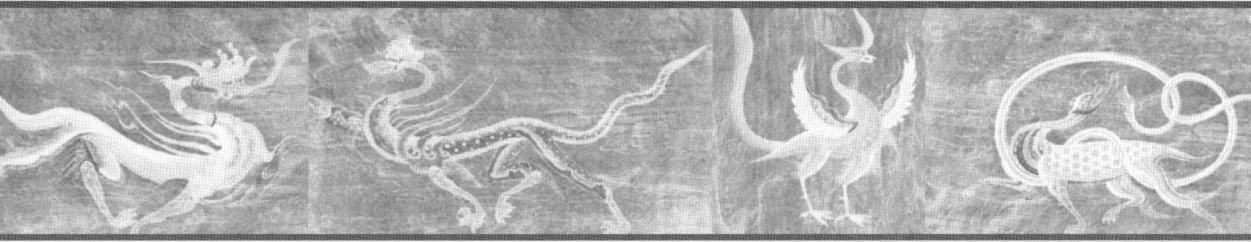

명 13릉의 풍수지리적 고찰

1. 명 13릉의 구성
2. 명 13릉의 범위
3. 명 13릉의 용맥
4. 명 13릉의 주산
5. 명 13릉의 사격
6. 명 13릉의 물길
7. 명 13릉의 명당
8. 명 13릉의 방향
9. 명 13릉의 구역 구분

제5장

명 13릉의 풍수지리적 고찰

1. 명 13릉의 구성

13릉의 주릉主陵은 성조成祖 주체朱棣의 장릉長陵이다.

주체朱棣가 자기의 능지陵址를 정할 때 그 후대 황제의 능지陵址도 고려하지 않을 수 없었을 것이다.

주체朱棣는 천년만년 후손들의 영면처永眠處로 활용되기를 바랐을 것이다. 그러나 후대를 정확하게 예견할 수가 없기 때문에 장릉長陵을 선택할 때 이어 받을 황제능에 대해서만 상세히 예측하고 계획하여 결정하였다.

그래서 천수산天壽山 능역의 조성은 주체朱棣의 계획에 근거하여 진행하였다.

그러나 236년의 긴 세월이 흐르면서 천수산天壽山 능역 안에는 12명의 황제와 23명의 황후皇后 그리고 수 십 명의 후궁後宮을 안장하게 된다.[1]

이것은 능역에 대해 새로운 건설과 새로운 구획을 하게 만들었고 당초의 계획으로는 모든 것을 수용하기 어렵게 된다.

여기에서 우리는 13릉의 총체적 구성에 대하여 간략하게 살펴보자.

---

1) 華博, 『中國盜墓』(中國友誼出版公司, 2006), 162頁.

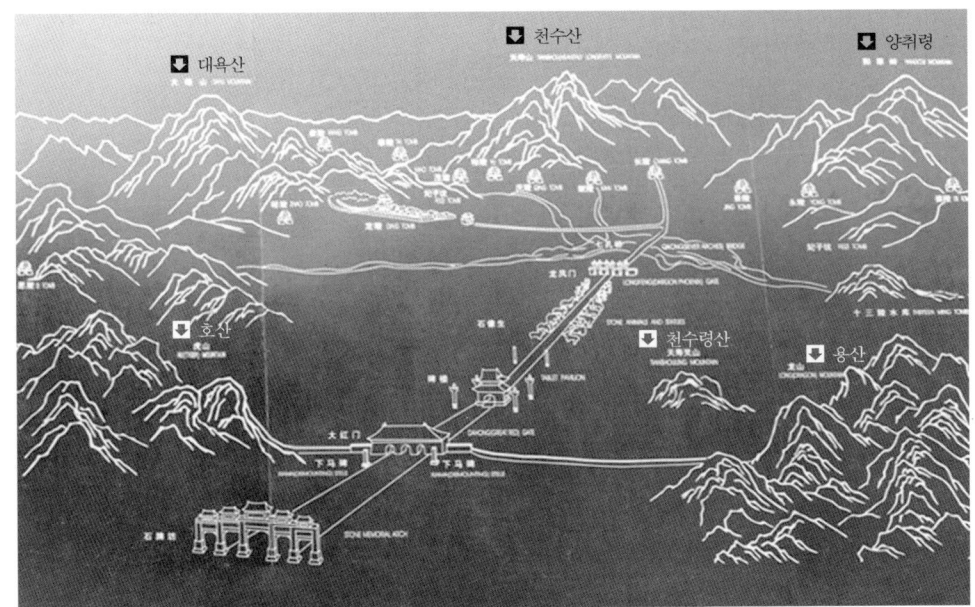

〈그림 1〉 13릉 배치도

〈사진 1〉 명 13릉도

2. 명 13릉의 범위[2)]

13릉의 범위는 풍수권風水圈 안쪽의 능역陵域 풍수와 풍수권風水圈 밖의 금산禁山 부분으로 크게 두 부분으로 나눌 수 있다.

13릉 주위는 산으로 둘러싸여 있으며 산과 산 사이에는 협곡峽谷이 서로 멀리 떨어져 있어 산구山口라고 부른다.

13릉 주변에는 모두 10개의 산구가 있는데 그들을 살펴보면,

중산구中山口: 능역의 남쪽에 위치하며, 창평성 뒤쪽 용산龍山과 한포산汗包山 사이

동산구東山口: 능역의 동남쪽에 위치하며, 한포산汗包山과 망산蟒山사이(지금의 13릉 저수지 자리에 해당)

서산구西山口: 능역의 서남쪽에 위치하며, 호산虎山과 장수산長壽山사이(지금의 소궁문촌 북쪽)

자자구榨子口: 능역의 남쪽에 위치하며, 서산구西山口와 대홍문大紅門사이

노군당구老君堂口: 능역의 동북쪽에 위치하며, 망산蟒山과 천수산天壽山 사이

회령구灰岭口: 능역의 북쪽에 위치하며, 천수산天壽山과 필가산筆架山사이

현장구賢莊口: 능역의 북쪽에 위치하며, 회령구灰岭口의 남쪽 1.2km지점

추석구錐石口: 능역의 서북쪽에 위치하며, 필가산筆架山과 연화산蓮花山 사이

안자구雁子口: 능역의 서북쪽에 위치하며, 연화산蓮花山과 대욕산大峪山 사이

덕승구德勝口: 능역의 서쪽에 위치하며, 대욕산大峪山과 장수산長壽山사이를 말한다.

명나라 때에는 이상 십구十口에 성(城)을 건설하고 능을 지키는 군대를 주둔시켰다.[3)]

이밖에 능역 남쪽에는 능역 총출구인 대홍문(大紅門)이 있다.

융경 5년(1571) 망산蟒山 남쪽의 동산구東山口에서 출발하여 중산구中山口와 대홍문大紅門, 자자구榨子口에 이르는 길이 10여km의 돌담장을 건설하였다(풍수장이라 한다).

---

2) 胡漢生, 『明十三陵探秘160問』(北京燕山出版社, 2004), 224~225頁.
3) 上揭書, 225頁.

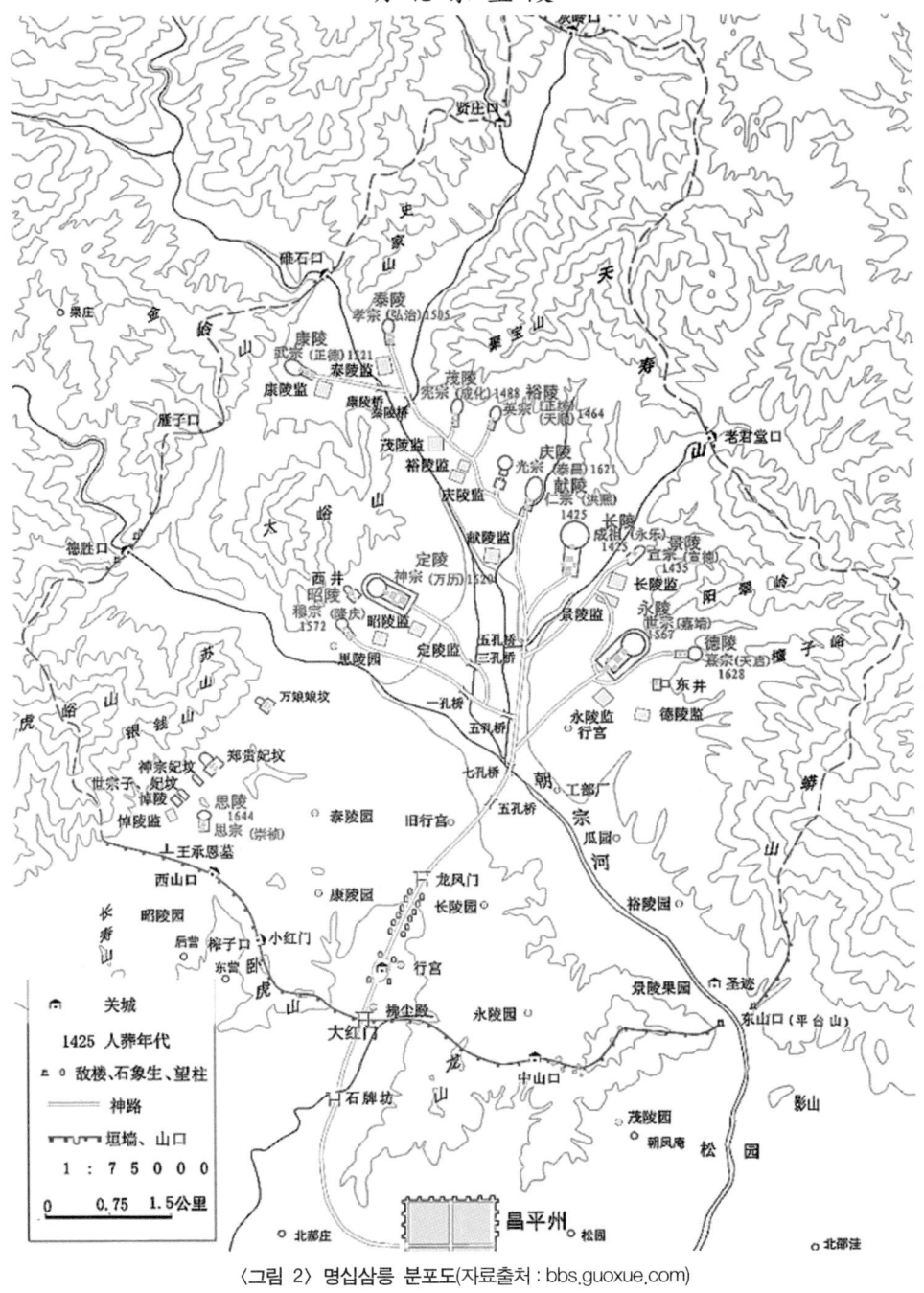

〈그림 2〉 명십삼릉 분포도(자료출처 : bbs.guoxue.com)

10구간 사이의 산등성이와 남쪽의 품수담장은 남북의 길이가 약12km, 동서 길이가 약 10km로서 둘레 길이 40여km의 동그란 구역을 조성한다.

이 동그란 구역 안에는 능역의 용龍, 혈穴, 사砂, 수水와 대소명당大小明堂 등 모든 풍수요소가 포함되어 있어 풍수권風水圈이라 한다.

금산禁山은 풍수권 밖에 황릉 보호구역을 구획하는데, 그 주요작용은 능역의 보호와 용맥과 나성, 조산 등 풍수구역의 훼손을 방지하는데 있다.

천수산 능역의 금한구역禁限區域은 북으로는 황화진黃花鎭에 이르고, 남으로는 봉화산鳳凰山에, 서로는 거용관居庸關에, 동으로는 소가구蘇家口에 이르는 그 면적이 약 1,000km²이다. 금산 구역 안에서는 채석採石과 숯을 구울 수 없으며, 벌채伐採는 물론 풀을 베는 것 등이 모두 금지되며 위반 시에는 벌을 받게 된다.[4]

3. 명 13릉의 용맥

황제의 능지를 찾을 때 첫 번째 요소는 용龍이다.

주체朱棣가 천수산天壽山을 자신의 만년길지萬年吉地로 정한 이유는 당연히 이곳의 용맥龍脈이 아주 좋았기 때문이다.

13릉의 용맥龍脈은 어떻게 좋을까…

풍수에서는 용맥을 조祖, 간幹, 격格 3개로 구분하는데, 조祖는 용의 정正과 방傍을 말하며, 용의 대소大小는 간幹이며, 용의 귀천貴賤은 격格이다.

그럼 천수산天壽山 용맥의 조祖와 간幹, 격格은 어떠한가…

천수산天壽山은 군도산맥軍都山脈의 한 맥脈이고, 군도산軍都山은 연산산맥燕山山脈의 한 맥脈이다.[5] 연산산맥燕山山脈은 태행산太行山의 한 맥脈으로, 다시 태행산太行山은 기연산祁連山을 거쳐 아이금산阿爾金山과 이어져 풍수적 조산祖山인 곤륜산崑崙山과 연계되어 있다. 다시 말하면 천수산天壽山의 용맥龍脈은 곤륜산崑崙山에서 발원한 관계로

---

4) 朱天運, 『十三陵風水探秘』(中國靑年出版社, 2005), 74頁.
5) 張玉正, 『細說中國帝陵風水』(聖環圖書, 2008), 120頁.

〈사진 2〉 곤륜산

곤륜산崑崙山은 장릉長陵의 주산主山인 천수산天壽山의 태조산太祖山이 되는 것이다.[6]

앞에 말한 것처럼 곤륜산崑崙山에서 발원하여 아이금산阿爾金山 - 기연산祁連山 - 태행 - 태행산太行山 - 연산燕山으로 이어진 산맥은 중국의 압록수계鴨綠水界와 황하수계黃河水界 사이의 북간룡北幹龍에 해당한다.

천수산天壽山을 장릉長陵의 주산主山으로 선택한 것은 바로 존귀한 형기形氣에 근거한다. 일반적으로 용을 찾으려면 간룡幹龍을 찾아야 하는데 그것은 전통적인 방법이다. 천수산天壽山의 용맥은 곤륜崑崙에서 발원한 그야말로 정통正統으로 그 품격이 고상하고 존귀하여 다른 어떤 용맥龍脈과도 비교할 수가 없다.

연산燕山은 서쪽에서 동쪽으로 이어지는데 그중 주봉主峰은 운무산雲霧山이다. 군도산軍都山은 운무산雲霧山 남쪽의 운몽산雲蒙山 주봉(1414m)의 용맥으로, 남쪽에서 서쪽

---

6) 朱天運, 『十三陵風水探秘』(中國靑年出版社, 2005), 74~75頁.

방향으로 위이透迤[7]하며 내려온다.

　대체로 13릉에서 북으로 20km 부근인 황화성黃花城부근에서 세 갈래로 분맥 하는데 그중 우측 맥(군도산 주맥)은 계속 남쪽에서 서쪽으로 뻗어 팔달령八達岭에 닿고, 그 여맥인 대욕산大峪山과 호욕산虎峪山 등은 능역 서쪽의 우측 사격을 구성한다. 그 중 좌측 맥蟒山은 남쪽에서 동쪽으로 뻗어 능역 동쪽의 좌측 사격을 구성한다. 중간의 비교적 작은 한 맥은 북에서 남으로 능역까지 직행하는데 이것이 능역의 주산인 천수산天壽山이다. 군도산軍都山과 망산蟒山, 천수산天壽山과 연산燕山이 늘어서 있는데 이것이 마치 한자의 태太자와 같은 형세를 만들게 된다. 이것이 형기 풍수 학인들이 꿈속에서 바라던 최고의 풍수 격국格局이다.[8]

　곤륜산崑崙山에서 천수산天壽山까지 용龍은 7번 크게 박환剝換[9]하는데 곤륜산崑崙山에서 한절, 아이금산阿爾金山에서 한절, 기연산祁連山에서 한절, 태행산太行山에서 한절, 연산燕山에서 한절, 군도산軍都山에서 한절, 천수산天壽山에서 한절 이렇게 박환剝換한 용맥은 매우 청아하다.[10]

　형기 이론에 의하면 용龍이 한번 박환剝換 할 때 마다 더욱 젊어지고 생기발랄해 진다고 한다.

　천수산天壽山 용맥은 곤륜崑崙에서 발원하여 만리길을 달려오면서 7번을 크게 박환剝換하게 되는데, 그에 따라 더욱 생기가 충만하게 되어 보통의 기맥에 비할 바가 아니다.

　풍수에서 말하는 용맥의 박환剝換이라는 것은 과학적으로 보면 터무니없는 말처럼 보일수도 있을 것이다.

　그러나 지질학자의 연구에 의하면 곤륜산崑崙山은 고생대古生代 말기 구조운동으로 형성된 산계山系로서 지금으로부터 2.5억 년 전의 일이고, 연산燕山은 바로 중생대中生代의 연산운동에 의해 생성된 산계山系로서 지금으로부터 0.7~1.5억 년 전에 형성

---

7) 辛佲柱,『正統風水地理原典』권2(韓國自然風水地理學會, 1994), 409쪽.
　　위이(迻迤)는 용맥이 산사(山蛇)가 하산하듯 혹은 수사(水蛇)가 도수(渡水)하듯 구불구불 행도하는 형상이다.
8) 朱天運, 前揭書(2005), 75頁.
9) 辛佲柱, 앞의 책(1994), 409쪽.
　　박환(剝換)이란 용의 환골탈태와 脫煞純化의 한 방법이다.
　　방향전환과 자연변화에 의한 龍身의 純化整齊 과정이다.
10) 朱天運, 前揭書(2005), 75頁.

된다. 곤륜산崑崙山에 비하면 많이 젊다.[11]

뿐만 아니라 연산燕山의 운동변화에 의해 형성된 산계山系는 신생대新生代에 몇 번의 구조운동을 겪어 끊임없이 환골탈태換骨奪胎하고 성장 발육하여 범이 웅크리고 앉은 듯 한 자세와 용이 꿈틀대는 것처럼 생기발랄하다. 이것이 바로 용의 박환剝換과 특별한 관계가 있는 것이다.

4. 명 13릉의 주산

13릉의 주산(엄격히 말하면 장릉長陵의 주산)은 천수산天壽山이다.

천수산天壽山은 형태가 온화하고 완벽하여 다시 쉽게 얻을 수 없는 주성主星이다.

천수산天壽山의 완벽함은 용맥龍脈이 정통의 곤륜崑崙출신으로 생기왕성生氣旺盛한[12] 모양 외에 아래와 같은 장점이 있다.

〈그림 3〉 13릉 전도(全圖)

---

11) 上揭書, 75頁.
12) 王子林, 『紫禁城 風水』(紫禁城出版社, 2005), 292頁.

우선 능역 북쪽의 중심 즉 북극성北極星의 위치에 있다.

형기론 에서는 용을 찾을 때 주변 산봉우리의 위치와 하늘의 별자리를 연계하여 고찰하였다. 양균송楊筠松은 그의 저서『감용경撼龍經』에서 대체로 용이 행용行龍하는 데는 응당 진정한 구성九星의 형체가 있고, 성봉星峰은 용모가 준수하니 이것이 진정한 용신龍身이다. 봉우리는 탐랑貪狼, 거문巨門, 녹존祿存, 문곡文曲 등 구성의 이름을 사용하여 그 종류를 가리는 것이며, 별들이 아래를 향하여 비추니 산은 그 기를 받아 귀인貴人, 문필文筆, 천마天馬 등과 같은 형상(구성)을 이룬다[13]고 하여 산봉우리의 위치에 근거하여 구성九星의 개념을 끌어 들였다. 구성九星이란 아홉 개의 형태가 같지 않은 산 이름이며 그것은 바로 탐랑貪狼,[14] 거문巨門,[15] 녹존祿存,[16] 문곡文曲,[17] 염정廉貞,[18] 무곡武曲,[19] 파군破軍,[20] 좌보左輔와 우필右弼[21]이다.

이런 성봉星峰들은 주된 복이 있고[有的主福], 주된 화[有的主禍]가 있어 사람들은 반드시 자세히 살펴야 한다. 구성九星과 북극北極의 형세 중에서 북극北極 즉 북두北斗가 가장 중요하다. 북극北極은 천하에서 가장 존귀한 별로 제왕이 아니면 사용할 수 없으며 자미원성국紫微垣星局이라고도 부른다.

양균송은 또 북극성北極星 하나 만이 하늘에서 존귀한 별이고, 재상과 대장별은 사원에 있다. 천을天乙[22]과 태을太乙[23]은 명당의 좌우에서 호위하며, 화개華蓋와 삼태

---

[13] 大率龍行自有眞, 星峰磊落是龍身. 峰以星名取其頭, 星辰下照山成形.
[14] 貪狼星은 天樞生氣宮으로 宮在艮位하며 極貴之象이다. 그런즉 탐랑 艮脈艮峰을 사용하면 富貴高壽에 文武之職이 顯揚한다.
[15] 巨文星은 天旋醫星으로 宮在巽位하며 富貴之象이다. 그런즉 거문 巽脈巽峰을 사용하면 巨富旺丁에 三公六卿出이다.
[16] 祿存星은 天機絶體宮으로 宮在乾位하며 兵權之象이다. 그런즉 녹존 乾脈 혹은 乾峰을 사용하면 비록 兵權重職이나 후대에는 남녀가 暴惡하여 家敗亡身이 우려된다.
[17] 文曲星은 天權遊魂宮으로 宮在離位하며 俊雅之象이다. 그런즉 문곡 離脈 혹은 離峰을 사용하면 비록 聰明之人이 나와 絶世文章이나 후대에는 淫蕩敗家한다.
[18] 廉貞은 天衡五鬼宮으로 宮在震位하며 殺伐之象이다. 그런즉 염정 震脈 혹은 震峰을 사용하면 비록 武將兵權이나 후대에는 叛逆敗亡한다.
[19] 武曲星은 闔陽福德宮으로 宮在兌位하며 極貴之象이다. 그런즉 무곡 兌脈 혹은 兌峰을 사용하면 公卿將相에 富貴旺丁한다.
[20] 破軍星은 瑤光絶名弓으로 宮在坎位하며 好爭之象이다. 그런즉 破軍 坎脈 혹은 坎砂를 사용하면 비록 간혹 豪傑之材이나 마침내는 凶暴橫死한다.
[21] 左輔右弼星은 天寡歸魂宮으로 宮在坤位하며 奸雄貪恭之象이다. 그런즉 보필 坤脈 혹은 坤砂를 사용하면 비록 權謀得貴이나 別無大發이다.
[22] 龍穴 뒤쪽 좌우의 특립한 貴峰중 左側 봉우리를 天乙이라 한다.
[23] 龍穴 뒤쪽 좌우의 특립한 貴峰중 右側 봉우리를 太乙이라 한다.

三台24)는 혈의 앞과 뒤에서 돕는다. 이 별은 그 누구도 얻지 못하였을 뿐만 아니라 이 별을 아는 것조차 허락되지 않았다. 알게 되었을 때에는 감추어 사용할 수 없었기 때문에, 남겨 두어 황조의 봉지로 사용토록 한 것이다.25) 라고 하였다.

천수산天壽山은 이와 같이 존귀하고 다시 얻기 어려운 산이다. 그래서 당연히 남겨 명 황제 성조成祖 주체朱棣가 사용한 것이다.

천수산天壽山은 북극北極의 위치에 있을 뿐만 아니라 산자체가 단정하고 높고 커 어병御屛26)과 같은 기상으로 능의 뒤편을 받혀주고 있다. 또한, 거대한 기상으로 뭇

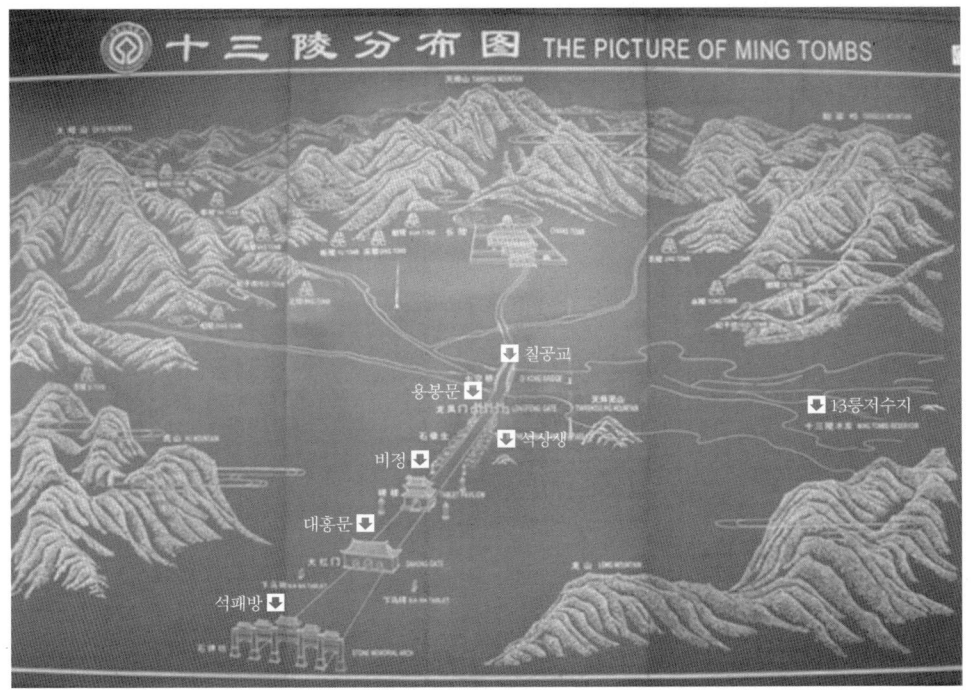

〈그림 4〉 명 13릉 배치도

24) 辛侊柱, 앞의 책(1994), 608쪽.
華蓋三台砂는 品字三峰이 列立三台한 淸雅端正한 貴格山形이다.
華蓋三台砂가 正案朝對하면 三兄弟가 連續登科하여 登朝顯官한다.
25) 北辰一星中天尊, 上相上將居四垣. 天乙太乙明堂照, 華蓋三台相後先. 此星萬里不得一, 此星不許時人識 : 識得之時不用藏, 留與皇朝鎭家國
26) 辛侊柱, 앞의 책(1994), 607쪽.
御屛砂는 美麗莊嚴한 木星山體가 連續屛帳하여 그 형체가 마치 병풍을 펴 놓은 것 같은 尊嚴重厚한 어병사가 正案朝對 혹은 後靠屛帳하면 주로 極貴公侯에 女作宮妣가 기약된다.

산을 굽어보고 천하를 통치할 만한 기백氣魄과 위엄威嚴이 있다.

천수산天壽山은 세 개의 필가형筆架形 산맥으로 가운데 봉우리[中峰]가 제일 높고 동봉東峰과 서봉西峰은 그 보다 낮은 형태인 삼태봉三台峰의 형상이다. 둥글게 둘러싼 모든 산들이 어우러져 자미원국紫微垣局27)의 형태를 갖추고 있다.

또한 좌우 청룡백호 사격과 안산이 조화를 이루고 상장상상上將上相, 천을태을天乙太乙, 좌보우필左輔右弼이 서로 결합하여 구성九星 학설과 절묘하게 어우러진 풍수 격국格局을 만들고 있다.

천수산天壽山을 존귀하게 여기는 것은 장릉長陵 뒤편 내룡來龍 낙맥落脈이 위이기복逶迤起伏하고 변화가 많은데 있다.

남당南唐의 하부何溥는 『영성정의靈城精義』에서 용의 귀천을 격格으로 분류하였다. 그럼 용의 귀천은 어떻게 구분할까… 용의 자태 혹은 오뇌五腦 혹은 삼태三台, 혹은 화개華蓋, 혹은 옥병玉屛, 혹은 법축法軸, 혹은 용의 2, 3, 5절, 혹은 장단長短, 혹은 장대한 기상으로 판단하였다.

특히 혈 뒤 제1절을 가장 중요시 하여 료공廖公은 혈뒤 한절을 용격龍格이라 했다. 이것을 내룡來龍 또는 낙맥落脈이라 부르며 용의 귀천을 결정하는 결정적 요소로 보았다.

곽박郭璞은 그의 저서 『장서葬書』에서 사신四神에 대해 아래와 같이 조건을 제시했다.

청룡(靑龍)은 꿈틀꿈틀 기어가는 것과 같고[靑龍蜿蜒], 백호는 얌전하게 머리를 낮춰 엎

---

27) 서선계·서선술, 김동규 역, 『인자수지』(명문당, 1992), 88쪽.
天文志를 보면 中天北極으로 보이는 紫微星垣은 天皇의 辰極이니 太乙이 常居하는 곳이요, 北極五星은 정히 亥地에 臨하였으니 天帝의 最尊이 된다. 그러므로 南面을 다스리게 된다. 三光은 迭運하고 極星은 이동하지아니하니 孔子가 이르는 北辰이 그곳에 거하고 衆星은 이제 拱한다함이 이것이다. 뒤에 있는 四輔四星은 壬方에 居하며, 句陳六星은 乾方에 居하고 天綱八星은 戌方에 居하고 花蓋九星은 北에 居하고 閣道五星은 癸方에 居하고 咸池五星은 丑方에 居하고 八轂八星은 艮方에 居하고 天將軍四星은 寅方에 居하고 內陛六星은 甲方에 居하고 司命六貴人은 震方에 있고 三師三星은 乙方에 있고 또 天理四星이 있는데 이것은 辰方에居하고 午諸侯五星은 巽方에 居하고 內廚二星은 巳方에 居하고 四貴人四星은 內쪽에 臨하고 帝座二星은 午方에 居하고 大理二星은 丁方에 居하고 天槍三星은 未方에 居하고 天床三星은 坤方에 居하고 天梧五星은 申方에 居하고 陽德陰德二星은 庚方에 居하고 內屛二星은 兌方에 居하고 天乙, 柱史, 女史, 三星은 辛方에 居하며 左衛七相과 右衛七將과 더불어 帝室의 藩屛이 되며, 泰階六符 는 北斗七政을 輔治하며 垣을 도우니 이미 紫薇垣局의 하늘에 비치는 懸象인 것이다.

드린 듯하고[白虎馴俯], 주작은 춤추며 나가는 듯하며[朱雀翔舞], 현무는 혈을 향해 머리를 드리워야 한다[玄武垂頭].28)

원정필주元鄭樒注는 천수산天壽山의 주봉에는 확실히 한 개의 낙맥落脈이 있으며 높은데서 낮은 데로 위이逶迤하며 내려와 장릉長陵의 혈지에 닿는다고 하였다.

이 장릉長陵 내룡의 길이는 약 3km이다. 꿈틀거리며 기복起伏29)하고 위이逶迤하여 생동감이 있는 형태이다. 이처럼 확실하게 변화무쌍變化無雙한 용은 다시보기 어렵다. 더욱 신기한 것은 장릉長陵 뒤쪽의 내산來山이 복부형覆釜形으로 비할 바 없이 존귀하다.

풍수지리적인 관점에서 보면 천수산天壽山은 이와 같이 아름다워 명릉뿐만 아니라 청동릉, 청서릉에 비하여도 단연 으뜸이라 하겠다.

5. 명 13릉의 사격

13릉에서 모든 능들은 다 자기만의 청룡靑龍과 백호白虎 그리고 안산案山이 있다. 여기에서 말하는 것은 장릉長陵을 비롯한 모든 능역안의 능을 말하는 것이다. 형기론 적으로 볼 때 13릉의 청룡靑龍과 백호白虎는 크게 두 가지가 있다. 즉 능역의 내청룡內靑龍과 내백호內白虎는 군도산軍都山과 망산蟒山이 구성하고, 연산燕山과 태행산太行山은 능역의 외청룡外靑龍과 외백호外白虎를 구성하고 있다. 13릉의 용맥을 말할 때 군도산軍都山은 황화성黃花城부근에서 3갈래로 나누어졌다고 한다. 그중 중출맥中出脈이 남으로 뻗어 능역의 북쪽에 연결되는데 이것이 천수산天壽山 용맥이다. 황화성에서 서남쪽으로 뻗은 군도산軍都山의 주맥은 곧바로 팔달령에 이르러 태太자 풍수형국의 우변을 만드는데 이것이 바로 13릉 서쪽의 백호白虎다. 군도산軍都山에서 동쪽으로

---

28) 郭璞, 허찬구 역, 『葬經譯註』(2005), 255~259쪽.
29) 辛佽柱, 앞의 책(1994), 400쪽.
   龍의 前進過程에서 솟구쳐 솟았다 다시 엎어지는 계속적 起伏作用은 氣勢補强을 위한 龍의 躍動이다. 이때 솟구쳐 솟은 곳은 山峰이요 엎어진 곳은 山峽이다. 起伏이 반복된 龍을 생동하는 吉龍이라 하고 기복이 확실치 않고 곧게 뻗은 龍을 病弱한 凶龍이라 한다.

뻗은 두개의 여맥은 대욕산大峪山과 호욕산虎峪山으로 우뚝 솟아 능역의 서쪽 울타리 역할을 한다. 황화성에서 동남쪽으로 뻗은 좌측 지맥은 망산蟒山에 태太자 형태의 좌변을 구성하는데, 이것이 13릉 동쪽의 청룡靑龍이다. 망산蟒山에서 서쪽으로 뻗은 두 여맥 즉 양취령陽翠岭과 담욕령潭峪岭이 능역의 동쪽 울타리를 구성한다.30)

다시 말하면 망산蟒山과 대욕산大峪山, 호욕산虎峪山은 천수산天壽山의 청룡靑龍과 백호白虎로서 비할 바 없이 뛰어난 형태이다.

우선 그들은 주룡 천수산天壽山과 한 맥으로 긴밀히 둘러싸 호위한다.

이것은 다른 맥에서 나온 청룡靑龍과 백호白虎보다 더욱더 월등하다.

두 번째로 두산이 서로 마주하고 있어 능역의 중축선長陵에서 대칭적이다.

세 번째로 두산은 주산主山인 천수산天壽山보다 조금 낮다. 천수산天壽山보다 좌우 순서에 따라 약간씩 낮아지며 주산主山을 강박으로 누르는 듯함도 없이 조화롭게 주산을 보필하고 있다.

그 외에 기복위이起伏逶迤한 두산의 기세가 아주 커 능역의 엄숙하고 경건한 분위기를 더욱 증가 시킨다.

형기론적 관점으로 볼 때 천수산天壽山 능역은 망산蟒山과 군도산軍都山이외에도 이중으로 청룡靑龍과 백호白虎가 있다. 이것이 바로 연산燕山과 태행산太行山으로 구성된 외청룡外靑龍과 외백호外白虎이다.

연산燕山은 망산蟒山 밖의 대형산맥大型山脈으로 태행산太行山과 군도산軍都山 산맥과는 다른 산맥인 것이다.31)

천수산天壽山 능역의 안산案山은 2중안산二重案山이고 조산朝山은 3중조산三重朝山이다.

첫 번째 안산案山은 천수령산天壽靈山이고 두 번째 안산案山은 호산虎山과 용산龍山, 한포산汗包山 등 능역 남쪽의 산들이다. 3중 조산朝山은 능역 밖의 서쪽과 남쪽의 봉황산鳳凰山과 북경 서산西山, 태행산太行山 등이 있다.32)

천수산天壽山에서 남쪽을 바라보면 조산朝山은 멀고 안산案山은 가까운데 겹겹이

---

30) 朱天運, 前揭書(2005), 78~79頁.
31) 上揭書, 79頁.
32) 上揭書, 79頁.

둘러싸여 능역의 왕자 기상을 높여준다.

능역 남쪽 조안산朝案山의 용호에 의하여 모든 능역의 산맥체계는 더 이상 태太자형 형국이 아니고 태怠자형 형국이 된다 할 수 있겠다.

장릉長陵은 태太자의 아래 점에 해당하는 부분에 자리 잡고 있다.

만약 주산主山과 좌우 청룡靑龍, 백호白虎, 조안朝案 모두를 바라보면 천수산天壽山 능역은 팔면이 산에 의해 둘러싸여 있음을 발견할 수 있다. 북쪽에는 천수산天壽山이 동북쪽과 동쪽은 망산蟒山이 서북쪽은 연화산蓮花山이 서쪽은 대욕산大峪山이 서남쪽은 호욕산虎峪山이 남쪽은 한포산汗包山과 용산龍山, 호산虎山 등이 있다.[33]

이렇게 팔방이 산에 둘러싸여 있는 형태는 바로 풍수에서 특별히 요구하는 길지인 것이다.

東南 巽 陰 ☴ 弱 洛　　風 宮 立夏 　　四	南 離 上 ☲ 大 天　　弱 宮 夏至 風 　　九	西南 坤 謀 ☷ 玄 　　委 風 立秋 宮 　　二
東 震 倉 ☳ 嬰 門　　兒 宮　　風 　三	中央 招 搖 宮 五	西 兌 剛 ☱ 倉 　　果 風 秋分 宮 　　七
八 艮 天 ☶ 凶 留　　風 宮 立冬 　東北	一 坎 葉 ☵ 大 蟄　　剛 宮 冬至 風 　　北	六 乾 折 ☰ 新 洛　　 風 立冬 宮 　西北

〈그림 5〉 구궁팔풍도(九宮八風圖)[34]

---

33) 朱天運, 十三陵風水探秘, 中國靑年出版社, 2005년, 80頁.
34) 于希賢 于涌, 『風水理論與實踐』 上券(光明日報出版社, 2005), 250頁.

능 풍수는 무엇 때문에 팔방이 산에 둘러싸여 있어야 할까… 그 이유는 당연히 바람을 피하고 기를 모으기 위해서다.

어떡해야 장풍藏風하고 기를 모을 수聚氣 있는지에 대하여 구궁팔풍九宮八風이란 술법術法이 있다.

앞에서 분석한 태일구궁도太一九宮圖에서 말했듯이 구궁각九宮角의 4개 부방위副方位는 우수偶數라서 음陰에 속하고 사람이 살기에 적합하지 않다. 4개 정방향正方向과 중앙中央은 모두 기수奇數로서 양陽에 속해서 사람이 살기에 알맞다. 특히 중앙中央은 특별히 아름답다. 그리하여 양택陽宅을 선택하는 사람들이 제일 첫 번째로 선택하는 것이다.

또한 음택陰宅도 마찬가지다.

음택陰宅만을 말하면 만약 중앙中央이 지하 궁전(혈자리)이라면 즉 주위에는 8개의 방위가 있는 것이다. 8개의 방향에는 상대적인 8종의 8흉煞風이 있는데 살펴보면 북쪽의 대강풍大剛風과 서북의 절풍折風, 동북의 흉풍凶風, 서쪽의 강풍剛風, 동쪽의 영아풍嬰兒風, 서남의 모풍謀風, 동남의 약풍弱風과 남쪽의 대약풍大弱風이 있다.35)

이 8개의 방위에 높은 산이 둘러싸지 않았다면 살풍煞風이 불어 들어와 생기는 바람에 흩어지고 말 것이다. 이러한 곳은 자연의 아름다운 혈이 될 수가 없다. 장풍藏風하고 기를 모으기 위해서는 풍수지리에서 요구하는 혈 주위 8개 방위는 반드시 높은 산이 막아주어야 한다. 뿐만 아니라 북, 서, 동북, 서북 네 개 방향의 대강풍大剛風과 강풍剛風, 흉풍凶風, 절풍折風의 위해는 더욱 크다. 그래서 이 4개 방위의 산은 더욱 더 높아야 한다. 이런 점에서 13릉 주변의 산맥은 이상적理想的이고 만족滿足할만한 조건을 완벽히 갖추고 있다.

양빈梁份은 『제릉도설帝陵圖說』에서

〈사진 3〉 13릉 주변 풍경

---

35) 劉沛林, 『風水』(上海三聯書店, 2005), 144頁.

이렇게 썼다.

> 능역의 산은 숭고(崇高)하고 정대(正大)하여 웅장(雄壯)하고 위엄(威嚴)이 있으며 크다. 안쪽에는 망산(蟒山)이 좌에 있고, 호욕거(虎峪居)는 우측에 있으며, 봉황(鳳凰)자락은 남쪽에 있다. 황화성과 서해가 뒤에서 아름답게 환포하고 있다. 서쪽 바깥에 서산(西山)이 있고, 동으로는 마란욕(馬蘭峪) 등 산봉우리들이 도열해 있어 마치 병풍과 같이 둘러싸여 있으며, 또한 만여 깃발이 무리를 이루어 마치 천여 관원이 시립한 모습과 같다.36)

고 하여 진실로 하늘이 설계하고 땅이 만든 것 같은 풍수 대격국을 만들고 있는 것이다.

6. 명 13릉의 물길

풍수에서는 물이 없으면 길지가 아니다, 물길은 마치 뱀과 같이 구불구불 흘러야 한다37) 라는 말이 있다.

풍수사는 산형山形을 관찰하면서 반드시 물길도 관찰해야 한다.

어떤 풍수가들은 심지어 산을 보기 전에 먼저 물을 보라, 산이 있고 물이 없으면 땅을 찾지 마라38) 하여 풍수의 법은 물을 찾는 게 먼저다.39) 라고 말할 정도로 물은 중요한 항목이다. 풍수가가 물을 중시하는 이유는 물과 생태환경에 대하여 지기地氣와 생기生氣는 밀접한 관련성이 있기 때문이다.

왜냐 하면 물이 달아나면 생기는 흩어지고 물이 모이면 생기가 모이기 때문이다.40) 물이 없으면 생기가 없기 때문이다.41) 이런 이치는 아주 명백하다.

---

36) 崇高正大 雄偉寬宏 內側蟒山盤其, 虎峪居其右, 鳳凰翼其南, 黃花城, 西海冶擁其後 外側西有西山, 東有馬蘭峪, 群峰羅列, 如幾如屛, 如拱如抱, 如万旗簇擁, 如千官侍從.
37) 吉地不可無水, 地理之道, 山水而已.
38) 未看山時先看水, 有山無水體尋地.
39) 得水爲上.
40) 水飛走則生氣散 水融注則內氣聚.
41) 無水是無生氣也.

다음은 수해를 방비한다.

홍수가 나서 들이쳐 오는 물은 물가를 침식하게 되어 큰 근심거리로 당연히 고려하지 않을 수 없는 것이다. 물이 돌아 나가는 수구水口는 보이지 않아야 하고 물이 직선으로 쭈욱 빠져나가면 혈穴을 맺지 못한다. 음택陰宅은 물론 양택陽宅도 물이 휘감아 환포環抱하며 돌아나가야 하는데 이를 금성환포金星環抱라 한다.

물의 경관작용景觀作用과 심미가치審美價値도 풍수술이 중시하는 수법의 하나이다. 공자孔子가 말하길

어진 사람은 산을 좋아하고 지혜로운 사람은 물을 좋아한다[仁者樂山 智者樂水].

고 하여 사람들의 산수에 대한 이상과 예술철학을 표현하였다. 산은 움직이지 않으니 음陰이요, 물은 움직이니 양陽이다. 산과 물이 화합하면 그것은 음양이 합쳐서 동動과 정靜이 상호 통제하는 것이니, 산은 물, 물은 산으로 단순히 비교하는 건 적당하지 않다.

13릉에서는 산형山形 뿐만 아니고 물의 흐름을 살피는 수법水法도 매우 중요하게 여겼다.

13릉의 수법水法과 산법山法은 모두 3종류가 있다. 산법의 3종류는 선익용호蟬翼龍虎와 고굉용호股肱龍虎, 대세용호大勢龍虎가 있다.[42]

수법의 3종류는 하수수蝦鬚水[43]와 용호수龍虎水,[44] 주작수朱雀水[45]가 있다. 그들은 서로 조화를 이루어야 하며 어떤 종류의 물길도 환포環抱하고 교합交合해야 한다.

---

42) 朱天運, 前揭書(2005), 83頁.
43) 村山智順, 최길성 역, 『朝鮮의 風水』(민음사, 1990), 93쪽.
    이것은 혈 주위에 마치 새우수염 같은 물이 몇 가닥 있어서 혈을 둘러싼 것을 지칭한다. 이물이 혈을 둘러 싸서 보호하며 혈 속의 생기가 누출되지 않도록 혈을 긴밀하게 둘러싸서 보호하며 혈 속의 생기가 누출되지 않도록 혈을 긴밀하게 하는 역할을 한다. 혈 앞에 있는 것은 특별히 합금수(合襟水)라고도 하는데 이는 혈 앞에서 합치는 모습이 마치 사람 옷의 동정을 합치는 것과 흡사하다.
44) 멀리서부터 내룡을 뒤좇아 오며 성국의 위치에 이르러서는 그것을 싸고 안음이 분명한 물이다. 부귀를 맡으며 세 길방에서 오면 가장 좋다.
45) 村山智順, 최길성 역, 앞의 책(1990), 92쪽.
    혈의 앞쪽을 가로질러 흐르는 물, 유유히 흐르고 혈 앞에서 체류하여 유정한 것이 좋으며, 흐름이 급하고 소리가 나는 것은 무정하고 슬픈 눈물을 흘리는 것으로 흉이라고 본다.

13릉 지역의 산맥은 중생대中生代 말기에 높이 솟아 오른 중년산맥에 속한다. 1.5억 년 부터 몇 번의 운동을 거쳐 계속하여 상승하는 추세에 있다.

물길의 작용 때문에 그들을 절단하여 몇 개의 튼튼한 산지山地로 만들었다. 이 산 사이에는 크거나 혹은 작은 물길이 생겨났다.

13릉의 지세를 통틀어 말하면 서북이 높고 동남이 낮아 능역의 물은 대부분 동남쪽으로 흐른다.

능역내의 주요 물길은 아래와 같다.

덕승구德勝口 물길은 능역안 두 번째 큰 물길이며 발원한곳은 연경현 팔달령八達岭 북산구北山口에서 세 갈래로 능역에 들어온다. 그 후 칠공교 아래에서 다른 물과 합수하여 13릉 저수지로 흘러든다.

추석구錐石口 물길은 능역 안에서 제일 큰 물길이며 발원은 군도산軍都山 동쪽자락이다. 추석구錐石口를 따라 능역에 흘러들어 칠공교七孔橋 서쪽에서 덕승구德勝口 물길과 합수하여 13릉 저수지에 흘러든다.

〈사진 4〉 13릉 저수지

상하구上下口 물길의 발원은 능역 북쪽 산 지역이며 경회령구經灰岭口와 현장구賢莊口를 지나 능역으로 흘러든다. 태릉泰陵앞에서 추석구錐石口 물길과 합수하여 동남쪽으로 흘러 13릉 저수지에 들어간다.

헌릉구獻陵溝 물길의 발원은 헌릉獻陵 북쪽 즉 천수산天壽山 남쪽 자락이다. 북에서 남으로 흘러 헌릉獻陵 동쪽을 지나 장릉1km 지점에서 노군당老君堂 물길과 만나 합수한다.

노군당老君堂 물길은 장릉長陵 동북쪽에서 발원하여 노군당구로 흘러 장릉의 서남쪽에서 헌릉구獻陵溝 물길과 합수한다. 그 후 칠공교七孔橋 서쪽에서 덕승구 물길, 추석구 물길과 합수하여 13릉 저수지에 들어간다.

덕릉구德陵溝 물길의 발원은 망산蟒山 동쪽 자락이다. 덕릉德陵을 거쳐 영릉永陵 남쪽으로 흘러 13릉 저수지에 들어간다.[46]

신기하게도 여섯 개의 물길이 산란하지 않고 서로 교합하여 자연적으로 몇 개 능역의 용호 교합수交合水가 되고 있다.

13릉의 배치도를 보면 덕승구德勝口 물길과 추석구錐石口 물길은 소릉昭陵과 정릉定陵의 용호 교합수를 구성하고 있다. 추석구錐石口 물길과 상하구上下口 물길은 태릉泰陵의 교합수交合水 역할을 한다.

상하구上下口 물길과 헌릉구獻陵溝 물길은 무릉茂陵과 유릉裕陵, 경릉慶陵, 헌릉獻陵의 용호 교합수交合水가 된다.

헌릉구獻陵溝 물길과 노군당老君堂口 물길은 장릉의 교합수가 된다.

노군당老君堂口 물길과 덕릉구德陵溝 물길은 경릉景陵과 영릉永陵의 용호 교합수交合水가 된다.

당연히 강릉康陵과 덕릉德陵도 용호 교합수交合水가 있다 하지만 작다.

덕승구德勝口 물길은 능역 옆 남쪽에 있다. 서북에서 동남으로 흘러 횡으로 관통하는데 이것이 바로 13릉의 주작수朱雀水이다.[47]

---

46) 王子林, 前揭書(2005), 290頁.
47) 朱天運, 前揭書(2005), 83~85頁.

형기 풍수에서는 팔자수八字水와 주작수朱雀水 물길이 교합하고 환포하는 것 외에 특별히 요구하는 것이 있는데 그것은 수구水口가 보이지 않아야 좋다고 한다.

산을 물이 돌고 돌아 나성羅城이 주밀하면 트집 잡을 것이 없다. 이런 점에서 13릉의 모든 물은 순종하여 칠공교七孔橋에서 한곳으로 모이는데 그중 수구水口자리는 능역 동남의 동산구東山口쪽 지금의 13릉 저수지 이다. 여기는 망산蟒山과 한포산汗泡山, 웅치雄峙 좌우가 한문捍門으로 호위병처럼 문을 지키고 있다. 능역에서는 평태산平台山이 앞에 가려져 있고 능역 밖에는 영벽산影壁山이 있어 원래 동으로 흐르는 물을 남으로 흐르게 하여 형기 풍수의 이치에 합당하다.

작은 물길이 좌우에 흐르고 큰물이 앞에서 횡으로 흘러가면서 겹쳐졌기 때문에 천수산天壽山의 수구水口는 자물쇠를 채운듯하여 형기풍수에서 요구하는 격식에 부합한다.

7. 명 13릉의 명당

명당明堂은 원래 천자天子가 백관百官을 만나 정치를 논하는 곳이다.

황릉의 명당明堂에도 위와 같은 개념이 포함되어 있기 때문에 자연히 신중하게 선택해야 한다.

13릉의 황릉帝陵들은 일반적으로 각각 대大, 중中, 소小로 중첩된 명당明堂을 갖고 있다. 소명당小明堂은 선익사산蟬翼砂山과 하수교합수蝦鬚交合水 사이로 즉 능궁陵宮이 있는 곳이다.

중명당中明堂은 고굉사산股肱砂山과 용호교합수龍虎交合水안에 있으며 대명당大明堂은 대세용호大勢龍虎와 안산案山 그리고 주작수朱雀水안에 있다.

소명당小明堂은 황제가 일을 하는 자리로서 태화전太和殿의 옥좌玉座와 어안御案에 해당한다.

중명당中明堂은 대신大臣들이 황제를 알현謁見하는 곳이며 태화전太和殿 앞의 광장廣場에 해당한다.

〈사진 5〉 태화전(太和殿)의 옥좌(玉座)

〈사진 6〉 13릉의 명당 – 굉장히 평탄하고 원만하다(자료출처 : bbs.guoxue.com)

풍수상 명당明堂의 작용은 바람을 피하고[藏風] 기를 모으는[聚氣] 곳이다.

명당明堂의 작용은 위아래를 명백히 구분 하는 것과 군신을 통솔하는 것이 경관적 각도에서 보면 3종류의 명당明堂은 산과 물이 여러 방향으로 흩어진 것을 하나의 물길로 만드는 작용을 한다.

장릉長陵을 보면 소명당小明堂은 능궁封墳 그 자체이고 중명당中明堂은 고굉사산(양취령과 대유산)과 용호교합수(노군당수와 추석구수)를 포함한 범위다. 그러나 대명당大明堂은 대세 용호(망산, 호욕산)와 안산(천수령산), 주작수(덕승구수)가 공동으로 만든 광대한 면적이다.

기타 다른 능들도 대체로 비슷하다. 보다 넓게 보면 사릉思陵 외에 12능의 소명당小明堂은 모두 각자 오직 한 개 밖에 없다.

그중 혼자만의 명당明堂이 있는 것은 오직 태릉泰陵과 강릉康陵 둘뿐이다. 몇 개 능이 공동으로 있는 경우는 헌릉獻陵과 경릉慶陵, 유릉裕陵, 무릉茂陵, 장릉長陵이 공동으로 사용한다. 정릉定陵과 소릉昭陵이 같이 쓰고 덕릉德陵과 영릉永陵이 같이 쓴다. 그러나 대명당大明堂은 모두가 공동이다.

각 신도神道와 분신도分神道는 격국格局이 같고 각 황제들은 혈맥血脈과 같은 종법적宗法的 관계에 따라 같은 공간을 구성했다.

13릉의 헌릉獻陵과 경릉慶陵 두 능의 소명당小明堂은 매우 특별하여 안과 밖[內外] 두 곳으로 나누어진다. 향전享殿은 앞에 보성寶城은 뒤에 두었다. 이것은 용맥龍脈이 혈穴에 도착하여 바로 앞에다 안산案山을 만들어 당국堂局이 작아서 변형된 방법을 채용한 것이다. 역대 황릉 중 이런 구조와 장식은 거의 없다.[48]

8. 명 13릉의 방향

형기풍수에서 혈穴을 선택 할 때에 기본원칙은 먼저 혈穴뒤 주산主山의 출신이 정통하여 용맥龍脈이 깨끗하고 형체가 단정하며 우뚝 솟아야 한다.

---

48) 上揭書, 86頁.

장릉長陵의 주산主山은 천수산天壽山이고 태릉泰陵의 주산主山은 필가산筆架山이며, 영릉永陵의 주산主山은 양취산陽翠山이고, 정릉定陵의 주산主山은 대유산大裕山으로 모두 높이 솟아 웅장한 기상이 있다.[49] 기타 다른 능도 모두 이러하다. 다만 사릉思陵의 주산主山은 낮고 형이 없으며 조금의 기세도 없다.

주산主山은 하나의 내룡來龍이 위이逶迤하여 혈에 닿아야 하는데 이것을 소위 현무玄武라 한다. 낙맥落脈은 위이기복逶迤起伏하고 기세氣勢가 있어야 한다.

이런 점에서 각 능은 같지 않은데 장릉長陵과 헌릉獻陵, 경릉景陵, 영릉永陵, 소릉昭陵, 정릉定陵, 경릉慶陵 등 일곱 개 능의 내룡來龍은 비교적 좋고 유릉裕陵과 태릉泰陵, 무릉茂陵, 덕릉德陵은 조금 나쁘며, 강릉康陵과 사릉思陵은 내룡來龍이 있다고 할 수가 없어 아주 나쁘다.

혈穴은 반드시 맥脈이 흐르는 방향에 순응해서 맺는데, 대부분은 내룡來龍의 맥이 멈춘 곳으로 두 물이 합수合水하는 곳의 안쪽에 맺는다.

또한 주위에는 사격砂格이 지키고 두 물이 합수合水하고 조안朝安이 우뚝 솟고 명당明堂이 넓어야 한다. 각 능은 각자가 이러한 격국格局을 갖추고 있다.

혈穴을 맺는 자리는 의당 평탄하고 흙색이 좋아야하며 수질이 깨끗하여 풀과 나무가 풍부해야 한다. 천수산天壽山 황릉은 이러한 조건을 갖추었다고 할 수 있다. 주의 할 것은 혈穴은 하나의 요소가 단독으로 작용한 것이 아니라 각종 요소가 종합하여 결합된 결과물이라는 것이다.

풍수가가 혈穴과 주산主山, 안산案山, 좌청룡, 우백호의 풍수구조를 확정할 때 일반적으로 천심십도법天心十道法[50]을 채용하기도 한다.

천심십도법天心十道法은 혈穴을 중심으로 주산主山과 안산案山, 청룡靑龍과 백호白虎가 일직선상에 오는지를 살펴보는 정혈법定穴法 중의 하나이다.

명 13릉은 향법向法에서 요구하는 사항에 대하여 아주 엄격하게 적용하지는 않은

---

[49] 上揭書, 86頁.
[50] 최창조, 『韓國의 風水思想』(民音社, 1990), 139쪽.
天心十道란 穴을 中心으로 하여 前後左右에 應하는 山이 十자 모양으로 된 것을 말한다.
이때 穴 뒤를 蓋山, 앞을 照山, 양 옆을 좌우 夾山이라 하여 이 네 개의 산이 정확히 서로 十자를 이루며 應해 吉穴이 되기 때문에 四應이라 하여 그 한가운데에 作穴하면 된다. 반드시 四應하는 산의 중심과 중심이 연결되어야 天心十道가 되는 것으로 조금이라도 치우치거나 빗나가면 안 된다.
또한 十道를 이루는 四應만 정확하면 다른 山들의 존재 여부는 문제 삼지 않는다.

것으로 보인다. 이유는 용龍, 혈穴, 사砂, 수水가 형기적 요건에 부합하다보니 향법向法은 다소 소홀하게 다루어 진듯하다.

하지만 북좌남향北坐南向의 큰 틀은 유지하였다. 장릉長陵은 제일 바르다 남에서 서로 9° 기울은 계좌정향癸坐丁向이며, 영릉永陵은 남에서 서로 53° 기울은 간좌곤향艮坐坤向을, 정릉定陵도 남에서 서로 54° 기울은 술좌진향戌坐辰向으로 배치하였으며, 가장 기울은 덕릉德陵은 갑좌경향甲坐庚向으로 배치하였다.[51]

9. 명 13릉의 구역 구분

13릉은 끝이 없이 넓고 넓어 면적은 120여km²에 달하는데[52] 세밀히 구분해 보면 5개 구역으로 나눌 수 있다.

북구北區는 추석구錐石區와 노군당老君堂 두 물길이 합쳐지는 천수산天壽山과 필가산筆架山 남쪽 기슭을 말한다.

북구北區의 주산主山은 천수산天壽山과 필가산筆架山으로 용맥은 북쪽에서 남쪽을 향하여 우뚝 솟아 준수하다. 양취령陽翠岭과 담욕령潭峪岭, 대욕산大峪山, 호욕산虎峪山은 동서로 나누어 용산龍山과 호산虎山을 호위하며 남쪽을 향하고 있다. 두 물 사이에는 주작수朱雀水가 횡으로 가로 지르고 있다. 명초기 6개의 황릉은 일자로 늘어서 있었는데 능역 안에서 풍수적으로 제일 좋은 자리를 차지하고 있다.

동구東區는 노군당老君堂 물길과 13릉의 물줄기가 합쳐진 양취령陽翠岭과 담욕령潭峪岭 동쪽 기슭을 말한다. 동구東區의 주산主山은 양취령陽翠岭과 담욕령潭峪岭으로 천수산天壽山 좌측에서 서쪽을 향하여 있으며 풍수상으로는 북구北區보다 못하다. 영릉永陵과 덕릉德陵등 명 후기의 황릉皇陵이 있다.

서구西區는 추석구錐石區와 덕승구德勝口 두 물줄기가 합쳐지는 대욕산大峪山 북쪽 기슭을 말한다. 서구西區 주산主山인 대욕산大峪山은 천수산天壽山의 우측에 있고 서쪽

---

51) 胡漢生, 前揭書(2004), 14頁.
52) 華博, 前揭書(2006), 162頁.

에서 동쪽을 향하여 있다. 풍수상으로는 동구東區와 대체적으로 비슷하며 북구北區와는 비할 바가 못 된다. 소릉昭陵과 정릉定陵이 있으며 명 중후기中後期 황릉이다.

서남구西南區는 장릉長陵 총신도總神道와 덕승구德勝口 물줄기가 합쳐지는 호욕산虎峪山과 장수산長壽山 서북기슭을 말한다. 서남구西南區의 주산主山인 호욕산虎峪山과 장수산長壽山은 서남쪽에서 동북쪽을 향하고 있어 방위가 좋지 않고 좌우에 용호사龍虎砂가 없다. 풍수상으로 동서와 비교해서도 차이가 많다. 풍수가 좋지 않기 때문에 능역 안에는 황제 후궁後宮들의 원침園寢으로 밖에는 사용할 수 없으며 존귀한 황제는 이런 곳에 만년유택을 정하지 않았다.

그러나 불쌍한 숭정황제崇禎皇帝 주유검朱由檢은 이곳에 위치한 그의 애첩 전귀비田貴妃의 무덤에 안장되고 만다.[53] 명나라를 멸망시킨 황제로서 이곳에 매장된 것만으로도 얻은 것이 있다고 생각해야 할까….

동남구東南區는 장릉長陵 총신도總神道와 13릉 저수지가 합쳐지며 용산龍山과 한포산汗包山 북쪽 기슭을 말한다. 동남구東南區는 모든 능역의 수구水口가 있는 곳이며 제일 쉽게 홍수와 침수재해가 발생하는 곳이어서 용왕묘龍王廟 외에는 중요한 건축물이 없다.[54]

황제의 능은 이 구역에서 선택할 수 없으며 심지어 황제후궁의 원침도 이곳에서 찾을 수 없다.

13릉의 구역 구분은 100여 년의 건설 과정 중에 차츰 형성된 것이다.

천수산은 성조成祖가 자기를 위해 건설한 능역이다.

13릉을 조성할 때 비교적 길게 먼 미래 계획을 세웠는지 여부를 확인하기 위하여 능역의 현존하는 건축물을 분석하여 보면 그런 계획은 없었던 것으로 보인다. 적어도 건축적인 계획상으로 볼 때는 어떠한 계획도 없었던 것으로 보인다.

성조成祖는 자기의 능을 천수산天壽山 주봉아래 건설하고 자기 후궁들의 원침(동정과 서정)을 동쪽의 망산蟒山과 서쪽의 대욕산大峪山 아래에 건설하였다. 이것은 분명히 모든 천수산天壽山 구역을 자기가 죽은 후 자금성紫禁城과 같은 공간으로 사용코자한

---

53) 上揭書, 163~164頁.
54) 朱天運, 前揭書(2005), 88~89頁.

〈사진 7〉 세종 후궁 묘소(자료출처 : www.eemap.org)

것이 아닌가 싶다. 따라서 자기와 황후릉皇后陵을 같이 조성하고, 후궁後宮들은 좌우로 나누어 조성하게 된다.

후대 황제皇帝는 어디에 안장하고 후궁後宮들은 또 어디에 안장할 것인가를 건설할 때 고려하지 않았던 것 같다.

그러나 그의 아들과 손자인 인종仁宗과 선종宣宗은 능역에 대한 계획이 중요하다 인식하고 실행하게 된다. 인종仁宗과 선종宣宗은 자기의 후궁後宮을 북경서산에 안장토록 하고 후궁後宮들의 원침을 천수산天壽山 능역 안에 건설하는 제도를 아예 없애 버린다. 그렇게 바꾼 목적은 덕승구德勝口 물길 북쪽의 길지吉地를 비워두어 후세 황제의 능지陵址로 하고자 하였던 것이다.

그러나 이 제도는 4대까지 만 전해져 내려가고 헌종憲宗 주견심朱見深 때에 깨지고 만다. 헌종憲宗은 자기의 애첩 만귀비萬貴妃를 총애한 나머지 조종성법祖宗成法을 고쳐 능역의 서남쪽 소산蘇山아래에다 그의 원침을 건설하였다.55) 성화 23년 봄에 만귀비萬貴妃가 급사하자 그곳에다 안장하였다. 할아버지도 하는데 손자라고 못할 일이 있겠는가. 세종世宗 주후총朱厚熜은 자기가 총애하는 후궁後宮과 일찍 죽은 후궁後宮의 아들을 한꺼번에 능역 서남쪽 오아욕襖兒峪 좌우에 안장하게 된다.56) 그 후 신종神宗 주익균朱翊鈞과 숭정제崇禎帝 주유검朱由檢도 자기의 총애하는 이귀비李貴妃와 정귀비鄭貴妃, 전귀비田貴妃를 안장하게 된다.

영락제永樂帝 이후 천수산天壽山 능역에는 비록 후궁들을 안장하였지만 서남지역은 그 누구도 사용하려 하지 않았다.

사실 능역의 여러 귀비貴妃 원침(전귀비 원침은 제외)도 용龍, 혈穴, 사砂, 수水가 제법 갖추어진 곳을 선택하였다.

하지만 서남구는 풍수적으로 너무 좋지 않아 후궁들의 원침으로도 선택되어지지 않았던 것이다.

---

55) 華博, 前揭書(2006), 160頁.
56) 胡漢生, 前揭書(2004), 136頁.

제6장

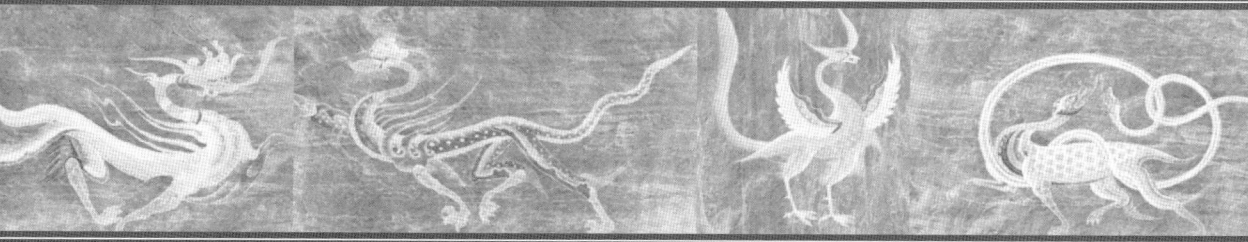

명 13릉의 구성

1. 장릉長陵
2. 헌릉獻陵
3. 경릉景陵
4. 유릉裕陵
5. 무릉茂陵
6. 태릉泰陵
7. 강릉康陵
8. 영릉永陵
9. 소릉昭陵
10. 정릉定陵
11. 경릉慶陵
12. 덕릉德陵
13. 사릉思陵

제6장

명 13릉의 구성

1. 장릉長陵

1) 영락제永樂帝 주체朱棣의 장릉長陵

장릉長陵은 성조成祖 주체朱棣와 황후 서씨徐氏의 합장 능이다.

성조成祖 주체朱棣는 태조太祖 주원장朱元璋의 넷째 아들로 원지20년(1360) 4월 7일에 태어난다.

그의 어머니는 공비碽妃로 고려高麗의 여인이다.[1] 중국 역사서에서는 이것을 감추고 있지만 분명 성조 주체에게는 고려의 피가 흐르고 있는 것이다.

홍무3년(1370) 4월에 연왕燕王에 봉해지고 홍무13년 북평北平에 번藩하였다.[2]

건문4년(1402) 6월 17일 황위에 오른 후 이듬해 연호를 영락永樂으로 고쳤다.

〈사진 1〉 장릉의 명루

---

1) 黃瀎, 『中國歷代皇帝陵』(大連出版社, 1997), 217頁.
2) 寺田隆信, 서인범·송정수 옮김, 『중국의 역사』(도서출판 혜안, 2006), 63쪽.

◧ 〈그림 1〉 영락제 초상화3)
◧ 〈사진 2〉 옥새

영락 22년(1424) 7월에 고비사막 북쪽으로 친히 출정하였으나 18일 유목천楡木川에서 병으로 돌아가니 묘호를 태종太宗으로 하고 12월 19일에 장릉長陵에 안장하였다. 향년 65세이다.4) 성조사후 30명의 궁녀가 순장殉葬된다.5)

가정嘉靖 17년(1538) 세종世宗은 주체朱棣와 주원장朱元璋이 동일한 대업과 공덕을 가졌다고 보고 묘호를 성조成祖라 바꾸게 된다.6)

주체朱棣는 명明 황제 중 보통의 성과를 낸 황제가 아니다.

초기 연왕燕王일 때 그는 대장군 서달徐達과 함께 북평北平을 지키며 원군元軍을 막고 국경 군마를 조련하였다. 홍무31년 주원장朱元璋이 죽고 황태손 주윤문朱允炆이 황제에 올라 연호를 건문建文이라 한다.

---

3) 자료출처 : 위키피디아 백과(http://zh.wikipedia.org).
4) 晏子友,『明淸帝王及其陵寢』(臺海出版社, 1998), 23頁.
5) 黃濂, 前揭書(1997), 217頁.
6) 박덕규,『중국역사이야기』(일송북, 2008), 138쪽

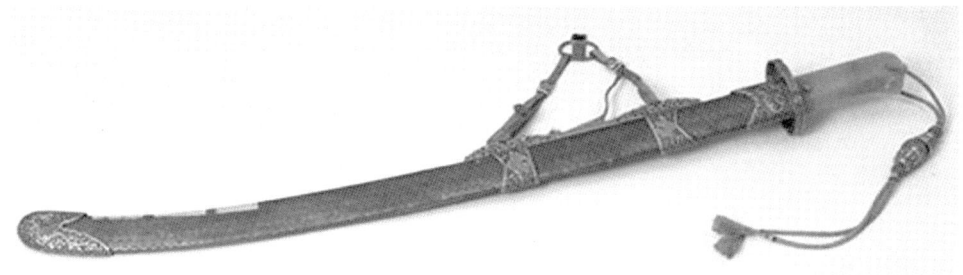

〈사진 3〉 건문제(建文帝)의 보검

건문제建文帝는 젊고 정치경험이 모자라서 대신大臣 제태齊泰와 황자징黃子澄의 의견을 듣고 삭번削藩 정책을 채택하게 된다. 그리고 1년 내에 주周, 상湘, 제齊, 대代, 민岷 등 다섯 숙부의 왕위를 빼앗고[7] 다음 목표를 연왕 주체朱棣에게로 그 화살을 향하였다.

주체朱棣는 군주의 주위에 있는 간신奸臣들을 몰아낸다는 미명하에 위난危難을 평정하는 거병을 개시하였다.

4년여의 격렬한 전쟁을 거쳐 주체朱棣는 건문제建文帝를 물리치고 당시 수도 남경南京을 점령하였다. 건문제建文帝는 어디에 갔는지 모르고 주체朱棣는 군신들이 떠받들어 황제의 옥좌에 올랐다.[8]

2년 뒤 연호를 영락永樂이라 고쳤다.

주체朱棣는 오랫동안 북평北平을 지켰고 이곳을 잘 알고 있었기 때문에 동서남북의 중심인 북평北平이야 말로 황제가 천하를 다스릴만한 지형을 갖춘 곳이라 생각한다. 또한 주체朱棣는 무력으로 조카 손에서 정권을 빼앗아 황제의 자리에 앉은 것이 정통에서 벗어나는 일이기 때문에 많은 대신들의 반대에 부딪치게 된다.[9]

영락 원년 북평北平을 북경北京으로 고치도록 조서를 내린다.

영락 4년 인부 100만 명을 동원하여 북경에 수도首都 건설을 시작한다. 영락 19년(1424) 정식으로 수도를 북경北京으로 천도遷都한다.

영락4년(1404) 주체朱棣는 건문제가 해외로 도망을 갔다는 소식을 듣고 마음이 불

---

7) 胡漢生, 『明十三陵探秘160問』(北京燕山出版社, 2004), 173頁.
8) 胡漢生, 前揭書(2004), 172頁.
9) 寺田隆信, 서인범·송정수 옮김, 앞의 책(2006), 74·76~77쪽.

안하여 삼보대감을 서양각국에 파견하여 널리 건문제建文帝의 행방을 찾으려고 한다. 그러나 주체朱棣가 서양각국과 긴밀한 외교적 관계를 가졌다 라고 하며 진실 된 목적을 똑똑히 밝히지 않고 있다.

영락제永樂帝는 22년 동안 재위하면서 원대한 계략과 뛰어난 재능을 바탕으로 정치와 경제, 군사, 문화 등 많은 방면에서 굉장한 성과를 거둔다.

정치방면에서는 계속 삭번削藩 정책을 채택하여 차츰 여러 왕의 병권을 제거하고 그들을 남경南京으로 옮기게 하는 등 강력한 중앙집권 통치를 강화하였다.

그는 결연히 수도를 남경南京에서 북경北京으로 옮기도록 하고 북경北京을 전국의 정치, 경제, 문화 중심인 동시에 북방의 군사 방어에 힘쓰도록 하였다.

군사방면에서는 그는 다섯 번 군사를 이끌고 직접 막북漠北으로 가 몽골귀족의 침략을 공격하여 중원 백성들이 편안히 살 수 있도록 하여 사회경제 발전을 촉진하였다.

경제방면에서는 그는 계속 홍무洪武이래로 농업 장려정책을 편다. 남방에서 북방으로 주민들을 이주시켜 논밭을 고루 분배하고 농민들로 하여금 적극적으로 농사일에 매진하도록 권장하여 국고를 튼튼하게 하였다.

문화 사회방면에서는 원元나라에서 정지시켰던 과거제도를 회복하여 대량으로 탁월한 인재들이 정계에 들어 올수 있도록 하였다. 그는 또 한림학자 해진解縉과 도광효姚廣孝 등으로 하여금『영락대전永樂大典』을 편찬토록 하였다. 이 책은 대량의 문헌자료를 집대성하여 역사상 가장 해박하고 종합적인 도서중의 하나이다.[10]

주체朱棣는 근면한 황제였다. 그는 매일 의관을 정장하고 앉아서 모든 정사를 신속하게 처리하였으며 한가한 시간에는 경제와 역사서등의 책을 읽었다.

> 짐은 천하의 주인이다. 따라서 백성들의 민심을 읽고 대소사를 필히 알고 직접처리 하여야한다.

고 하였다. 그는 또 중외관원의 이름을 무영전武英殿 남쪽 복도에 써서 붙이게 하고

---

10) 胡漢生, 前揭書(2004), 175頁.

한가할 때 마다 보고 충분히 숙지하여 적재적소의 인사를 하려 하였다. 이런 부지런한 황제는 명나라 때에 다시는 없었다.

주체朱棣는 어릴 적에 민가에서 생활한 적이 있다. 아버지의 영향과 개인적인 경험으로 의식衣食을 얻는 것이 얼마나 어려운지를 깊이 알고 있었고 그렇기 때문에 매우 절약하고 검소한 생활을 하게 된다.

그는 퇴근 후 늘 검소하게 옷을 입었다. 환관宦官들은 옷을 바꿔 입을 것을 권하였으나 그는,

> 짐은 하루에 열 번 갈아입을 옷이 있다. 사람은 자기에게 주어진 복을 아껴서 지나치게 써버리지 않아야 한다. 그래서 옷은 빨아서 또 입는다. 나의 어머니는 옷을 깁고 아버지는 기뻐하며 황후는 이렇게 부지런하고 알뜰하여 정말로 자녀들의 모범 이다.라고 하셨다. 나는 자주 그분들의 지도를 기억하며 잊지 않는다.[11]

라고 하였다.

인효황후仁孝皇后 서씨徐氏는 명 개국공신 위국공魏國公 서달徐達의 딸이다.

홍무9년(1376) 연왕비로 책봉되어 주체朱棣가 황제가 된 후 황후에 봉하여졌다.[13]

서씨는 아들 셋을 낳았는데, 장자가 주고치朱高熾로 후에 인종仁宗황제이다.

영락5년(1407) 서 황후가 죽었는데 6년 후인 영락11년(1413) 2월에 지하 현궁이 건설되어 남경南京에서 옮겨와 장릉長陵에 안장하였다.

〈그림 2〉 인효황후 서씨[12]

---

11) 박덕규, 『중국역사이야기』 12(일송북, 2008), 146쪽.
12) 자료출처 : 위키피디아 백과(http://zh.wikipedia.org).
13) 晏子友, 前揭書(1998), 24頁.

2) 장릉長陵의 풍수적 특징

장릉長陵은 천수산天壽山 주봉 남쪽 기슭에 있다.

형기론의 관점에서 천수산天壽山을 장릉長陵의 주산으로 선택한 것은 천수산天壽山이 다른 산맥들이 가질 수 없고 대체할 수 없는 품격과 특징을 갖고 있기 때문이다.14)

개괄하여 말하면 용맥이 생기발랄하고 낙맥落脈이 완연蜿蜒하기 때문이다.

천수산天壽山은 군도산軍都山의 한 맥으로 황화성의 연화산蓮花山 동쪽기슭에서 발맥 하였다. 승천하는 한 마리의 용처럼 변화무쌍하게 기복하여 북에서 남으로 내달

〈사진 4〉 천수산의 모습

---

14) 王子林, 『紫禁城 風水』(紫禁城出版社, 2005), 290頁.

려와 능역 북구 중앙의 척주산맥脊柱山脈이 되었다.

방향이 좋을 뿐만 아니라 형세가 웅장하여 다른 산맥은 비교할 수가 없다.

형기론에 근거하면 대혈大穴은 바로 산세가 멈춘 곳에 맺는다. 따라서 산세가 연이어 달리며 행룡行龍하는 용은 혈穴을 맺지 못한다.15)

하부何溥는 『영성정의靈城精義』에서 강조하기를,

> 요즈음 사람들은 단지 산세가 오는 것만을 보고 용이라 한다. 하지만 용의 식(息)이 있으면 용의 보금자리(혈)가 있고, 반드시 장막[帳]과 화개[蓋]가 있어야만 용이 멈춘다는 것을 알지 못한다. 또한, 용은 하나같이 화개와 장막이 경계를 정하면 미처 날뛰는 기는 다스려진다. 이것을 받아 흉부가 부풀어 오르고 날개는 펴지기 시작하여 시원스럽고 느긋하게 살기(煞氣)를 모두 털어 버리면 생기는 자연스럽게 융합하는 것이니 바로 혈을 맺을 수 있는 것이다.16)

라고 하였다. 과문에서 말한 개蓋는 황제의 큰 양산을 말하고 장帳은 바로 원수元帥의 막사를 말한다.

양산도 좋고 막사도 좋으니 모두 다 권위 있는 인물들이 있는 곳이다.

천수산天壽山의 높이는 구름에 닿았으며 기세는 위엄이 넘쳐 당연히 황제의 영면하는 제일 좋은 자리이다.

형기론에서 능역의 산봉우리를 3등급으로 나누는데, 바로 극성極星과 존성尊星, 웅성雄星이다.

각 능 뒤쪽의 주산은 다 존성尊星이라 할 수 있다. 웅성雄星은 상응하며 주산을 에워싼 산봉우리이다. 따라서 각 능의 청룡靑龍과 백호白虎, 안산案山은 웅성雄星이라 할 수 있다.

---

15) 정경연, 『정통풍수지리』(평단문화사, 2008), 203쪽.
16) 今人但見山勢所來 便以爲龍, 不知有龍之息, 則有龍之巢, 必須有帳有蓋, 而龍乃止. 且龍一經蓋帳, 則一御直來狂奔之氣, 得此而開升胸展翅, 暢朗舒徐, 煞氣盡脫, 生氣自融, 乃可結穴.

〈사진 5〉 장릉(長陵) 계좌정향(癸坐丁向)17)(자료출처 : www.eemap.org)

그러나 극성極星은 능역에서 가장 기세가 있는 산맥이다. 곤륜崑崙과 같이 천하 모든 산의 조종祖宗이라야만 극성極星이라 할 수 있다.18)

천수산天壽山 주봉의 해발은 약760m이며 능역의 제일 고봉으로서 자연히 부끄럽지 않은 극성極星이다.

천수산天壽山은 높고 우뚝 솟았을 뿐만 아니라 능역의 북쪽 중앙에 있어 마치 북극성北極星과 같다. 북극성北極星은 하늘의 모든 별들이 향하는 존귀한 별로서 제황帝皇이 아니면 사용할 수 없는 것이다.

장릉長陵은 천수산天壽山의 주룡으로 항렬이 제일 높아 이 자리는 당연히 그의 자리인 것이다.

장릉長陵에서 북쪽을 보면 천수산天壽山은 봉우리가 세 개가 차례로 있는데 가운

---

17) 王子林, 前揭書(2005), 302頁.
18) 上揭書, 292頁.

데 봉우리가 가장 높고 필가형筆架形의 산형을 이루어 사람들은 삼태산三台山이라고 부른다. 삼태산三台山은 분명한 주인격으로 생동감이 있기 때문에 사람들의 깊은 사랑을 받게 된다. 또한 삼태산三台山은 사람들에게 신선이 사는 산과 같은 신비감을 느끼게 한다. 삼태산三台山은 형기론에서 굉장히 귀하게 여기는 오병五屛과 화개華蓋, 오뇌五腦의 삼태三台로서 대부대귀大富大貴한 성봉이다.[19]

풍수에서는 용의 귀천이 곧 격格을 결정한다고 하는데 과연 용격은 무엇일까… 료우廖禹는 혈 뒤 일절을 용격이다.[20] 라고 하였다.

용의 귀천貴賤은 주로 주산主山에서 혈장穴場까지(내룡과 낙맥)의 형상이 어떠냐에 따라 풍수적인 좋고 나쁨에 대한 관련성이 아주 크다 할 것이다. 풍수가들의 내룡來龍에 대한 요구는 둥글고 풍만하며 변화무쌍한 용을 요구한다. 장릉長陵의 내룡來龍은 이상의 요구에 완전히 부합한다. 장릉長陵 낙맥은 주봉 아래 중심에서 낙맥하여 구불구불하게 내려오며 힘이 세고 형체가 커 길이는 약 3km에 이르며 행룡이 완연곡절蜿蜒曲折하여 생기가 충만하다.

혈장에 이르러 반구형으로 끌어안는데 높이는 약 35미터이다. 형태는 복부형覆釜形으로 화개華蓋의 상狀이다. 이 산은 형기론에서 찾고 있던 금성낙맥金星落脈으로 제일 존귀하다. 사실 장릉長陵의 내룡來龍은 더욱 길다. 또한 내룡來龍이 길기 때문에 마치 작은 물이 합쳐진 것처럼 보인다.

장릉은 긴 용설龍舌을 끊어 정혈定穴하는 절장법截杖法[21]을 채택하여 현재의 위치에 정혈定穴하게 된다. 그

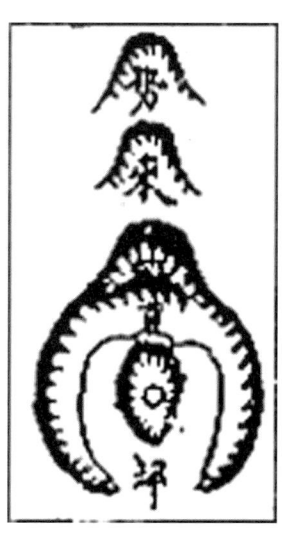

〈그림 3〉 절장법(截杖法)
(자료출처 : 인자수지)

---

19) 朱天運, 『十三陵風水探秘』(中國靑年出版社, 2005), 97頁.
20) 穴後一節爲龍格.
21) 截杖法이란?
  위는 雄壯하고 들어오는 脈도 雄壯하나 유연하게 星辰이 다듬어지고 分水脊上에서 騎馬하는 姿勢로 蜂腰의 龍을 내리서 殺氣를 없애고 截杖을 한다. 卽 나아가는 龍위에 생기는 平面星辰에 騎龍穴이 된다.
  初年에는 작은 失敗後에 다시 復興된다.
  山長直體用截杖, 如騎馬脊然. 氣脈不住, 直御前去, 於稍停弱緩之處, 四證有情之所, 求覓微窩, 隨脈騎截, 依法造作, 謂之攔煞. 卽直截橫截騎龍斬鬪之穴是也.

〈사진 6〉 장릉 전경(자료출처 : www.51766.com)

이유는 주산에서 발맥發脈한 내룡來龍을 용호사龍虎砂가 호위하고 두 물이 교차하는 합수처合水處 안에 정혈하기 위한 고육책苦肉策 이다. 장릉長陵 앞 1km 좌우에 높은 고봉高峰이 있는 것을 볼 수 있다.

객관적으로 분석해 보면 장릉長陵은 3중의 용호사龍虎砂[22]가 있다.

첫 번째 용호사는 선익사蟬翼砂로서 보성寶城을 둘러싼 능 궁 좌우의 흙무덤이다. 이 호사는 500여 년의 세월동안 비바람에 침식과 농민의 개간으로 흔적도 없다.

두 번째 용호사는 다리와 팔에 해당하는 오른쪽의 양취령陽翠岭과 좌측의 대욕산大峪山으로 구성되어 있다.

세 번째 용호사는 망산蟒山과 군도산軍都山으로 장릉長陵의 대세용호大勢龍虎이다.

---

[22] 龍虎砂는 左右護砂, 左輔右弼, 龍虎砂山이라고 칭하기도 한다. 砂는 砂頭 즉 龍穴을 전후좌우로 에워싸고 있는 뭇 산들을 말한다. 옛날에는 모래로 龍穴을 찾는 비법으로 전수했기 때문에 이런 이름이 붙었다. 來龍 양쪽에 층층으로 구불구불 이어져 내려오면서 구부러지고 들쑥날쑥한 낮고 평평한 산등성이를 砂山이라 한다. 위치에 따라 內砂山, 外砂山, 靑龍砂, 白虎砂로 구분한다.

〈사진 7〉 천수령산(天壽靈山)

장릉長陵의 가장 가까운 안산案山은 천수령산天壽靈山이다. 13릉 하천 북쪽에 접해 있으며 높이는 약50m이다. 형상은 복부형覆釜形으로 능과 일직선상에 있다.[23] 장릉長陵의 다른 용호사龍虎砂에 비해서 안산案山은 작아 보인다. 하지만 장릉의 2중 안산은 용산龍山과 한포산汗包山으로 안산이 작은 단점과 부족함을 마치 보충 하는 것 같다. 멀리 있는 서남의 북경서산西山과 태행산太行山은 모두 장릉長陵의 조산朝山이 된다.[24]

서산西山과 태행산太行山은 비록 높지만 거리가 멀기 때문에 능역에 대해 아무런 압박감이 없다. 또 한 가로로 겹쳐진 모양이 만조백관滿朝百官이 황제를 배알하는 듯한 형상하다.

장릉長陵의 물길은 두개의 교합수交合水와 하나의 주작수朱雀水로 구성되어 있다.

---

23) 朱天運, 前揭書(2005), 98頁.
24) 上揭書, 99頁.

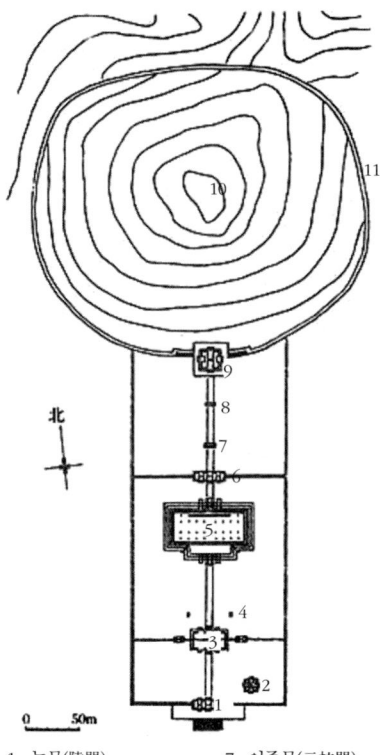

첫 번째 교합수의 흔적은 없어졌으나 능 앞을 금성수金星水 형태로 환포하는데 그곳에 삼공교三孔橋가 놓여져 있다.

두 번째 교합수는 노군당수老君堂水와 추석구錐石口 물길이 합수하여 동남쪽으로 돌아 13릉 저수지로 흘러 들어간다. 서에서 동으로 흐르는 덕승구德勝口 물길과 13릉의 하천은 장릉長陵의 주작수朱雀水이다.[25]

장릉長陵의 용혈사수는 하늘이 조성하고 땅이 만든 곳地造天成이라 할 만한데 풍수가로서 어찌 이곳을 선택하지 않을 수 있겠는가….

장릉長陵을 찾는데 예부상서 조공趙羾과 음양훈술陰陽訓術 증종종曾從政과 흠천감 음양인陰陽人 유옥연劉玉淵이 참여 하였다. 그 외에 풍수술에 정통한 인사도 참여하게 되는데 주요 인사로는 감파贛派 풍수의 후계자 료준경廖俊卿이다.[26]

1. 능문(陵門)　　7. 이주문(二柱門)
2. 비정(碑亭)　　8. 석공안(石供案)
3. 능은문(稜恩門)　9. 명루(明樓)
4. 분백로(焚帛爐)　10. 보정(寶頂)
5. 능은전(稜恩殿)　11. 보성(寶城)
6. 삼좌문(三座門)

〈그림 4〉 장릉 평면도
(자료출처 : www.bjww.gov.cn)

역사 문헌상으로 보면 실제로 장릉을 찾은 사람은 료준경廖俊卿이다.

그는 성조에게 천수산天壽山의 풍수환경에 대해서 상세히 보고하게 되는데, 다소 과장하고 풍수 이론을 억지로 끌어다 붙인 곳이 있긴 하다. 그러나 당시에 유행하던 풍수이론에 의하여 평가하면 그의 천수산天壽山 풍수의 개괄은 기본적으로 실제 정황에 맞다.

장릉長陵은 13릉의 주릉主陵으로서 규모가 제일 크며, 구조는 기본적으로 효릉孝陵

---

25) 王子林, 前揭書(2005), 297頁.
26) 胡漢生, 前揭書(2004), 30頁.

을 모방하여 전방후원前方後圓 형식이다.27)

앞쪽에는 세 개의 공간이 있는데 첫 번째 공간은 능문에서 능은전까지다. 이곳은 제사용품을 보관하고 만드는 장소로서 신고神庫와 신주神廚, 비정이 있었는데 현재는 비정만 남아있다.

두 번째 공간은 제례용 건축인 능은전稜恩殿이 소재한다.

세 번째 공간은 방성과 명루로 되어 있다. 방성명루는 일종의 이중지붕을 가진 성루가 높은 성벽 위에 놓여 잇는 것이다. 상하 모두 전석甎石으로 지어졌다. 누의 중앙에는 대명태종문황제지릉大明太宗文皇帝之陵이라고 적혀있다. 명루의 후면은 보정과 연결되어 있고 실제로는 하나의 커다란 분묘의 봉분을 이루고 있다. 직경은 300여m 이고 보정 밑의 깊은 곳에 지궁을 만들었다. 전체적으로 보면 하나의 대전과 비루가 보정과 연결되어 있으며 외부에는 약간의 문과 배전이 조합된 3개의 중정 형식으로 되어 있다. 이것이 명대 황릉의 기본적인 격식이다. 장릉 및 기타 12개의 능묘도 모두 이와 같다.28)

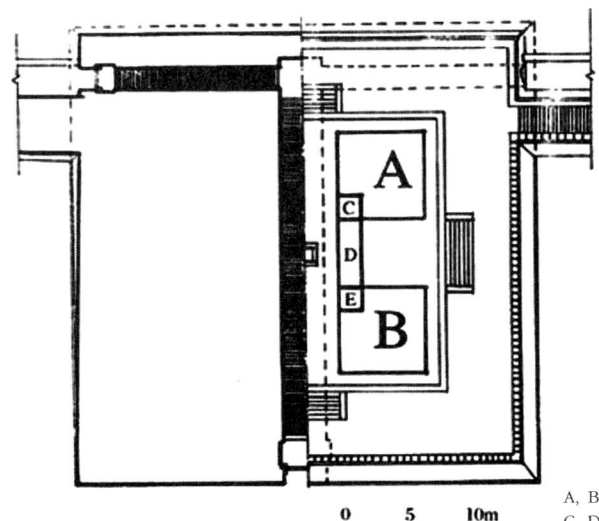

A, B : 명초 원래 건립때의 벽체
C, D, E : 청 건륭제 당시 증축 벽체

〈그림 5〉 명루 평면도(자료출처 : www.bjwww.gov.co)

---

27) 華博,『中國盜墓』(中國友誼出版公司, 2006), 166頁.
28) 樓慶西, 한동수 옮김,『중국의 고대건축』(도서출판 혜안, 2004), 25쪽.

〈사진 8〉 명루(明樓)

장릉長陵의 능은전稜恩殿29)은 능역의 제일 큰 건축물이며 또 명 황릉 중 유일하게 지금까지 보전된 능전陵殿이다.30)

건물의 전면은 9칸이고 측면은 5칸이며 최고 높이는 30여 미터로 고대 건축물중 자금성의 태화전太和殿과 맞먹는다. 그러나 당시 능묘의 대전은 황궁의 대전의 규모를 초과할 수 없었으므로 전각의 크기와 높이는 모두 태화전보다 작다. 태화전과 능은전은 거의 동일한 시기에 건조된 것으로 하나는 생전의 삶을 위해, 다른 하나는 사후의 삶을 위해 봉사했다.31)

능은전稜恩殿의 제일 큰 특색은 건물의 크고 작은 부재는 남목枏木을 가공하여 조성한 것으로 표면의 색은 페인트로 칠한 것이 아니다.

---

29) 稜恩殿은 전면 9칸에 측면 5칸으로 굉장히 웅장하고 큰 건축물이다.
　　원래는 享殿 혹은 獻殿, 香殿등으로 불리다가, 가정17년에 세종황제가 稜恩殿이라 명명하게 된다.
30) 華博, 前揭書(2006), 166頁.
31) 樓慶西, 한동수 옮김, 앞의 책(2004), 25쪽.

158　명십삼릉

60개의 남목 기둥 중에서 특히 가운데 4개의 기둥은 굵고 거대하다. 밑경이 1.12m이며 두 사람이 끌어안으면 손이 맞닿지 않는다. 세상에서 다시 얻기 힘든 훌륭한 나무이다. 건설비용은 800여 만 냥이 소요되었다.[32]

〈사진 9〉 능은전 내부

〈사진 10〉 장릉과 주변 산세

---

32) 胡漢生, 前揭書(2004), 62~63頁.

2. 헌릉獻陵

1) 홍희제洪熙帝 주고치朱高熾의 헌릉獻陵

헌릉獻陵은 명나라 네 번째 황제 인종仁宗 주고치朱高熾와 황후 장씨張氏를 합장한 능이다.33)

인종仁宗 주고치朱高熾는 성조成祖의 장자로서34) 홍무11년(1378) 7월 초하루에 안휘 봉양(安徽鳳陽)에서 태어났다.35)

홍무28년1395년에 연왕세자燕王世子에 책봉되었다가 영락2년(1404) 4월 4일에 황태자에 책봉된다.36)

영락 22년(1424) 8월에 성조成祖가 죽자 47세의 주고치朱高熾가 황제에 즉위하는데 다음해 홍희洪熙로 연호를 고친다.37)

홍희 원년(1425) 5월 12일 흠안전欽安殿에서 병으로 죽으니38), 10개월간 재위하였으며 향년 48세였다. 같은 해 9월 6일에 헌릉獻陵에 안장한다.

이때 담비潭妃가 따라 죽으니 소용공희순비昭容恭喜順妃라 시호를 내리게 된다.39)

〈사진 11〉 헌릉의 명루

---

33) 張玉正, 『細說中國帝陵風水』(聖環圖書, 2008), 133頁.
34) 黃濂, 前揭書(1997), 218頁.
35) 胡漢生, 前揭書(2004), 176頁.
36) 晏子友, 前揭書(1998), 25頁.
37) 寺田隆信, 서인범・송정수 옮김, 앞의 책(2006), 103쪽.
38) 黃濂, 前揭書(1997), 218頁.
39) 上揭書, 218頁.

〈그림 6〉 홍희제 주고치 초상화(자료출처 : 위키피디아 백과, http://zh.wikipedia.org)

주고치朱高熾는 젊었을 때 민간에서 생활하여 백성들의 어려운 생활에 대해서 잘 알고 있었으며, 명 황제중에서 비교적 백성을 생각하는 황제 중의 한명이었다.

그가 황제가 된 후 현신賢臣을 임용하여 겸허하게 충고를 받아들이고 신하를 위하였으나 탐관오리貪官汚吏는 엄중히 처벌하였다. 그는 신하 중에서 직언을 서슴치 않았던 대리시경大理寺卿 과겸戈謙으로 하여금 지방관원들의 부패사건이 발생 하였을 때마다 그를 파견하여 처리토록 하였다.

인종仁宗은 재위하는 동안에 국민의 부담을 줄이고 생활을 안정시켜 원기를 회복토록 실천하였다. 백성들은 열심히 일하여 사회 경제가 발전할 수 있도록 하였다. 사가史家들은 그를 인재를 활용할 줄 아는 성군의 자질이 있었다고 평한다.[40] 만약에 그가 몇 년간 더 재위하였다면 그의 업적은 한나라 때의 문文, 경景 두 황제에 비견될 수 있었을 것이라 한다.[41]

성효황후誠孝皇后 장씨張氏는 똑똑하고 일처리도 매끄럽게 잘 처리 하였다. 인종仁宗이 죽은 후 매번 군사적인 대사가 있으면 선종宣宗은 태후와 협의 후 실행하였다.

---

40) 晏子友, 前揭書(1998), 26~27頁.
41) 胡漢生, 前揭書(2004), 177頁.

〈그림 7〉 성효황후 장씨
(자료출처 : 위키피디아 백과,
http://zh.wikipedia.org)

그는 백성들의 고통을 아들 선종宣宗에게 자주 일깨워 주었고 충정대신을 중용하라고 하였다.

선종宣宗이 죽은 후 9살인 영종英宗 주기진朱祁鎭이 등극하게 되는데 대신들은 황제가 어리므로 태황태후太皇太后가 수렴청정垂簾聽政할 것을 건의 하였으나 그는 거절 하였다.42)

그는 영종英宗에게 양사기楊士奇와 양영楊榮, 양부楊簿등 노 대신老大臣을 중용할 것을 주문하고, 환관 왕진王振 등 소인들을 멀리 하라고 충고 하였다.

장황후張皇后는 자기의 친척에 대해서도 엄격하게 관리하였다. 그의 조카가 세력을 믿고 백성들을 업신여기고 때려서 사람들이 관청에 신고하였다. 장황후張皇后는 조카를 관청으로 불러 꾸짖으며 친인척도 법에 따라 처벌하라 하였다.

장황후張皇后가 힘껏 돕고 군신이 협력하여 인종仁宗과 선종宣宗, 영종英宗 초년에는 대세가 안정되어 한편의 태평성대가 펼쳐진다.43)

정통7년(1442) 장황후張皇后가 병으로 죽으니 12월에 헌릉獻陵에 안장하였다.

2) 헌릉獻陵의 풍수적 특징

헌릉獻陵은 천수산天壽山 서쪽 봉우리 아래44)의 황산사黃山寺 1령嶺 앞에 위치해 있다.45)

홍희 원년 7월 11일 건립을 시작하여 10월에 현궁玄宮을 완성하고 정통6년(1443) 3월에 전체를 완성한다.

헌릉獻陵의 주산은 해발 700m의 천수산天壽山 서봉으로 능역의 제2고봉이다. 그와

---

42) 晏子友, 前揭書(1998), 29頁.
43) 胡漢生, 前揭書(2004), 210~211頁.
44) 王子林, 前揭書(2005), 287頁.
45) 胡漢生, 前揭書(2004), 7頁.

〈사진 12〉 헌릉(獻陵) 계좌정향(癸坐丁向)46)(자료출처 : www.eemap.org)

천수산은 한 쌍으로 연결 된 형제봉이며 조상이 같은 삼태三台 중 하나로 당연히 존귀하다.

헌릉獻陵의 내룡來龍은 서봉중심에서 서쪽으로 치우쳐 위이기복逶迤起伏하며 내려오는데 길이가 약 2.5km정도 된다. 이는 장릉長陵과 경릉慶陵 두 능 내맥과 대체적으로 같고 남에서 서로 약10° 기울러 행용行龍한다.47)

하지만 헌릉獻陵의 내룡來龍은 장릉長陵의 내룡來龍과 많은 점에서 차이를 보이게 된다. 먼저 헌릉獻陵의 내룡來龍은 장릉長陵보다 짧고 가늘어 장릉의 내룡처럼 굵고 장엄해 보이지 않는다.

헌릉獻陵의 내룡來龍은 북에서 남으로 약2km을 행용行龍한 후에 두 줄기의 물을 만나 멈추게 되는데, 거기에서 다시 우측으로 과협過峽을 하고 예전처럼 우뚝 솟아 길이 200m 높이 약 50m의 타원형 봉우리를 형성한다.

이러한 타원형체의 산이 바로 금성낙맥의 화개華蓋이다.48)

---

46) 王子林, 前揭書(2005), 302頁.
47) 朱天運, 前揭書(2005), 105頁.
48) 上揭書, 106頁.

〈사진 13〉 천수산과 헌릉의 모습(자료출처 : www.cnbcr.com)

　　형기론으로 설명하면 이렇게 끊기는 듯 연결되는 맥을 과협過峽[49])과 박환剝換이라 한다. 이렇게 과협過峽한 용맥은 남에서 서로 약 30° 정도 크게 방향을 틀어 행용行龍하게 된다.

　　하지만 헌릉獻陵의 내룡은 짧고[短], 작고[小], 가늘고[細], 기울었다[歪]. 개괄해 보면 헌릉獻陵의 내룡來龍은 장릉長陵의 내룡來龍보다 못하다.

　　헌릉獻陵의 좌측 첫 번째 청룡靑龍은 장릉長陵 내룡來龍의 우측부분이다. 이 부분이 두 갈래로 나누어져 좌측의 한 갈래는 앞으로 뻗었고 우측 한 갈래는 급히 굽어 돌아 화개산華蓋山앞에 가로 걸쳐지게 되는데 바로 헌릉의 안산案山이다.[50]) 안산案山이 아주 가까이 있기 때문에 당국이 좁아 헌릉獻陵의 능 궁 건축은 할 수 없이 두개 부분으로 나누었다.[51]) 명루明樓와 보성寶城은 안산案山 안쪽에 건설하여 내명당內明堂이

---

49) 辛侊柱, 『正統風水地理原典』 권2(韓國自然風水地理學會, 1994), 402쪽.
　　過峽은 龍의 行度에서 중요한 부분의 하나이다. 過峽處는 行龍의 星峰과 星峰사이의 가늘고 얕은 부분으로 고개로 되어 있는 곳이다. 過峽은 前進行道하는 龍의 生氣를 모아 묶은 龍의 허리이다. 즉 龍脈生氣의 聚束處이다.
50) 朱天運, 前揭書(2005), 106頁.

라 부르고 능은문陵恩門과 능은전陵恩殿은 안산 바깥쪽에 건설하여 외명당外明堂이라 부른다.52)

명당明堂을 내, 외로 나누어 부르는 것은 풍수 책에나 있는 것이지 황릉을 건설하면서 이러한 실행은 있을 수 없는 경우라 하겠다. 이러한 선택의 실행은 명말 경릉慶陵 건설에 중요한 참고 자료가 된다.

헌릉獻陵 우측의 첫 번째 백호白虎 자락은 청룡靑龍에 비해 비교적 짧고 곧장 앞으로 뻗어 환포가 부족하다.

그렇지만 좌우의 물길만은 합수하고 교쇄交鎖하며 겹겹이 환포環抱하여 굉장히 좋은 형상을 하고 있다.

헌릉獻陵은 금성체金星體의 화개산華蓋山 앞 용진처龍盡處에 정혈定穴 하였다.

봉건 종법의 소목昭穆제도는 좌左와 동東을 소昭라 하고 위[上]로 여겼고 우右서西를 목穆이라 규정하고 아래[下]로 여겼다.

이런 규정에 근거하면 인종이 죽은 후 응당 장릉長陵의 동쪽에 안장하고, 그의 아들[宣宗]이 죽으면 응당 장릉長陵의 서쪽에 안장해야 한다.

그러나 현실은 반대로 되어 있는데 이것은 또 무슨 이유 때문 일까…

이것은 완전히 풍수 때문이다. 헌릉獻陵의 주산 천수산天壽山 서봉西峰은 장릉長陵의 주산인 천수산天壽山 주봉과 조상이 같다.

그러나 선종宣宗의 경릉景陵 주산은 천수산天壽山 동봉東峯이라 부르나 그것은 시각적인 차원에서 말한 것이지 사실은 물길의 절단 작용에 의하여 천수산天壽山과 같은 산맥이 아니다.

풍수술로 살펴보면 동봉은 천수산 좌측 어깨 부분에서 과협過峽하고 형성된 산맥으로 경릉의

〈그림 8〉 제릉도설의 헌릉도

---

51) 張玉正, 前揭書(2008), 133頁.
52) 晏子友, 前揭書(1998), 28頁.

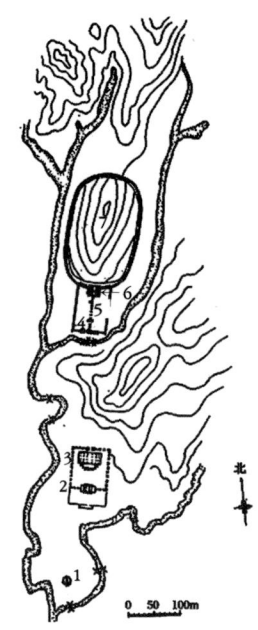

1. 비정(碑亭)　　4. 영성문(欞星門)
2. 능은문(稜恩門)　5. 석공안(石供案)
3. 능은전(稜恩殿)　6. 명루(明樓)
　　　　　　　　7. 보정(寶頂)

〈그림 9〉 헌릉 평면도
(자료출처 胡漢生, 〈明十三陵〉)

용, 혈, 사, 수는 헌릉과 비교하면 현저히 수준이 떨어진다. 이러한 이유로 선종은 원칙적인 배치를 주장하지 못하고 부친의 능을 장릉의 서쪽에 건설하게 된다. 그러므로 풍수원칙은 소목제도昭穆制度보다 더욱더 중요한 작용을 하였으며 이것이 명백한 예증例證이다.[53]

인종仁宗은 죽기 전에 유서를 남겨 산릉 조성에 물자를 아끼라 한다. 선종宣宗은 아버지의 명을 받들어 직접 능원 규칙을 정하였는데 형식과 제도를 장릉長陵에 비하여 많이 작게 한다.[54]

신도神道에는 단독으로 석상생石像生을 설치하고 비정碑亭과 능은문陵恩門 3칸, 능은전陵恩殿과 배전配殿은 5칸의 건축물建築物이다. 명루는 장릉처럼 크고 높지 않으며 성 아래 동그란 문도 앞뒤 직통의 형식으로 고쳤다. 그리하여 헌릉獻陵은 제일 작고 소박한 능이다.[55]

현재 안산案山 안쪽의 능문陵門과 명루明樓는 다시 수리하였으나, 안산 밖의 능은문陵恩門과 능은전稜恩殿은 여전히 유적지만 남아있다.[56]

〈사진 14〉 능은문 유지

---

53) 胡漢生, 前揭書(2004), 81頁.
54) 上揭書, 124頁.
55) 晏子友, 前揭書(1998), 28頁.
56) 上揭書, 28頁.

3. 경릉景陵

1) 선덕제宣德帝 주첨기朱瞻基의 경릉景陵

경릉景陵은 선종明宣宗 주첨기朱瞻基와 황후 손씨孫氏를 합장한 곳이다.[57]

주첨기朱瞻基는 인종仁宗의 장자로 건문 원년(1399)에 태어나 영락9년(1411)에 성조 주체에 의해 황태손皇太孫으로 책봉 되었다.[58]

영락22년(1424) 인종仁宗이 황제에 오른 후 황태자皇太子로 책봉하였다.[59]

〈사진 15〉 경릉의 명루(자료출처 : www.izy.cn)

홍희원년 6월 12일 황제에 등극하여 그해 연호를 선덕宣德이라 고친다.
선덕10년(1435) 정월 초3일 건청궁乾淸宮에서 승하하는데, 재위 10년에 향년 37세

〈그림 10〉 선덕제 주첨기 초상화
(자료출처 : 위키피디아 백과,
http://zh.wikipedia.org)

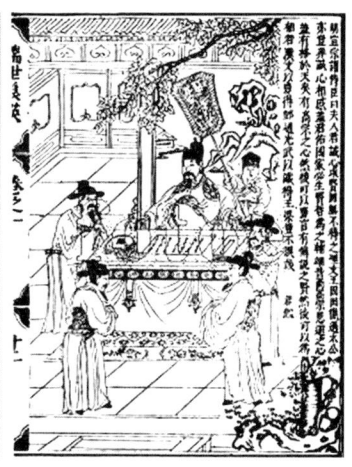

〈그림 11〉 선종 행락도

---

57) 張玉正, 前揭書(2008), 134頁.
58) 晏子友, 前揭書(1998), 29頁.
59) 胡漢生, 前揭書(2004), 177頁.

〈그림 12〉 선덕제 주첨기의 작품 고과서도(苦瓜鼠圖)

이다.60)

선종宣宗은 탁월한 업적과 치적을 바탕으로 명나라를 더욱 발전시킨 황제이다.

정치적으로는 하원길夏元吉과 삼양三楊 등 노신老臣들을 중용하였으며, 직분에 적합하지 않은 관원은 아무리 관계가 좋아도 쓰지 않았다.

경제면에서 백성들과 늘 함께 하라는 유지遺誌를 받들어 백성의 어려움을 보살피고 몇 번이나 조서를 내려 백성들을 구휼救恤하며 재해지역에 양식을 보냈다.

그는 말을 타고 활쏘기에 정통하였으며 글과 그림도 잘 그렸다.61)

선덕3년 몽골병이 회주會州에서 소란을 피우자 그는 군병 3,000명을 직접 이끌고 출동한다. 선종宣宗은 선봉에 서서 활로 적군 3명을 연속해서 죽이는 솜씨를 과시한다.

---

60) 晏子友, 前揭書(1998), 31頁.
61) 胡漢生, 前揭書(2004), 178~179頁.

〈그림 13〉 선종(宣宗) 행락도(行樂圖)

그는,

> 한문제(漢文帝)의 옷에도 수를 놓지 않았다 하여 역사에서 그를 검소하다고 칭찬하는데 나도 그를 따라 검소하게 생활하려 한다.[62]

〈그림 14〉 선종(宣宗) 행락도(行樂圖)

고 하였다.

하지만 선종宣宗은 필경 궁안에서 자란 태평천자太平天子이다. 가끔 평민 옷을 입고 나가 닭싸움을 즐기고 말을 달려 곳곳을 놀러 다니는 걸 좋아 하였다.

하지만 더욱더 좋아하는 것은 귀뚜라미 싸움을 보는 것이었다.

그래서 귀뚜라미 천자[蟋蟀天子]란 별명도 얻게 된다.

위에서 좋아하는 자가 있으면 아래에는 어려운 자가 있는 법 지방관원들은 황제가 좋아하는 귀뚜라미 싸움을 빙자하여 백성들을 착취하게 되는데 백성들은 이루 말로 할 수 없는 고통을 당하게 된다. 심지어는 귀뚜라미 때문에 목숨까지 잃는 자

---

62) 胡漢生, 前揭書(2004), 178~179頁.

〈그림 15〉 효공황후 손씨

가 발생할 정도였다.

황후皇后 손씨孫氏는 영리하고 아름다우며 생각이 깊었다.

선종宣宗이 황제에 오를 때 호씨胡氏를 황후皇后로 손씨孫氏를 귀비貴妃로 하였다.[63]

호씨胡氏와 손씨孫氏는 아이를 낳지 못 하였다. 손씨孫氏는 뒤에서 몰래 궁녀가 낳은 아이를 자기가 낳았다고 하여 호씨胡氏보다 더욱 총애를 받는다. 그 뒤 그는 각종 수단을 부려 황후皇后 호씨胡氏에게 황후皇后자리에서 물러날 것을 종용하여 결국 자기가 황후皇后자리에 앉는다. 경태8년(1457) 영종英宗이 발동한 탈문지변奪門之變도 그가 동의 한 후 발생한 일이다.[64]

손씨孫氏는 천순6년(1462) 9월에 죽어 경릉景陵에 합장한다.

2) 경릉景陵의 풍수적 특징

소목제도昭穆制度에 의하여 경릉景陵은 천수산天壽山 동봉 흑산黑山 아래에 선택하였다.[65]

좌측에는 양취령陽翠岭이 우측에는 노군당老君堂물길이 있다.[66]

서쪽 장릉長陵과는 약 0.5km 떨어져 있고 헌릉獻陵과는 좌우 대칭관계에 있다.

경릉景陵의 주산 천수산天壽山 동봉은 해발 660m로 능역의 세 번째 고봉高峰이다. 이는 주봉, 서봉과 함께 능역의 후룡後龍이 삼태三台가 되어 굉장히 존귀한 형상을 만들게 된다.

---

63) 晏子友, 前揭書(1998), 32頁.
64) 上揭書, 32~33頁.
65) 上揭書, 32頁.
66) 朱天運, 前揭書(2005), 111頁.

〈사진 16〉 천수산의 모습

그러나 지도에서 확인하면은 중봉中峰과 서봉西峰은 친형제이나 동봉東峰은 아니라는 것을 알 수 있다. 노군당老君堂 물길의 절단작용絶斷作用에 의하여 동봉東峰과 천수산天壽山은 한 개의 산등성이가 아니다.

풍수인이 볼 때는 동봉東峰은 천수산天壽山 좌측 어깨가 과협過峽한 후에 형성된 또 하나의 용맥龍脈이다.[67]

그래서 촌수에 대해서든 신분에 대해서든 천수산天壽山에 비해서 모두 한수 아래라 할 수 있다.

경릉景陵의 낙맥은 동봉東峰에서 직접 발맥 한 게 아니다.

동봉東峰은 두 갈래로 갈라져 행용行龍 하는데 경릉景陵의 낙맥은 두 갈래 사이에서 발맥하며 길이는 약2km이다. 용의 장단長短과 형세는 비록 장릉長陵의 낙맥과는 비교할 수 없지만 용이 기복하고 유룡游龍 같아 기세가 있다.

---

[67] 上揭書, 111頁.

〈사진 17〉 경릉(景陵) 인좌신향(寅坐申向)(자료출처 : www.eemap.org)

　　경릉景陵의 내청룡內靑龍은 혈穴뒤 내룡來龍이 뻗어 내리는데 비교적 짧고 높다. 좌청룡左靑龍은 바짝 붙었고 우백호右白虎는 혈장에서 멀리 떨어져 있어 서로가 대칭되지 않는다. 경릉景陵의 외청룡外靑龍은 양취령陽翠岭이고, 우측 하나의 여맥餘脈 즉 우백호右白虎는 하천을 사이에 두고 바라보고 있는 장릉長陵의 내룡來龍이다. 이것은 풍수설에서 자주 말하는 본신 사격과 다른 산에서 발맥한 사격에 대한 실증적 예라 하겠다. 경릉景陵의 내청룡內靑龍안에는 하나의 작은 골짜기가 있어 골짜기의 물이 능역의 좌측 옆으로 흘러 노군당老君堂 물길로 흘러드는데 이것이 경릉景陵의 첫 번째 합수이다. 경릉景陵의 외청룡外靑龍쪽에도 한 갈래의 물길이 앞으로 흘러 13릉의 하천으로 흘러드는데, 노군당老君堂 물길과 함께 경릉景陵의 두 번째 합수가 된다. 경릉景陵은 좌우사격이 대칭하지 않고, 당국堂局이 좁아서 정혈定穴과 능 건축물을 건축하는데 상당히 곤란한 문제에 부딪힌다.[68]

---

68) 上揭書, 111~113頁.

만약에 좌우를 대칭하게 하려면 정혈처定穴處를 옮겨야 하는데 마땅치 않았던 것이다. 이것을 해결하기 위한 방편으로 방향을 틀게 되는데, 정혈처定穴處의 좌향은 남에서 서로 55° 기울어진69) 인좌신향寅坐申向으로 배치하게 된다.

13릉 중 경릉景陵의 건축구조는 제일 협소하고 작은데,70) 그 원인은 2가지가 있다.

첫 번째는 선종宣宗 본인이 강력히 주장한 절약하라는 유지에 따른 것이고 두 번째는 지형地形이 협소하기 때문이다. 혈장과 좌우사격이 호되게 압박하기 때문에 경릉景陵의 보성寶城은 장릉長陵과 헌릉獻陵의 보성寶城처럼 원형 또는 타원형으로 하지 못하고 땅 모양을 쫓아 긴 형상으로 만들었다. 능 궁도 반은 파고 반은 채우는 기초에서 건설된 것이다.71)

가정15년(1536) 세종황제가 조상릉祖上陵을 참배하면서 경릉景陵의 구조가 작고 파손된 곳이 많아 숭전당崇殿堂을 넓히게 된다.72)

이렇게 하더라도 경릉景陵은 여전히 13릉 중 제일 작은 능이다.

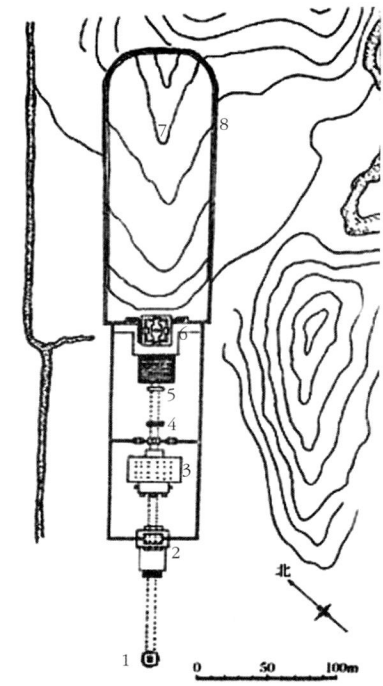

1. 비정(碑亭)　　5. 석공안(石供案)
2. 능은문(稜恩門)　6. 명루(明樓)
3. 능은전(稜恩殿)　7. 보정(寶頂)
4. 영성문(欞星門)　8. 보성(寶城)

〈그림 16〉 경릉 평면도
(자료출처 : 胡漢生, 〈明十三陵〉)

---

69) 胡漢生, 前揭書(2004), 14頁.
70) 晏子友, 前揭書(1998), 32頁.
71) 胡漢生, 前揭書(2004), 125頁.
72) 張玉正, 前揭書(2008), 135頁; 上揭書, 124頁.

4. 유릉裕陵

1) 정통제正統帝 주기진朱祁鎭의 유릉裕陵

유릉裕陵은 영종英宗 주기진朱祁鎭과 황후 전씨錢氏, 주씨周氏의 합장능이다.

주기진朱祁鎭은 선덕2년(1427) 11월 10일에 선종宣宗의 장자로 태어난다. 선덕3년에 황태자로 책봉되고 선덕10년 정월 10일에 황제에 즉위하여 이듬해 연호를 정통正統으로 고친다.[73]

〈사진 18〉 유릉의 명루

〈그림 17〉 정통제 주기진 초상화(자료출처 : 위키피디아 백과, http://zh.wikipedia.org)

---

73) 前揭書(2004), 179~180頁.

주기진朱祁鎭은 우둔한 황제이다.

그는 9살에 황제에 즉위하여 태황태후의 현명賢命에 따라 양영楊榮과 양사기楊士奇, 양부楊溥 등 노신老臣의 보좌를 받아 처음에는 인종仁宗과 선종宣宗 등 선조의 옛 제도制度대로 하여 그런대로 정치는 청명 하였다. 그러나 몇 년 뒤 태황태후와 세 노신들이 죽

〈사진 19〉 우겸(于謙)의 묘

으면서 환관宦官 왕진王振이 영종英宗의 총애를 받아 차츰 조정의 권력을 독차지 하게 된다.74)

정통 14년(1449) 7월 몽골 오이라트瓦剌部가 남쪽을 침범한다. 이에 격분한 영종英宗은 광야鄺埜와 왕직王直, 우겸于謙 등 대신의 말은 듣지 않고 왕진王振의 말만을 귀담아 듣고 직접 50만 대군을 이끌고 급히 출정한다.75)

군사경험이 부족한 영종英宗과 왕진王振은 대패하여 되돌아오게 된다. 하지만 8월 13일 회래현懷來縣 토목보土木堡에 도착 했을 때 오이라트瓦剌部군에 의해 빈틈없이 포위되고 만다. 이튿날 10만의 명군은 전사하고 50여 문무대신은 진을 도망치거나 죽고 영종英宗도 포로로 잡히고 만다.76)

이일을 역사에서는 토목보土木堡의 변變이라 한다.77) 이에 격분한 호위장군護衛將軍은 망치로 왕진王振을 때려죽인다.78)

패배하였다는 소식은 북경까지 들려왔고 태후 손씨는 명을 내려 영종英宗의 2살짜리 아들 주견심朱見深을 태자로 책봉하고 영종英宗의 동생 주기옥朱祁鈺으로 하여금 나라를 다스리게 한다. 9월 모든 신하들은 합동으로 주청을 하게 되고 황태후가 승낙하여 성왕郕王 주기옥朱祁鈺이 황제에 즉위한다.

영종英宗을 태상황太上皇에 존봉하고 다음해 연호를 경태景泰로 고친다.79)

---

74) 寺田隆信, 서인범·송정수 옮김, 앞의 책(2006), 109쪽.
75) 胡漢生, 前揭書(2004), 180頁.
76) 晏子友, 前揭書(1998), 33~34頁.
77) 黃瀞, 前揭書(1997), 220頁.
78) 上官平, 차효진 옮김, 『황제』(달과소, 2008), 297쪽.
79) 寺田隆信, 서인범·송정수 옮김, 앞의 책(2006), 111쪽.

〈사진 20〉 경태릉(景泰陵) 비정(碑亭)

경태황제는 병부상서 우겸于謙 등의 지지하에 북경에 성을 쌓게 하고 군민들은 공동으로 힘을 합쳐 북경에 쳐들어 온 오이라트瓦剌部 군을 물리치고 북경을 지켜내는데 찬란한 전공을 세운다.[80]

경태원년에 오이라트부족瓦剌部族은 영종英宗을 풀어준다.[81]

영종英宗은 북경에 돌아온 후에 비록 명목상은 태상황이긴 하였으나 정치에는 참여하지 못하게 된다. 그뿐만 아니라 아들 주견심朱見深도 태자에서 기왕沂王으로 폐위되기에 이른다.[82] 그는 이러한 상황을 도저히 받아 들일수가 없었다. 그래서 8년간의 오랜 준비 끝에 찾아온 기회를 잡는다.

경태7년(1456) 12월 28일 경태황제가 아픈 틈을 타서 대신大臣 석형石亨과 서유정徐有貞, 양선楊善, 환관宦官 길상吉祥 등의 도움으로 궁전문을 열고 봉천전奉天殿에 쳐들어 간다. 그는 조정의 대신들을 협박하여 복위한 것을 선포하고 다시 황제의 자리에 등극하는데 이 사건을 탈문지변奪門之變이라 한다.[83]

영종英宗은 복위한 후 경태8년을 천순天順원년이라 고치고 경태황제를 성왕郕王으로 폐위하였다.[84] 오이라트瓦剌部 군대를 반격한 공이 있는 우겸于謙을 죽이고 왕진王振의 목 조각상을 초혼招魂하여 안장하였다.

그 뒤 정치는 하루하루가 다르게 부패 하였다.

천순8년(1464) 영종英宗이 죽는데 향년38세다.

유지遺誌에는 후궁과 궁인들의 순장제도殉葬制度를 정지하라[85] 하였는데 이것은

---

80) 張玉正, 前揭書(2008), 135頁.
81) 胡漢生, 前揭書(2004), 182頁.
82) 上揭書, 182頁.
83) 寺田隆信, 서인범·송정수 옮김, 앞의 책(2006), 112쪽.
84) 晏子友, 前揭書(1998), 37頁.
85) 胡漢生, 前揭書(2004), 183頁.

그가 정치를 시작한 이후 유일한 좋은 일이라 할 수 있다.

효장황후孝莊皇后 전錢씨는 영종英宗의 본처로서 '토목보의 변' 후에 영종英宗의 안전한 귀환을 위하여 자신의 모든 저축을 다 내놓는다. 그뿐만 아니라 매일 통곡하며 신령이 영종英宗을 가호해 달라고 간청하며 기도하는데 다리 한쪽이 불구가 되고 한 쪽 눈이 멀게 된다.86)

그 후 조정에 돌아온 영종英宗은 남궁南宮에 감금되어 있어 우울한 생활을 하게 된다. 이에 전錢씨는 매일 같이 있으며 위로 하였다.

그는 자식이 없었는데 영종英宗은 매우 불쌍히 여겨 죽기 전에 유언으로 전황후錢皇后가 죽으면 자기와 합장하라 지시하였다.87)

4년(1448) 6월 전錢씨가 승하하자 9월에 유릉裕陵에 안장하였다.

〈그림 18〉 효장후 전씨성화

효숙태후孝肅太后 주周씨는 헌종憲宗의 생모이다.

영종英宗이 살았을 때 귀비로 봉해져 헌종憲宗이 황제에 즉위한 후에 태후太后로 존봉하였다. 홍치17년(1504) 3월에 승하하여 4월에 유릉裕陵에 안장하였다.88)

〈그림 19〉 효숙후 주씨

---

86) 晏子友, 前揭書(1998), 38頁.
87) 上揭書, 38頁.
88) 胡漢生, 前揭書(2004), 17頁.

2) 유릉裕陵의 풍수적 특징

유릉裕陵은 천수산天壽山 서봉 석문산石門山 남쪽 기슭에 있다.[89]

천순8년(1464) 2월 29일에 건설하는데[90] 전체 면적은 26,200m²이다

석문산石門山은 천수산天壽山 서봉 오른쪽 방향의 비교적 낮은 봉우리중 하나로, 존귀한 정도는 서봉西峰과 동일하다고 할 수는 없다.

그러나 그 형상은 복종형覆鐘形으로 단정하고 장엄하여 여전히 우뚝 솟은 자연의 보호벽이라 할 수 있다.

유릉裕陵의 낙맥은 석문산石門山 중간에서 발맥하여 위이기복逶迤起伏하며 뻗어 내렸는데 총체적인 형상은 하나의 말안장馬鞍形 형상이다. 유릉裕陵 용맥龍脈의 길이는 약 1km 정도이며 높고 크게 기복하여 생동감이 있고 싱싱하다.[91]

비록 장릉長陵과 헌릉獻陵, 경릉景陵 보다는 못하지만 무릉茂陵과 강릉康陵에 비하면 상당히 괜찮은 편이다.

〈사진 21〉 유릉(裕陵) 계좌정향(癸坐丁向)(자료출처 : www.eemap.org)

---

89) 王子林, 前揭書(2005), 288頁.
90) 晏子友, 前揭書(1998), 37頁.
91) 朱天運, 前揭書(2005), 117~118頁.

낙맥落脈은 혈 뒤에서 약50여 미터 높이의 타원형 산을 만들게 되는데 이것이 바로 형기론에서 말하는 금성체金星體 형상이다.

유릉裕陵의 낙맥落脈과 내룡來龍이 비교적 무난하기 때문에 특별히 흠집도 없다 할 것이다.

높지 않고 낮지도 않으며 기울지 않고 경사도가 평탄한 불왜부사不歪不斜 형으로 봉곳한 유방 같다.

13릉 중에서 장릉長陵과 헌릉獻陵, 태릉泰陵, 경릉慶陵만이 그와 아름다움을 겨룰 수 있다. 형기론形氣論에 근거하여 추측하면 능을 건설할 때 일부 인공적으로 조성한 흔적을 볼 수 있다.

유릉裕陵은 능역 북부의 중앙에 있으며 대홍문大紅門과 거의 정남정북의 방향이다. 유릉裕陵에서 대홍문大紅門까지 사실은 모든 능역의 중심선이다. 유릉裕陵의 명루明樓에 서서 사방을 보면 양취령陽翠岭과 대욕산大峪山이 서로 마주보고 있고 담욕령潭峪岭과 호욕산虎峪山도 또한 마주보고 있다. 용산龍山과 호산虎山이 또 서로 마주보고 있다.

덕승구德勝口 물길은 완연하게 우회하고 13릉의 저수지는 좌측에 있고 호수와 푸른 산이 한눈에 다 들어 와서 한 장의 풍경화 그림 같다. 이러한 풍경은 오직 유릉裕陵만이 가지고 있고 장릉長陵도 이 풍경만은 따르지 못한다.[92]

유릉裕陵의 선익사蟬翼砂[93]는 흔적도 없고 있는 것은 하수사下手砂[94] 합수처만 어

---

[92] 上揭書, 118~119頁.
[93] 정경연, 『정통풍수지리』(평단문화사, 2008), 311~312쪽.
蟬翼은 마치 매미 날개와 같이 생겼다하여 붙여진 이름으로, 혈장을 좌우에서 지탱해 주는 역할을 한다. 또 혈에 응취된 생기가 옆으로 빠지지 않도록 보호해 준다.
선익은 사람 얼굴의 광대뼈에 비유된다. 광대뼈가 없으면 얼굴 형상이 나타날 수 없다. 이와 마찬가지로 혈도 선익이 없으면 결지할 수 없다.
선익은 입수도에서 아래 뻗은 작은 능선으로 쉽게 보이지 않는다. 그러나 혈장의 양옆을 자세히 살펴보면 작은 지각이 붙어 있다. 마치 매미의 날개 모양이다. 때에 따라서는 소의 뿔처럼 보이기도 한다.
매미의 날개에 속날개와 겉 날개가 있듯이, 혈장에도 내선익과 외선익이 있다. 내선익은 그냥 선익이라 부르고 외선익은 제비 날개와 비슷하다하여 燕翼이라고도 한다.
선익은 용맥을 보호하면서 따라온 물을 양쪽으로 분리시킨다. 이 때문에 상수라고도 하며 그의 모습이 소의 뿔과 같다하여 우각이라고도 부른다. 또 선익을 보고 길흉화복을 판단하는데 좌측 선익이 발달하면 남자자손, 長孫이 잘된다고 한다. 우측 선익이 발달하면 여자자손과 支孫이 잘된다고 한다.
[94] 서선계·서선술, 김동규 역, 『인자수지』(명문당, 1992), 673~674쪽.

〈사진 22〉 유릉(裕陵)의 주산(主山)

렴풋이 남아 흔적만을 볼 수 있을 뿐이다.

유릉裕陵 좌측에는 높이가 10m 길이가 약 1.5km되는 산언덕이 있다.
산은 비록 높지 않고 길지 않지만 산에는 울창하게 나무와 송백이 많이 자라나 마치 승천昇天하는 용 같다.

> 東西南北을 不問하고 물이 나가는 곳을 下手, 또는 下臂, 下關이라 한다. 訣에 云, "자리가 잇고 없음은 먼저 下臂를 보라"하였고, 또 "後龍이 안오는 것을 보지말고 下關의 回不回를 볼 것이며, 結穴이 온전한가 아닌가를 보지말고 下關이 緊密한가 아닌가를 보라"하였다. 대개 穴은 下手砂와 관계가 가장 緊絶한 것이니 下關이 있으면 結作이 있고, 下關이 없으면 結作이 없는 것이며, 下關이 重疊되면 結作이 크고 下關이 空曠하면 結地가 없는 것이다.
> 穴前에 흐르는 물이 左로 꺽여지면 左下手가 될것이니 左臂一山이 逆水하여 右山보다 길어야 하고 右로 꺽어 돌아가면 右臂一山이 左山보다 길어야 한다. 이러하면 逆關이라 하여 吉한 것이다. 또한 逆水下關을 財砂라고도 하는 것이니 發財함에 가장 관계가 긴밀한 것이다. 楊공이 云, "下山이 重疊되면 世代로 貧困을 모른다"하였고, 廖씨가 云, "富를 알 수 있음은 下山이 來相轉이며, 貧을 알수 있음은 下山이 順水荞이라"하였고, 동창덕이 云, "下砂가 源頭水를 다 거두어주면 兒孫이 世間의 田을 다 사들인다"하였으며, 또 "어떠한 사람이 富하는가? 下臂가 重重來抱顧하는 것이며, 어떠한 집이 가난한가? 下關이 空曠하여 墳塚에 朝拱하지 않는 것이라"하였으니 大低, 逆水砂는 虛生하지 않는 것이다.

오른쪽은 보산寶山의 낙맥으로 주산이 급격히 수직으로 내려와 평평한 하천과 만나는데 마치 엎드린 와호臥虎와 같은 형상이다. 이것이 유릉裕陵의 첫 번째 용호사龍虎砂이다.

두 번째 용호사는 장릉長陵 내룡과 대욕산大峪山 북부의 흑산黑山으로 구성되어 있다.

장릉長陵의 내룡은 부드러우며 웅장하고 흑산黑山은 높고 험준하며 뛰어나다. 첫 번째 용호사와 같이 아름다운 곳이다. 흑산黑山은 비록 장릉長陵 내룡보다 많이 높지만 거리가 멀기 때문에 눈으로 보는데 그렇게 억압하는 형상은 아니다.

유릉裕陵의 세 번째 용호사는 동쪽의 양취령陽翠岺과 서쪽의 대욕산大峪山으로 구성되었다. 영릉永陵과 소릉昭陵은 좌우에 있으며, 유릉裕陵의 깊고 넓음은 엄숙한 마음을 증가시킨다.

유릉裕陵의 능역은 남에서 서로 20° 기울어95) 계좌정향癸坐丁向이다.96)

대홍문의 서쪽 호산虎山과 멀리 떨어져 마주 대하고 있는데 이것이 유릉裕陵의 안산案山이다.

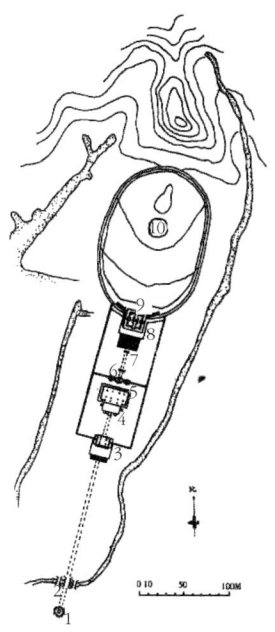

1. 신공성덕비정(神功聖德碑亭)
2. 석교(石橋)
3. 능은문(稜恩門)
4. 능은전(稜恩殿)
5. 삼좌문(三座門)
6. 이주비루문(二柱碑樓門)
7. 석공안(石供案)
8. 성대(城臺), 명루(明樓)
9. 유리조벽(琉璃照壁)
10. 보정(寶頂)

〈그림 20〉 유릉(裕陵) 평면도
(자료출처 : 胡漢生, 〈明十三陵〉)

산에 올라 북경서산과 태행산太行山의 높고 낮은 봉우리들이 겹쳐진 모양을 바라보면 무릎을 꿇고 엎드려 절하는 군신 같은데 이 산 모두가 유릉裕陵의 조산朝山이다.

유릉裕陵 좌측 협곡의 물은 신공성덕비정神功聖德碑亭의 뒤쪽 단공교單孔橋를 돌아 우측 계곡수와 합쳐지는데 유릉裕陵의 첫 번째 교합수이다. 유릉裕陵의 두 번째 교합수는 헌릉獻陵 계곡수와 추석구錐石口 물길로 능앞 1.5km 지점에서 합해진다. 세 번째 교합수는 노군당老君堂 물길과 덕승구德勝口 물길이 칠공교七孔橋 서쪽에서 합수하

---

95) 胡漢生, 前揭書(2004), 14頁.
96) 王子林, 前揭書(2005), 302頁.

〈사진 23〉 유릉 신공성덕비

여 물길이 자연스럽게 이루어진다.97)

유릉裕陵 건축물은 13릉 중에서 중규모에 속하며 장릉長陵과 영릉永陵, 정릉定陵보다 못하고 무릉茂陵과 태릉泰陵, 강릉康陵 등과 비슷하다.98)

선대 능과 다른 점은 유릉裕陵 안에 두 명의 황후(효장황후 전씨와 효숙황후 주씨)가 안장되어 있다는 점이다. 그러나 이상한 것은 본처인 황후 전씨錢氏의 관곽棺槨을 측실側室에 놓은 반면에 귀비였던 주씨周氏의 관곽棺槨은 황제의 옆에 놓았던 것이다. 이건 무슨 이유일까…

천순8년(1464) 영종英宗이 죽었다. 전황후錢皇后가 아들이 없기 때문에 귀비 주씨의 아들 주견심朱見深이 이어받아 헌종憲宗이라 하였다.

헌종憲宗이 황제에 즉위한 후 전황후錢皇后를 황태후로, 주씨를 태후太后로 존봉하였다. 5년 후 전황후錢皇后가 죽었다. 봉건사회에서는 황후에서 태후太后로 존봉한 것은 귀비가 아들이 황제가 되어 태후太后로 존봉한 것 보다 훨씬 존귀하다. 게다가 영종英宗으로부터 전황후錢皇后와 합장하라는 유언이 있어 전황후錢皇后와 영종英宗을 유릉裕陵에 합장하는 것은 문제가 없었다. 그러나 이일은 주씨에게는 아주 큰 압력으로 다가온다. 지금까지 명 황릉에는 모두 한명의 황제와 한명의 황후가 안장되어 있었다. 이런 식으로 전황후錢皇后와 영종英宗을 합장하면 자기가 죽으면 안장할 곳이 마땅치 않다고 생각했던 것이다. 아들은 황제인데 자기를 유릉裕陵에 합장하지 못한다고 생각하니 굉장히 속이 상하여 견디기 힘들었던 것이다. 그래서 전황후錢皇后를 다른 길지에 안장하고 자기를 영종英宗과 합장하고자 하였다. 아들 헌종憲宗도 어머니의 뜻에 따라 전황후錢皇后와 영종英宗을 합장하지 않았다. 그러나 본처 황

---

97) 朱天運, 前揭書(2005), 120頁.
98) 張玉正, 前揭書(2008), 121頁.

후가 남편과 합장하지 않는다는 것은 미증유未曾有 없는 일이다. 이 일은 영종英宗의 유언도 위반하고 또 예법에도 맞지 않아 대신大臣들의 격렬한 반대에 부딪힌다. 대신大臣들은 뜨거운 햇볕과 무더위 속에서도 동화문東華門 밖에 엎드려 주청하였다. 이러한 엄청난 압력에 헌종憲宗

〈사진 24〉 유릉 릉은전 - 1900년대 초반의 모습

과 주태후周太后는 할 수 없이 대신들의 요구를 받아들이긴 하였으나, 여전히 전황후錢皇后의 관곽을 지하궁전의 동쪽 전안에 놓고는 주전主殿과의 통로를 막아 버린다. 홍치17년(1504) 주씨가 죽고 그의 손자 효종孝宗이 장내葬內를 참배할 때 이일은 상례常禮에 맞지 않는 일이라는 것을 발견하게 된다. 효종孝宗은 원칙적인 예법에 따라 관곽의 위치를 바꾸어 안장한다. 또한 능은전稜恩殿 안의 신주 위패를 새로 배치토록 하여 영종英宗은 중앙에 전씨는 좌측에 주씨는 우측에 놓도록 조치한다. 이로서 유릉裕陵은 명나라 때에 한명의 황제에 여러 명의 황후를 안장하는 형식의 기준이 된다.99)

5. 무릉茂陵

1) 성화제成化帝 주견심朱見深의 무릉茂陵

무릉茂陵은 헌종憲宗 주견심朱見深과 황후 왕씨王氏와 기씨紀氏, 소씨邵氏의 합장 능이다.100)

헌종憲宗 주견심朱見深은 영종英宗의 장자로 정통14년(1449) 8월에 황태자에 책봉된다. 그러나 경태3년(1452)에 기왕沂王으로 폐위 되었다가 천순원년(1457) 영종英宗이 복

---

99) 晏子友, 前揭書(1998), 38~39頁.
100) 張玉正, 前揭書(2008), 137頁.

〈사진 25〉 무릉의 명루

위한 후 다시 태자에 봉해지고 견심見深으로 개명한다.101)

천순8년(1464) 황제에 즉위하고 다음해 연호를 성화成化라 한다.

성화23년(1487) 병으로 죽는데 향년 41세이다.102)

그해 12월 무릉茂陵에 안장한다.

헌종憲宗 주견심朱見深은 엉터리 황제이다.

영종英宗때 정치가 부패하여 국력이 하루하루 약해졌다면 헌종憲宗 즉위 초에는 활기가 넘치는 듯하였다. 대신들의 의견을 듣고 경태景泰 황제의 칭호를 회복하였으며 우겸于謙 등 경태景泰 시대 옛 충신들의 누명을 벗겨주었다.103) 그뿐만 아니라

〈그림 21〉 성화제 주견심 초상화(자료출처 : 위키피디아 백과, http://zh.wikipedia.org)

---

101) 華博, 前揭書(2006), 159頁.
102) 胡漢生, 前揭書(2004), 183頁.
103) 黃濂, 前揭書(1997), 221頁.

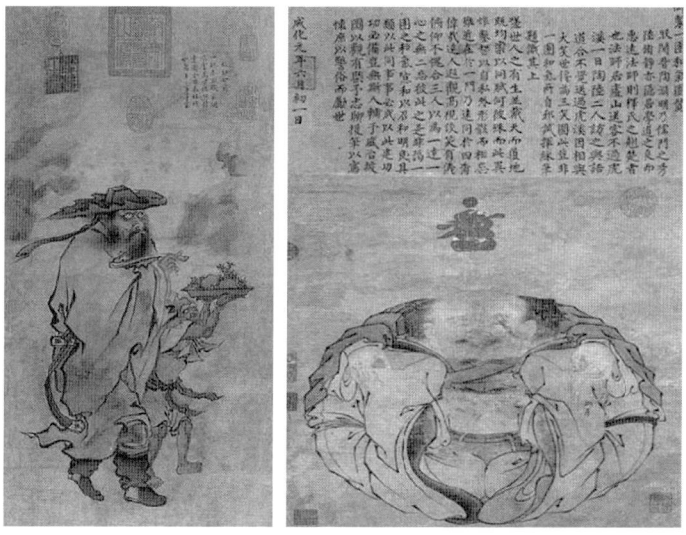

〈그림 22〉 주견심 작품 세조가조도(歲朝佳兆圖)와 일단화기도(一團和氣圖)

 재해민災害民들을 구휼救恤하고 세금을 줄여 주는 등 사회의 모순을 제거하여 정무에서 활기가 띠었다.104)

 그러나 얼마 뒤부터 가무歌舞와 여색女色, 개 사육犬飼育, 승마乘馬, 신선불도神仙佛道에 빠져 조정은 그의 아버지 영종英宗때보다 더욱 부패하게 된다.

 헌종憲宗은 관리의 인사 제도를 없애고 국가관원을 마치 개인물건처럼 취급하게 된다. 그는 과거제도를 없애고 관리 인사부의 심사추천도 거치지 않고서 직접 많은 관리(당시에는 전봉관傳奉官이라 부름)를 임명하였다.

 심지어 사례감司禮監의 일개 장인匠人을 문사원부사文思院副使로 임명하였다.

 많은 명예와 이득을 위해서라면 개처럼 파렴치하고 파리처럼 진득거리는 자들이 한자리라도 얻기 위해 황제 좌우의 측근들에게 많은 돈으로 접근하였다. 실제로 이런 자들이 관리의 절반을 차지하게 된다. 그뿐만 아니라 인사제도의 파괴로 환관宦官들의 기세는 다시 드높아졌다.

---

104) 胡漢生, 前揭書(2004), 183頁.

〈그림 23〉 헌종(憲宗) 행락도(行樂圖)

헌종憲宗은 함부로 특무통치特務統治를 실행하였다. 성화13년 그는 금의위錦衣衛와 동창東廠105) 외에 서창西廠 등 특무기관을 증설하고 환관宦官 왕직汪直을 책임자로 임명하였다.

왕직汪直은 황제의 신임을 바탕으로 허망한 일로 많은 관원들을 체벌하고 자백을 강요하며 죽였다. 조정과 재야에는 정직한 관원들은 보이지 않고 아첨하는 신하들만이 총애를 받게 되었다. 상로商輅 등 10여 명의 대신들은 자신들의 생명을 지키기 위하여 사직하게 된다.

헌종憲宗은 부처의 말을 지극히 숭배하여 승려僧侶와 도사道士들을 좋아하고 가까이 두었기 때문에 많은 승려僧侶와 도사道士들이 출세영달을 꾀하기도 하였다.106)

헌종憲宗때에는 법왕法王과 불자佛子, 국사國師, 선사禪師 등으로 봉한 승려僧侶들이 많아서 이루 헤아릴 수가 없었다.107)

또한 헌종憲宗은 자기보다 17살이 많은 귀비 만씨萬氏를 계속 총애한다.108)

만씨萬氏의 궁전은 내외적으로 점점 권력화 되었다. 만씨萬氏는 아들하나를 낳았으나 불행하게도 일찍 죽었다.109) 그 뒤로 후궁들은 누구든 임신을 하면 만씨萬氏의 엄청난 압력을 받아야만 했다. 그리하여 헌종憲宗은 후사가 없게 될 뻔하게 된다.

만씨萬氏는 성화 23년(1487) 봄에 갑자기 죽었다.

이에 헌종憲宗은 인종仁宗과 선종宣宗 이래의 조종 법도를 어기고 천수산天壽山 능역 서남쪽 소산蘇山 아래에다 만씨萬氏의 원침園寢을 건설하였다(그 지역 사람들은 만낭분萬娘墳이라 부른다).110)

---

105) 동창(東廠)은 비밀 경찰조직이다.
106) 胡漢生, 前揭書(2004), 183~184頁.
107) 晏子友, 前揭書(1998), 41頁.
108) 胡漢生, 前揭書(2004), 184頁.
109) 晏子友, 前揭書(1998), 45頁.
110) 黃濂, 前揭書(1997), 221頁.

〈사진 26〉 만귀비 묘

성조成祖 이후 천수산天壽山 능역에서 후궁의 원침을 건설한 첫 선례先例가 된다.

효정황후孝貞皇后 왕씨王氏는 성격이 온화하다.
헌종憲宗이 죽은 후 효종孝宗은 그를 황태후皇太后로 존봉하였다.
무종武宗은 그를 태황태후에 존봉하였다.[111]
정덕13년(1518) 2월에 승하하니 6월에 무릉茂陵에 안장한다.

〈그림 24〉 효정황후 왕씨

효목황후孝穆皇后 기씨紀氏는 광서 요족猺族 토관土官의 딸이다.[112]
성화成化 초년에 궁에 들어와 전적典籍을 관리하였다. 헌종憲宗이 그를 보고 용모가 맑고 빼어나며 대답하는 게 맘에 들어 그를 사적으로 총애하게 되는데 그 후 임신을 하였다. 기씨紀氏가 임신을 하자 만귀비萬貴妃는 당연히 그냥 보고만 있을 리가 없었다. 만씨萬氏는 궁녀를 시켜 몰래 약을 써서 기씨紀氏가 낙태하도록 하였으나 성공하지 못하였다.
그 후 궁녀가 거짓으로 기씨紀氏가 임신한 것이 아니고 배안에 큰 혹이 있다고

---

111) 晏子友, 前揭書(1998), 43頁.
112) 寺田隆信, 서인범·송정수 옮김, 앞의 책(2006), 126쪽.

보고하자 만씨萬氏는 그제서야 경계심을 풀었다.

그러나 몇 달 후 애(효종황제)를 낳게 되자 만씨는 또 문관 장민張敏을 시켜 애들 안고 나가서 익사시키라 한다. 장민張敏은 몰래 애들 안고 나와 생각해보니, 황제는 아들이 없는데 어떻게든 익사 시킬 수는 없다고 생각하여… 살해하였다고 거짓 보고를 하고 몰래 정락당靜樂堂에 안아가서 보살피며 양육하였고 폐후廢后 오씨吳氏와 기타 궁녀와 환관들도 모두 도와주어 만귀비萬貴妃의 이목만을 속였다.

성화11년 효종孝宗은 6살이 되었으나 아버지를 한 번도 본적이 없었으며 헌종憲宗도 아들이 있다는 것을 모르고 있었다.[113]

하루는 헌종憲宗이 장민張敏을 불러 이발理髮을 하였다. 헌종憲宗은 거울을 보면서 자기가 벌써 흰 머리카락이 있는 것을 보고 한숨을 쉬며 말하였다.

다 늙어 가는데 아들 하나 없다.

고 하자 장민張敏은 무릎을 꿇고 말을 하였다. 장민張敏은

사실대로 말하면 죽을죄이나 황제께서는 황자(皇子)를 지켜주십시오.

라고 하며 당년의 일을 사실대로 보고하였다.

헌종憲宗은 대단히 기뻐하며 정락당靜樂堂에 가서 황자를 데려오도록 하였다. 기씨紀氏는 아들을 안고

아가야 네가 간 후에 나는 살수가 없었다. 저기 노란 옷을 입고 수염이 긴 사람이 너의 아버지 이다.

라고 하자 달려가 안겼다. 헌종憲宗은 희비가 교차하여 아이를 안아 보고 또 보며 울면서 말을 하였다.

---

113) 위의 책, 126쪽.

정말 내 아들이구나 날 닮았어.

이튿날 군신들이 모여 축하하였고 기씨紀氏를 영수궁永壽宮으로 옮기도록 하였다. 온 조정에는 경사스러운 기분이 가득 하였으나 만귀비萬貴妃만이 격분하여 이를 갈았다. 몇 달이 안 되어 그는 독주로 기씨紀氏를 죽게 하였다. 장민張敏은 이미 죽을 줄 알고 금을 목으로 넘겨 죽었다.114)

작은 황자만이 황제의 보호를 받아 만씨萬氏의 독수로부터 안전할 수 있었다. 기씨紀氏가 죽은 후 숙비淑妃에 봉하고 경서금산에 안장하였다.

효종孝宗이 황제에 즉위한 후에 태후에 추시追諡하고 무릉茂陵에 옮겨 안장하였다.

호혜후 소씨孝惠后邵氏는 황후도 아니고 황제의 생모도 아닌데 무릉茂陵에 안장한 것은 또 다른 이유가 있다.

소씨邵氏는 어렸을 때 집이 가난하여 항주杭州에 진수鎭守하는 환관宦官한테 팔려서 황궁으로 들어왔다.

소씨邵氏는 시도 쓰고 그림도 잘 그리며 생김새도 아주 예뻐서 빠른 시간에 황제의 총애를 받아 귀비貴妃로 책봉된다.

무종茂宗 사후에 대를 이을 아들이 없이 승하하자 명조의 성법에 따라 호북에 있던 흥왕의 세자 주후총朱厚熜이 대통을 잇게 된다.

그때 이미 두 눈이 먼 소씨邵氏는 자기의 친손자가 황제가 되었다는 소식을 듣고 매우 기뻐하며 세종世宗을 앞으로 데려와 머리부터 발끝까지 만져보았다.

소씨邵氏가 죽은 후 세종世宗은 자기의 친할머니를 태후로 존봉하고 무릉茂陵에 안장하였

〈그림 25〉 효혜후 소씨

---

114) 胡漢生, 前揭書(2004), 213頁.

다.115)

귀비貴妃의 손자가 황제가 되어 태후太后에 존봉되고 황릉皇陵에 안장된 것은 명나라 때에 이 사람밖에는 없다.116)

2) 무릉茂陵의 풍수적 특징

소목제도昭穆制度에 의하면 헌종憲宗 주견심朱見深의 능은 당연히 경릉景陵 동쪽을 선택해야 한다.

그러나 경릉景陵 동쪽은 상당한 범위에 길지가 없기 때문에 유릉裕陵 우측의 취보산聚寶山 아래를 선택하게 된다.117) 이로서 아들은 아버지를 따라 장사한다子隨父葬는 원칙만은 실행하였다.

예부우시랑禮部右侍郎 아악兒岳과 흠천감감정欽天監監正 이화李華는 능지를 찾은 주요 인물이다.118)

〈사진 27〉 무릉(茂陵)계좌정향(癸坐丁向)119)(자료출처 : www.eemap.org)

---

115) 上揭書, 18頁.
116) 晏子友, 前揭書(1998), 44頁.
117) 胡漢生, 前揭書(2004), 8頁.
118) 晏子友, 前揭書(1998), 43頁.
119) 王子林, 前揭書(2005), 302頁.

건설공사에 군인과 기능공을 합쳐 약 4만여 명이 동원되어 완성된다.[120]

취보산聚寶山 동쪽과 석문산石門山은 서로 연결되어 있고 서쪽은 회령구灰岭口 물길이 인접한 천수산 서쪽의 여맥이다.

무릉茂陵의 주산主山인 취보산聚寶山은[121] 금성체金星體로 우뚝 솟고 크다.[122]

무릉茂陵의 용맥龍脈은 주봉主峰에서 낙맥落脈하여 언덕을 따라 곧바로 내려와 산 아래까지 내려간다. 정면에서 보면 용이라기보다는 언덕 같다. 언덕은 가파르게 내려오다 평평하고 널찍해지는데 당시 농민들은 그곳을 대추나무 밭으로 만들었다. 낙맥은 평지에 이르러 반원형의 형태를 이루는데 무릉茂陵의 혈처는 이 반원형의 끝부분 앞에 맺었다.

〈사진 28〉 주산 취보산과 용맥

---

120) 晏子友, 前揭書(1998), 43頁.
121) 王子林, 前揭書(2005), 288頁.
122) 張玉正, 前揭書(2008), 137頁.

무릉茂陵의 양쪽 사격은 매우 뚜렷한데 사실은 취보산聚寶山 아래의 두 갈래 낙맥이다. 동쪽 사격은 조금 길어 혀를 내민듯한 형상으로 보성寶城과 비교적 가깝다. 서쪽 사격은 비교적 짧으며 마치 부채살과 같은 형상으로 보성寶城과는 비교적 멀리 있다. 동쪽 계곡의 물은 능 앞을 환포하고 서쪽 물길과 만나 회령구灰岭溝 물길에 들어간다. 이런 구조는 대체로 곽박郭璞의 청룡완연,123) 백호순복124)의 말에 부합한듯하나 두산은 환포하는 기세가 없어 좋은 자리라 할 수는 없겠다. 취보산聚寶山의 동쪽과 석문산石門山이 서로 이어진 회령구灰岭溝 물길은 천수산 서쪽 끝에 하나의 여맥餘脈을 만든다. 무릉茂陵의 서쪽은 천수산天壽山 제일 서쪽 끝의 산 능선이 된다. 이 산 능선은 하나의 팔처럼 무릉茂陵의 서쪽을 싸안고 있어 무릉茂陵은 하나의 독립된 지리적 공간을 형성한다. 이 팔은 무릉茂陵의 두 번째 사격으로 동시에 아주 중요한 격리 작용을 한다. 서쪽의 회령구灰岭溝 물길과 추석구錐石口 물길의 모래톱 때문에 기세가 갑자기 떨어져 물살이 세지면서 마치 감로수甘露水와 같은 소리를 내며 완연蜿蜒하게 흘러야 하는 풍수원칙에 벗어나 있다.125)

〈사진 29〉 천수산의 서쪽 능선의 모습

---

123) 青龍蜿蜒.
124) 白虎馴服.
125) 朱天運, 前揭書(2005), 126~128頁.

〈사진 30〉 무릉과 유릉의 모습

따라서 풀과 나무가 자라지 않을 뿐만 아니라 황량하고 소란하여 불안한 느낌을 가지게 한다.

만약 이 격경장隔景牆(격리시키는 담장)이 없었다면 무릉茂陵의 풍수는 더욱 더 감가減價되었을 것이다.

무릉茂陵과 유릉裕陵의 방향은 계좌정향癸坐丁向으로 기본적으로 일치한다.

그래서 청룡靑龍과 백호白虎, 안산案山과 조산朝山, 물길, 명당明堂도 거의 일치 한다.

무릉茂陵과 유릉裕陵은 건축규모와 구조가 기본적으로 비슷하여 서로가 많은 차이가 없다.[126]

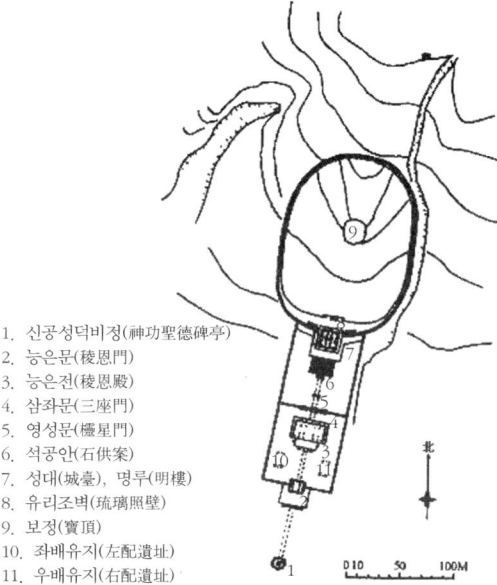

1. 신공성덕비정(神功聖德碑亭)
2. 능은문(稜恩門)
3. 능은전(稜恩殿)
4. 삼좌문(三座門)
5. 영성문(欞星門)
6. 석공안(石供案)
7. 성대(城臺), 명루(明樓)
8. 유리조벽(琉璃照壁)
9. 보정(寶頂)
10. 좌배유지(左配遺址)
11. 우배유지(右配遺址)

〈그림 26〉 무릉(茂陵) 평면도
(자료출처 胡漢生, 〈明十三陵〉)

〈사진 31〉 내홍문(內紅門)

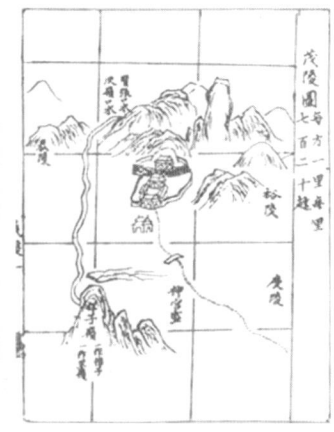
〈그림 27〉 무릉도(茂陵圖)

6. 태릉泰陵

1) 홍치제弘治帝 주우탱朱祐樘의 태릉泰陵

〈사진 32〉 태릉의 명루

태릉泰陵은 효종孝宗 주우탱朱祐樘과 황후 장씨張氏를 합장한 능이다.127)

효종孝宗 주우탱朱祐樘은 헌종 주견심朱見深의 셋째아들로 어머니는 숙비淑妃 기씨紀氏이다.128)

성화6년(1470)에 자금성 서궁의 안락당安樂堂에서 태어나 성화11년(1475) 황태자에 봉해진다.129)

성화23년(1505) 9월 황제에 즉위하여 이

---

126) 晏子友, 前揭書(1998), 43頁.
127) 張玉正, 前揭書(2008), 138頁.
128) 上揭書, 138頁.
129) 晏子友, 前揭書(1998), 45頁.

194 명십삼릉

〈그림 28〉 홍치제 주우탱 초상(자료출처 : 위키피디아 백과, http://zh.wikipedia.org)

듬해 연호를 홍치弘治로 고친다.130)

　효종孝宗은 어렸을 때 환관과 궁녀들과만 생활하는 것이 매우 어렵고 힘들어 마음이 편치 않았다. 또한 부패한 사회에 대해서는 굉장히 불만이 컸다. 그러한 이유로 황제에 즉위한 이후에 각종 악폐를 과감하게 정리하는 개혁을 단행하였다. 그는 전봉관傳奉官 2,000여 명을 퇴직시키고 선사禪師와 국사國師, 불자佛子, 진인眞人 등 1,000여 명을 내보내고, 실력 없고 권세만을 탐하는 만안萬安과 윤직尹直 등을 파면하였다.131)

　충성스럽고 선량한 사람을 살해하고 제멋대로 나쁜 짓을 저지른 환관宦官과 외척外戚 등 많은 무리들을 치죄治罪하였다.132)

　그 당시 사람들은 박수를 치며 좋아하였다.

　효종孝宗은 현신賢臣을 선택하여 정치에 많은 관심을 기우렸다. 또한 적시에 정무를 처리하기 위하여 조조早朝와 만조滿朝외에 평대소대平臺召對를 늘렸는데 이것은 대

---

130) 胡漢生, 前揭書(2004), 185頁.
131) 上揭書, 185頁.
132) 黃濂, 前揭書(1997), 222頁.

신과 만나 문제를 토론하는 방식이었다.

　효종孝宗은 신하들에게 넓은 마음으로 온화하게 대했는데, 어떤 관원들은 황제를 보면 긴장하여 미끄러져 넘어지거나 혹은 땀을 많이 흘리게 되는데 그것을 탓하지 않았다.

　어느 겨울밤 효종孝宗은 궁 안에 앉아 어둡고 추운 곳에서 밤늦게 까지 일하는 관원들을 보고 그들이 집에 갈 때 넘어 질까봐 걱정하여 호위병들로 하여금 집에 까지 데려다 주도록 하였다.133)

　효종孝宗은 평소에 생활이 검소하고 아끼며 사치스럽지 않았다.

　그는 평생 후궁을 두지 않고 황후 장씨와 서로 사랑하며 꼭 민간의 부부와 같이 생활하였다. 당시 궁 안에는 보통 송강부松江府에서 만드는 빨간 비단을 사용 하였으나 효종孝宗은 너무 사치스럽다면서 비단을 만들지 말도록 지시 하였다.134)

　효종孝宗이 혼란스러운 상태를 수습하고 바로 잡았기 때문에 비교적 안정된 시기가 생기는데 이것을 역사는 홍치중흥弘治中興이라 부른다.135)

　홍치 18년(1505) 5월 효종孝宗은 병으로 건청궁乾淸宮에서 승하하는데 향년 36세였다. 10월에 태릉泰陵에 안장한다.

　효강후장씨孝康后張氏는 효종孝宗의 본처 이다.

　성화23년(1487)에 태자비로 간택되었고 효종孝宗이 황제에 즉위한 후 황후에 책봉되었다.

　무종武宗은 황태후皇太后라 하고 세종世宗이 즉위한 후에는 성모聖母 혹은 백모伯母라 고 불렀다.

　가정20년(1541) 8월에 병으로 승하하니 10월 태릉泰陵에 안장하였다.

〈그림 29〉 효강후(孝康后) 장씨136)

---

133) 胡漢生, 前揭書(2004), 186頁.
134) 上揭書(2004), 186頁.
135) 晏子友, 前揭書(1998), 48頁.
136) 자료출처 : 위키피디아 백과(http://zh.wikipedia.org).

2) 태릉泰陵의 풍수적 특징

태릉泰陵은 천수산天壽山 능역의 최남단 사가산史家山아래에 위치하고 있다.[137]

필가산筆架山은 또 사가산史家山이라고도 하며 형상이 마치 붓과 같아서 얻은 이름이다.[138] 필가산筆架山의 주봉은 해발 500m로 천수산天壽山 능역에서 비교적 높은 산봉우리 중 하나이다. 외형을 보면 필가산筆架山은 천수산天壽山과 비슷하며 세봉우리 모두가 우뚝 솟아 있다. 다른 것은 필가산筆架山은 능역 서북부에 있고 높이와 규모, 기세 모두 천수산天壽山과 비교할 수는 없다.[139]

그렇지만 하나의 황릉 주산으로서는 필가산筆架山은 아주 훌륭하다 할 것이다.

필가산筆架山의 형기론적 기세는 유릉裕陵의 석문산石門山과 무릉茂陵의 취보산聚寶山보다는 뛰어나다.

〈사진 33〉 태릉의 주산 필가산(筆架山)

---

137) 張玉正, 前揭書(2008), 139頁.
138) 晏子友, 前揭書(1998), 49頁.
139) 朱天運, 前揭書(2005), 131頁.

〈사진 34〉 태릉(泰陵)임좌병향(壬坐丙向)140)(자료출처 : www.eemap.org)

　태릉泰陵에서 북쪽으로 바라보면 필가산筆架山은 우뚝 솟았고 옆으로 길게 여러 봉우리들과 함께 늘어서 있는데 왕자王者의 기개를 느끼기에 충분하다.
　가을에 단풍이 들어 바람에 산들거릴 때 뛰어나고 아름다운 시적인 정취와 그림 같은 아름다움이 가중되는 곳이다.

　태릉泰陵 내룡은 주봉主峰 아래에서 발맥하여 구불구불하게 위이逶迤하며 산 아래까지 이어져 하나의 완만한 비탈을 만든다.
　완만한 비탈 앞에는 타원형의 산언덕이 우뚝 솟아 형은 종유鍾乳 같으며 높이는 약 50m이다. 이것이 풍수가들이 꿈속에서 그리던 금성체金星體인 것이다. 태릉泰陵 낙맥의 형태는 생동하고 생기가 생생하나, 내룡이 짧아 언덕이 비교적 가파르고 주산主山과 능이 가까이 있어 압박감을 주는 것이 아쉽다 하겠다.
　태릉泰陵 좌측에는 하나의 완만한 비탈이 있고 선익사蟬翼砂 서쪽에는 곧장 흐르

---

140) 王子林, 前揭書(2005), 302頁.

는 물이 있어 수백 년간 흙을 씻어 냈고 당시 주민들이 흙을 파내 지금의 사성砂城이 만들어졌다. 당연히 있어야할 선익사蟬翼砂는 없다. 하지만 현재로서는 고증할 방법이 없다.

명 능을 관찰해 보면 자연적인 풍수관을 견지하여 왔으나 일관되게 유지하지 못하고 인공적인 것을 많이 가미하여 당초와는 많이 달라진 것을 볼 수 있다. 태릉泰陵의 용호사龍虎砂는 선대 몇 개 능과는 완전히 달라진다.[141]

필가산筆架山 동쪽은 천수산天壽山의 서쪽 기슭이다. 이곳에서 크게 휘돌아보면 서쪽에 연화산蓮花山과 대욕산大峪山이 둘러싸고 있어 하나의 독립된 분지가 형성되어 있다.

이 세상에서 가장 뛰어난 원園 중의 원園은 이화원頤和園이고, 분지盆地중의 분지盆地는 13릉의 태릉泰陵이라고 한다.

이 분지盆地의 7면은 산에 둘러싸여 바람을 막는 장풍藏風은 완벽하고 물길은 합수하여 완

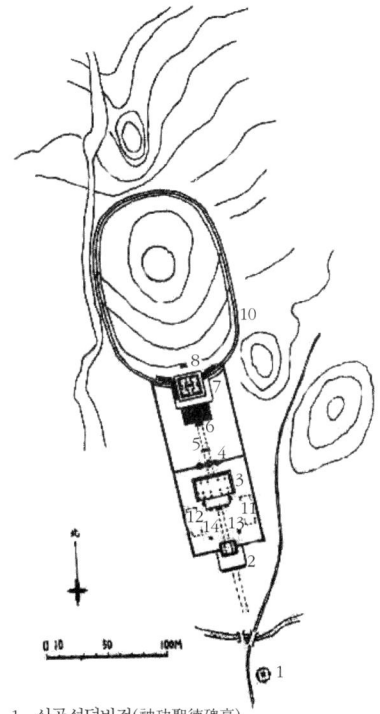

1. 신공성덕비정(神功聖德碑亭)
2. 능은문(稜恩門)   3. 능은전(稜恩殿)
4. 삼좌문(三座門)   5. 영성문(欞星門)
6. 석공안(石供案)   7. 성대(城臺), 명루(明樓)
8. 유리조벽(琉璃照壁) 9. 보정(寶頂)
10. 보성(寶城)   11. 좌배전(左配殿)
12. 우배전(右配殿)   13, 14. 신백로(神帛爐)

〈그림 30〉 태릉(泰陵) 평면도
(자료인용 胡漢生,〈明十三陵〉)

벽한 보국을 형성하고 있다. 또한 형세가 완벽하고 아름다움과 균형을 갖춰 정말로 얻기 힘든 곳이라 할 수 있겠다. 하지만 주변 사격들이 탈살脫煞이 덜 되어 날카롭고 명당은 좁고 기울어 완벽한 제왕진택帝王眞宅이라 하기엔 부족함이 많다고 하겠다.

그래서 일까 『제릉도설帝陵圖說』에 의하면 현궁玄宮을 조성하기 위하여 금정金井을 팠을 때 흙 중에 돌이 있어 물이 샘물처럼 흘러 나왔다고 하는데 다른 대안이 없어 현재의 자리를 그대로 사용하게 되었다고 한다.[142]

---

141) 朱天運, 前揭書(2005), 132~133頁.

〈사진 35〉 태릉의 물길로 구불구불하다(자료출처 : www.eemap.org)

또한 국각國榷의 저자 담천談遷은,

태릉에는 돌이 있어 물이 나는 곳으로 길지라 할 수 없다[泰陵有水石, 其地非吉壤].143)

고 하였다.

태릉泰陵의 왼쪽은 회령구灰岭溝 물길로 천수산天壽山 서쪽 기슭을 따라 흘러내린다. 능 앞에서 서쪽으로 굽어 돌며 삼공교三孔橋를 지나 추석구錐石口 물길에서 합수하여 능 앞에서 남쪽으로 흐른다.

청나라 사람 담천談遷은 『국각國榷』 제45권에서,

홍치18년 10월 오후 황제를 태릉(泰陵)에 안장하였다.144) 태릉(泰陵)의 계곡수는 직류로

---

142) 晏子友, 前揭書(1998), 49頁.
143) 上揭書, 49頁 재인용.
144) 葬敬皇帝于泰陵.

흐를 뿐만 아니라 좁고 얕아서 그것을 아는 사람은 그 땅이 길하지 않다는 것을 안다.145)

고 하였다.

태릉泰陵의 물길에 대하여 실제 확인해 보면 태릉泰陵의 회령구灰岭溝 물길은 장릉長陵의 노군당老君堂 물길과 헌릉구 유수에 비해 결코 직사해 보이지는 않으며 오히려 구불구불 흐르는 것을 확인할 수 있다.

담談선생이 이렇게 말하는 것은, 효종孝宗의 아들 무종武宗은 주색酒色에 빠진 무도無道한 황제이다. 중국 풍수에서는 음후蔭後의 설법이 매우 성행하여 아들세대에서 문제가 생겼으면 항상 아버지의 묘 풍수에서 그 원인을 찾았던 것이다. 따라서 담談선생은 아마도 그런 연유에서 물길이 직사直射한다고 하여 무종武宗의 무도無道함을 표현하고자 한 것이 아닐까 싶다.

태릉泰陵의 좌향坐向은 남에서 동으로 5°기울은146) 임좌병향壬坐丙向이다.147)

7. 강릉康陵

1) 정덕제正德帝 주후조朱厚照의 강릉康陵

강릉康陵은 무종武宗 주후조朱厚照와 황후 하씨夏氏의 합장능이다.

주후조朱厚照는 효종孝宗의 장자로 홍치 4년(1491) 9월 24일에 태어나 홍치 5년 3월 황태자에 책봉된다.148)

〈사진 36〉 강릉의 명루

---

145) 泰陵臨溪水, 直流若干里, 制又卑隘, 識者知其地不吉也.
146) 胡漢生, 前揭書(2004), 14頁.
147) 王子林, 前揭書(2005), 302頁.
148) 胡漢生, 前揭書(2004), 187頁.

〈그림 31〉 정덕제 주후조 초상화(자료출처 : 위키피디아 백과, http://zh.wikipedia.org)

홍치 18년 5월 황제에 즉위하며 이듬해 연호를 정덕正德으로 고친다.[149]

무종武宗은 명明 황제 중에서 가장 멍청하고 어리석으며 방탕放蕩한 생활을 한 황제 중 한명이다.

그는 재위하는 동안 조정에 신경을 쓰지 않고 방탕放蕩한 생활로 일관하여, 역사적으로 아주 드물게 덕망德望을 잃은 황제였다.

무종武宗은 궁 안에서 자라 어렸을 때부터 먹고 노는데 욕심을 부리는 나쁜 습관을 가지고 있었다. 효종孝宗은 죽기 전에 특별히 대학사 유건劉健 등을 건청궁乾淸宮에 불러 간곡하게,

> 동궁은 총명한데 다만 나이가 어려 놀기를 좋아한다. 선생들이여 동궁을 잘 보살펴 정도를 걷게 하여 영주(英主)가 되게 했으면 하오.[150]

---

149) 晏子友, 前揭書(1998), 50頁.
150) 寺田隆信, 서인범·송정수 옮김, 앞의 책(2006), 128쪽.

〈사진 37〉 정덕제 주후조 친필 편액

고 한다.

그러나 무종武宗은 대신들의 의견을 듣지 않고 여전히 놀기만 하였다.

무종武宗이 제일 좋아한 것은 동궁東宮에서 그와 같이 자란 유근劉謹 등 8명의 환관宦官들 이었다.151) 무종武宗은 그들과 함께 매일 놀며 조정을 관리하지 않았다. 대신들은 타일렀으나 무종武宗은 귓등으로 듣지 않고 신하들을 변경으로 보내 군에 부속시켰다.152)

그뿐만 아니라 유건劉健과 사천謝遷 등의 대신들은 핍박하여 사직하고 조정을 떠나도록 하였다.153)

유근劉謹 등 환관들은 대신들이 없어지자 더욱더 방자하고 거리낌이 없었으며 조정의 크고 작은 일은 모두 그가 혼자서 결정하고 무종武宗에게 보고도 하지 않았다. 무종武宗은 환관宦官들이 처리하는 업무에 만족해하고 모두 맡기고는 계속 환락에 빠져들었다.154)

---

151) 張玉正, 前揭書(2008), 140頁.
152) 胡漢生, 前揭書(2004), 187頁.
153) 晏子友, 前揭書(1998), 51頁.
154) 胡漢生, 前揭書(2004), 189頁.

무종武宗은 자극적이고 결렬한 놀이를 즐기기 위하여 궁안에 표방豹房을 조성하고 대량의 조수금수鳥獸禽獸를 길렀다. 그는 서쪽 정원에 밀실을 만들고 전문적으로 진기한 조수鳥獸들과 미녀美女들을 찾아 모았다.155)

또한 용감함을 표현하기 위하여 그는 직접 호랑이와 싸우며 훈련을 하게 되는데 결국은 상처를 입게 되고 이를 이유로 몇 달 동안 조정에 나오지 않았다.

무종武宗은 또한 민간인 옷으로 갈아입고 궁밖에 나가 놀기를 좋아하였다.

정덕12년(1517) 그는 거용관居庸關의 선화宣化와 대동大同 등에 나가 놀려고 하였으나, 순관어사巡關御史 장흠張欽이 가로 막자 화를 내며 궁으로 돌아간다. 그 후 장흠張欽이 백양구白羊口 등을 순시하는 동안 그는 적은 심복만 데리고 몰래 거용관居庸關에서 나가 선화宣化에서 진국장군鎭國將軍노릇을 하였다.156)

그는 북경의 표방豹房 안에 있는 각종 진귀한 놀음기구와 미녀를 차례로 그곳까지 끌고 왔다. 또한 문무백관文武百官한테 명하여 중요한 상주문上奏文은 이곳에 갖고 와서 보고하라 하였는데 이것을 가리家里라고 불렀다. 대동大同에서 그는 마구 여색을 찾아다니며 남자를 내쫓고 여자를 빼앗았다. 경극에서 한막의 연극 중 <유룡희봉游龍戱鳳>이라는 것은 바로 이 정덕황제正德皇帝가 미녀들을 희롱하는 이야기이다.157)

정덕 14년 2월에 그는 또 산동山東에 가려고 하자 100명의 조신朝臣들이 말렸다. 무종武宗은 대노하여 반대하는 107명을 오문午門밖에 5일 동안 무릎을 꿇고 있게 하는 벌을 주고 모두 정장廷杖의 벌을 줘 즉석에서 10여 명을 때려 죽였다.158)

정덕 14년 무종武宗은 반란을 일으킨 영왕 주신호朱宸濠를 핑계로159) 남쪽을 순행하였다.

정덕 15년 9월 돌아오는 도중에 강소 청강에서 작은 배로 고기잡이를 하다가 배가 뒤집어지는 바람에 물에 빠지게 된다. 이때의 놀람으로 병이 들어 정덕16년 3월에 북경 서원西苑 표방豹房에서 죽는다.160)

---

155) 黃濂, 前揭書(1997), 223頁.
156) 寺田隆信, 서인범·송정수 옮김, 앞의 책(2006), 128쪽.
157) 박덕규, 앞의 책(2008), 287~288쪽.
158) 위의 책, 297쪽.
159) 上官平, 차효진 옮김, 앞의 책(2008), 178쪽.

재위16년에 향년 31세이다.[161]

황후 하씨夏氏는 무종武宗의 본처로서 정덕 원년(1506)에 황후에 봉해졌다.
가정14년(1535)에 승하하니 강릉康陵에 합장하였다.

2) 강릉康陵의 풍수적 특징

〈그림 32〉 효정후 하씨

강릉康陵은 정덕 16년(1521) 4월 30일에 건설을 시작하여 가정원년(1522) 6월 17일에 완공한다.[162] 경과한 기간은 1년으로 면적은 27,000m^{2}이다.

〈사진 38〉 강릉 전경

---

160) 위의 책, 216쪽.
161) 晏子友, 前揭書(1998), 52~53頁.
162) 晏子友, 前揭書(1998), 54頁.

〈사진 39〉 강릉(康陵) 신좌을향(辛坐乙向)163)(자료출처 : www.eemap.org)

강릉康陵은 천수산天壽山 능역 서북부의 금령산金岭山164) 혹은 연화산蓮花山이 주산主山으로 왼쪽에는 태릉泰陵의 주산인 필가산筆架山이, 오른쪽에는 소릉昭陵과 정릉定陵의 주산인 대욕산大峪山이 있다.165)

동쪽을 향하여 벌어진 하나의 독립된 분지盆地에 위치하고 있다.

주산 연화산蓮花山은 우뚝 솟은 봉우리가 마치 연꽃의 꽃잎처럼 생겨 옛부터 연화산蓮花山이라고 불렀다. 풍수에서는 이런 산형을 염정화성체廉貞火星體라 하는데,166) 화성火星은 원래 혈穴을 맺지 않기 때문에 화성혈법火星穴法은 존재하지 않는다.167)

강릉康陵 낙맥落脈은 주봉主峰에서 뻗어 내려오는데 가파르고 짧을 뿐만 아니라 염청체의 주산은 박환이 반드시 이루어져 순하게 탈살이 되어야 하나 전혀 탈살이 되지 못한 형상이다.168)

---

163) 王子林, 前揭書(2005), 302頁.
164) 王子林, 前揭書(2005), 288頁.
165) 朱天運, 前揭書(2005), 137頁.
166) 張玉正, 前揭書(2008), 140頁.
167) 崔昌祚, 『韓國의 風水思想』(民音社, 1990), 135쪽.

〈사진 40〉 강릉의 주산 연화산

형기론에 근거하여 보면 결코 혈을 맺을 수 없는 조건을 가진 곳이다. 앞에서 말하였듯이 용龍의 귀천貴賤은 마지막 한절에 달려있다.[169]

마지막 한절은 입수룡入首龍이다. 하지만 강릉康陵의 낙맥은 13릉 중 사릉思陵 빼고는 제일 좋지 않다. 주산主山이 높고 험하여 낙맥落脈이 가파르고 짧으며 주산主山과 능의 거리도 너무 가깝고 능도 벼랑에 건설하였기 때문에 주산主山이 능을 핍박하여 내리누르는 형국이 되었다.

이런 형상을 풍수에서는 거시据屍라 하는데 매장하지 말라는 뜻으로 석산부장石山不葬은 모든 풍수서에서 지적하는 바이다.[170]

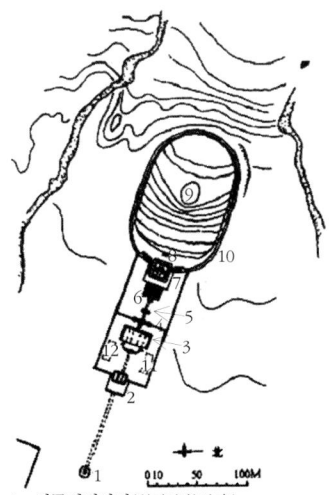

1. 신공성덕비정(神功聖德碑亭)
2. 능은문(稜恩門) 3. 능은전(稜恩殿)
4. 삼좌문(三座門) 5. 영성문(欞星門)
6. 석공안(石供案) 7. 방성(方城), 명루(明樓)
8. 유리조벽(琉璃照壁)
9. 보정(寶頂) 10. 보성(寶城)
11. 좌배전(左配殿) 12. 우배전(右配殿)

〈그림 33〉 강릉(康陵) 평면도
(자료인용 胡漢生, 〈明十三陵〉)

---

168) 張玉正, 前揭書(2008), 140頁.
169) 손정호, 『명당비전』(신지서원, 2002), 194쪽.
170) 崔昌祚, 앞의 책(1990), 148쪽.

그렇다면 무엇 때문에 이런 곳에 강릉康陵을 건설한 것일까…

첫째 봉건사회 소목상망昭穆相望의 이론과 원칙에 근거하여 아버지 능[父陵]과 아들 능[子陵]은 응당 서로 보일 수 있는 곳에 건설해야 하며 이것은 인지상정이다.

둘째 무종武宗이 재위 때 실덕失德한 것이 많아 그의 후임자인 사촌동생 세종世宗부터 조종대신朝宗大臣들에 이르기 까지 모두가 그에 대해서 불만이 많았다. 때문에 그의 장지葬地에 대해서 그리 열정적熱情的이거나 진지眞智하지 않았다.

셋째 천수산天壽山 능역의 실제 정황에서 보면 북부에 존귀한 자리는 거의 사용하여 이곳에서 상길지上吉地의 자리를 차지 하기는 매우 힘든 일이었다.

넷째 강릉康陵의 낙맥落脈은 비록 모든 것이 맘에 들지 않지만 다른 방면의 국세와 사격등은 상당히 괜찮은 편이다.

강릉康陵 좌측 사격은 두 겹이고 우측 사격은 세 겹으로 빈틈없이 감싸 안아 다른 능보다 좋다.

천수산天壽山 서쪽 끝의 대욕산大峪山과 북쪽 기슭의 흑산黑山이 능역의 좌우 용호

〈사진 41〉 강릉의 주변산세 - 강릉의 주산이 매우 험하다.

龍虎를 구성하고 있다. 능역의 물길은 추석구錐石口 물길과 대욕산大峪山 북쪽 기슭의 두 용호사이에서 흘러내린다. 물은 능역 동쪽에서 합수하여 동남쪽으로 흘러 13릉 저수지에 들어간다.171)

강릉은 천수산天壽山 능역의 서북지역에 자리 잡고 있는데 산세와 보국의 크고 작음이 알맞아 매우 그윽하고 고요하다.

장릉長陵과 정릉定陵에서는 보이지 않는데 태릉泰陵에서만이 명루明樓가 보인다.

8. 영릉永陵

1) 가정제嘉靖帝 주후총朱厚熜의 영릉永陵

영릉永陵은 세종世宗 주후총朱厚熜과 황후 진씨陳氏와 방씨方氏, 두씨杜氏의 합장릉이다.172)

세종世宗 주후총朱厚熜은 헌종憲宗의 손자 흥왕興旺 주우원朱祐杬의 아들이다.173) 무종武宗 주후조朱厚照의 사촌동생으로 정덕2년(1507)에 태어났다. 무종武宗이 죽은 후 아들이 없자 형이 죽으면 동생이 이어받는다[兄終弟及]는 명明의 조훈祖訓에 근거하여 황제에 즉위한다.174)

정덕16년(1521) 4월 황제에 즉위

〈사진 42〉 영릉 전경(자료출처 : www.thefirst.cn)

---

171) 朱天運, 前揭書(2005), 139頁.
172) 張玉正, 前揭書(2008), 141頁.
173) 黃瀟, 前揭書(1997), 224頁.
174) 박덕규, 『중국역사이야기』 13(일송북, 2008), 17쪽.

〈그림 34〉 가정제 주후총 초상화(자료출처 : 위키피디아 백과, http://zh.wikipedia.org)

하여 이듬해 연호를 가정嘉靖으로 고친다.

　가정45년(1566) 12월에 단약丹藥을 너무 많이 먹어 건청궁乾淸宮에서 죽었으며 이듬해 3월에 영릉에 안장하였다.[175]

　재위45년에 향년 60세였다.[176]

　세종世宗은 초기에는 환관宦官과 외척外戚들을 정리하고 성벽을 수리하고 해변 방어책을 세워 왜구의 침입에 대비하는 등 잘하는 듯하였으나, 점점 시간이 지나면서 날로 눈과 귀가 어두워져 성격이 괴팍해지고 포악 해졌다.[177]

　세종世宗은 외번外蕃을 가진 일개 제후에서 황제자리를 공짜로 얻었기 때문에 자기의 출신에 대하여 매우 민감하여 다른 사람이 정통황제로 인정하지 않을까하는 콤플렉스에 시달렸다.

---

[175] 寺田隆信, 서인범·송정수 옮김, 앞의 책(2006), 156쪽.
[176] 晏子友, 前揭書(1998), 60頁.
[177] 胡漢生, 前揭書(2004), 190頁.

〈사진 43〉 현릉(顯陵) 호북 종상시 송림산에 위치 〈그림 35〉 세종유락도(世宗遊樂圖)

가정3년 세종世宗은 자기 아버지 흥헌왕興獻王을 헌종예황제獻宗睿皇帝로 추봉하고자 하는데 조정과 재야의 반대에 부딪힌다. 많은 대신들은 반대하며 예의에 맞지 않는다고 하였다.

이에 세종世宗은 크게 노하여 180명을 정장廷杖(매를 때리는 형벌)의 형벌로 다스려 17명이 죽게 된다. 명 역사에서 이 정치풍파를 대의례지쟁大議禮之爭이라 부른다.[178]

가정16년에 그는 대욕산大峪山 아래에 그의 아버지 현릉顯陵을 건설한다(후에 사정으로 매장하지 않는다).

세종世宗은 매우 변덕스러우며 잔혹하고 매서워 궁인들이 조금만 잘못을 해도 언제나 채찍으로 때리는 형벌을 내렸으며 이 형벌을 받은 자가 200여 명에 이르렀다. 궁인들은 황제를 몹시 미워하여 빨리 죽기만을 바랐다.

가정21년(1542) 12월 21일 깊은 밤에 양금영楊金英이 주도하여 16명의 궁녀는 세종世宗이 잠든 틈을 타 끈으로

〈그림 36〉 가정제 주후총 어필

목을 매여 죽이려고 하였으나 아쉽게도 끈을 잘못 매는 바람에 아무리 당겨도 당겨지지가 않아 실패하고 만다.[179] 이 소식을 들은 방황후方皇后는 달려와 궁녀들을

---

178) 寺田隆信, 서인범·송정수 옮김, 앞의 책(2006), 145~146쪽.

모두 체포하게 된다.

불쌍한 이 궁녀들은 모두 그 자리에서 죽임을 당하고 그의 가족들도 찾아서 모두 죽이게 된다.180)

영빈寧嬪 왕씨王氏와 단비端妃 조씨曹氏도 관련되어 함께 죽였다.

세종世宗은 도교道敎를 숭배하고181) 오래 사는 것을 갈구하여 명 황제 중 신선방술神仙方術을 제일 좋아하였다.182)

그는 도사道士 도중문陶仲文의 말을 듣고 오래 살고 늙지 않기 위해 궁녀의 월경月經으로 연단鉛丹을 만들어 항시 복용 하였다.

많은 방사方士와 도사道士는 그의 미신을 이용하여 그를 우롱하고 기회를 빌려 높은 자리에 앉아 재물을 탐하였다.

세종世宗이 황제에 즉위한 초기에는 대학사 양정화楊廷和가 총리로서 조정을 다스렸다. 그는 무종武宗때의 악습과 폐단을 제거하고 정리하여 천자는 현명하다는 칭찬을 조정과 재야로부터 모두 듣게 된다. 이런 양정화楊廷和가 대의례지쟁大議禮之爭 중에 세종世宗에게 용감하게 직언하였으나 세종世宗이 받아들이지 않자 사직하고 만다.183)

사실 세종世宗은 충성과 간악을 구분하지 못하고 아첨쟁이를 좋아하는 아둔한 군주였던 것이다.

호부주사戶部主事 해서海瑞184)가 황제는 대규모 토목공사를 벌이고 도교만을 신봉하고 조정을 관리하지 않는다고 비판한다. 이것을 나중에 황제가 알게 되는데 그를 감옥에 가두어 버린다.185)

그 후 내각의 대신들은 세종世宗 앞에서 눈치만 보고 순종하며 어떠한 직언도 하

---

179) 박덕규, 앞의 책(2008), 20쪽.
180) 胡漢生, 前揭書(2004), 190~191頁.
181) 吳少珉·徐金星, 『河洛文化通論』(光明日報出版社, 2006), 280頁.
182) 박덕규, 앞의 책(2008), 19~20쪽.
183) 晏子友, 前揭書(1998), 56頁.
184) 해서(海瑞)는 회족으로 자가 여현(汝賢)이다. 원적은 광동성 반우(潘禺)현이지만 조상들이 해남도에 이주해 경산(경산)에서 그를 낳았다. 해서가 네 살때 부친이 세상을 떠 집이 몹시 구차했다. 가정28년 향시에 합격되어 벼슬에 나가는데 대쪽 같은 성품은 변함이 없었다. 그후 가정제의 횡포를 보다 못한 해서는 자기가 죽으면 들어갈 관을 맞춰놓고 상주서를 올리게 되는데, 이일로 해청천(海靑天)이라는 별명을 얻게 된다.
185) 黃濂, 前揭書(1997), 224頁.

지 않게 된다.

　세종世宗은 우매하고 대권을 혼자서 장악하고 있었기 때문에 간사하고 아첨 잘하는 자들에게는 아주 좋은 기회를 제공하게 된다.

　그러다 보니 정치는 날로 부패해 지고 가정조嘉靖朝는 점점 쇠락해져 갔다.

　효결황후孝潔皇后 진씨는 세종世宗의 본처다.

　세종世宗의 냉대를 받아 우울하게 살다가 가정7년(1528) 병으로 죽는다.

　처음에는 시호諡號를 도령悼靈이라 하였으나 후에 와서 효결孝潔이라 하였다.

　처음에는 천수산 오아욕襖兒峪에 안장하였으나 목종穆宗이 등극한 후에 영릉永陵에 천장 하였다.186)

〈그림 37〉 효결후 진씨

　효열후孝烈后 방씨는 가정황제의 세 번째 황후로서(제2위 황후는 폐위) 가정26년(1547)에 승하하였다.

　세종世宗은 궁비宮妃의 변고 때에 자신의 목숨을 구한 공을 인정하여 나중에 원배 황후의 예皇后禮로 영릉永陵에 안장한다.187)

　효각후孝恪后 두씨杜氏는 목종穆宗의 생모이다.

　가정30년(1554) 정월에 승하하여 금산金山에 장례하였으나 목종穆宗이 황제에 즉위한 후 영릉永陵에 천장하였다.188)

〈그림 38〉 효각후 두씨

---

186) 晏子友, 前揭書(1998), 60頁.
187) 上揭書, 60頁.
188) 上揭書, 60頁.

2) 영릉永陵의 풍수적 특징

영릉永陵은 천수산天壽山 능역의 동쪽 십팔도령十八道岭 즉 양취령陽翠岭 아래에 있다.[189]

대학사大學士 장총張璁과 예부상서禮部尙書 방헌부方獻夫, 하언夏言, 공부상서工部尙書 유린劉麟, 흠천감欽天監 감부監副 이부李釜 외에 풍수술을 잘 아는 원외랑員外郎 낙용경駱用卿, 그리고 강서江西 증曾, 양楊, 료廖씨 등 풍수 명가의 후예들이 참여하였다.[190] 세종世宗은 자기의 능에 대해서 매우 중요시 하였다.

가정7년 도령황후悼靈皇后가 죽었을 때부터 그는 몰래 대학사大學士 장총張璁과 풍수가 낙용경駱用卿에게 지시하여 자기의 능지를 찾도록 하였다. 낙용경駱用卿은 답사를 하고서 십팔도령十八道岭의 상자령橡子岭을 최상의 길지로 보고 산도山圖를 그려 보고한다.[191]

가정15년 세종世宗은 흠천감 관원들과 대신들에게 지시하여 재차 조사하고 심사하게 하였더니 십팔도령十八道岭은 아주 좋은 길지라 보고한다. 세종世宗은 조서를 내려 길지로 마땅하니 능지로 하라고 한다. 그래도 그는 아직 마음이 놓이지 않아 또 강서 증曾, 양楊, 료廖 등의 자손 지리가들을 북경에 불러 산릉길지를 알아보게 하였다. 그 사람들도 같은 의견을 보고하자 그때서야 결심을 하고 십팔도령十八道岭을 양취령陽翠岭이라 이름 붙이고 능지로 선정한다.[192]

세종世宗이 이런 식으로 어렵게 능지를 선택한 것은 이유가 있었다.

그 앞의 역대 조상의 능들은 가지런히 능역 북부자리에 건설되어 있다. 그도 그 자리에 끼어들고 싶었지만 더 이상 길지가 없어 할 수 없이 능역의 동쪽 양취령陽翠岭을 선택할 수밖에 없었다. 동서양쪽을 비교해보면 동쪽의 양취령陽翠岭 아래가 서쪽의 대욕산大峪山 아래 보다는 훨씬 좋다. 이것이 바로 세종世宗이 능지를 선택하는데 어려운 요인이었다. 냉정히 말하면 양취령陽翠岭은 당시 선택할 수 있는 제일

---

189) 王子林, 前揭書(2005), 288頁.
190) 晏子友, 前揭書(1998), 59頁.
191) 上揭書, 58頁.
192) 華博, 前揭書(2006), 151頁.

〈사진 44〉 영릉(永陵) 인좌신향(寅坐申向)193)(자료출처 : www.eemap.org)

좋은 자리라 할 만하다.

첫째 양취령陽翠岭 주봉과 천수산天壽山 동봉은 형제봉으로 천수산天壽山의 한 맥과 서로 연결되어 있다. 단정한 금성체의 산형으로 매우 존귀하다.

둘째 자신의 황릉에서 굽어보면 경릉景陵이 북쪽에 위치하고 있어, 명 황제 중 촌수가 높은 고조 황제릉에 의해 자신의 신분도 높아진다.

셋째 양취령陽翠岭은 망산蟒山 주봉아래의 제일 높은 봉우리이다.

형체는 웅장하고 높아 용맥의 길이가 수리數里에 이르며 능역 동부에 위치하고 있다.

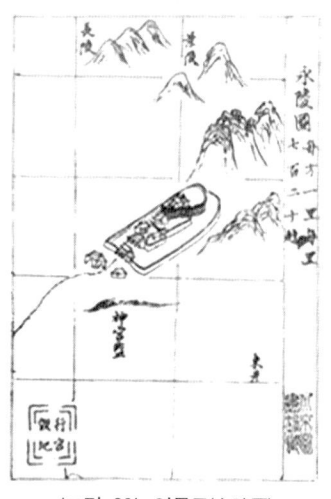

〈그림 39〉 영릉도(永陵圖)

이곳은 13릉 분지에서 보면 매우 특출하여 눈에 확 들어온다.

망산蟒山에서 내려온 내룡來龍만을 보면 13릉 중 제일 길고 큰 용龍이다.

생기발랄함으로 보면 장릉長陵의 내룡에 미치지는 못하나 용맥은 장대하고 위이기복逶迤起伏하며 생기발랄하게 행룡한다.

---

193) 張玉正, 前揭書(2008), 141頁.

〈사진 45〉 영릉의 내룡(來龍)

하지만 용맥이 돌출하였기 때문에 혈 옆의 선익사산蟬翼砂山은 찾을 수가 없고 좌우를 둘러싸주는 좌우의 용호사龍虎砂도 허하다. 이와 같이 양취령陽翠岭은 하나의 독룡獨龍으로 용호사가 없는 문제점을 드러내게 된다.194)

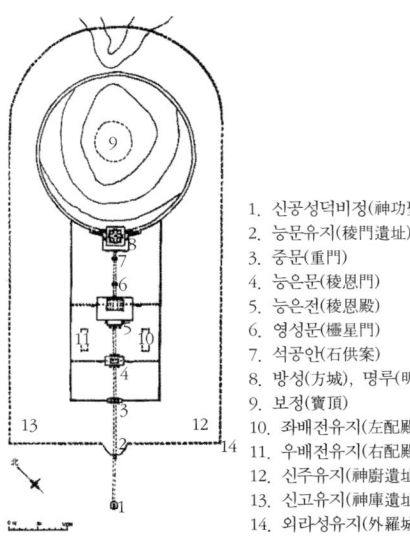

1. 신공성덕비정(神功聖德碑亭)
2. 능문유지(稜門遺址)
3. 중문(重門)
4. 능은문(稜恩門)
5. 능은전(稜恩殿)
6. 영성문(欞星門)
7. 석공안(石供案)
8. 방성(方城), 명루(明樓)
9. 보정(寶頂)
10. 좌배전유지(左配殿遺址)
11. 우배전유지(右配殿遺址)
12. 신주유지(神廚遺址)
13. 신고유지(神庫遺址)
14. 외라성유지(外羅城遺址)

〈그림 40〉 영릉(永陵) 평면도(자료출처 : 胡漢生, 〈明十三陵〉)

다행히도 13릉은 하나의 원형분지圓形盆地이기 때문에 먼 곳에 있는 산이 둘러싸고 있어 영릉永陵은 사격이 없는 국면을 면하게 되었다.

영릉永陵의 좌측에는 덕릉구德陵溝 물길이 있고 우측에는 노군당老君堂 물길이 있다. 두 물길은 칠공교七孔橋에서 합수하고 동남쪽으로 흘러 13릉 저수지에 들어간다.195)

영릉永陵의 좌향은 남에서 서로

---

194) 朱天運, 前揭書(2005), 144~145頁.
195) 上揭書, 145頁.

〈사진 46〉 양취령(陽翠岭)의 모습

53° 기울은 간좌곤향艮坐坤向이다.196)

호산虎山을 안산案山으로 하고 북경서산과 태행산太行山을 그의 조산朝山으로 하고 있다.

영릉永陵의 풍수조건을 종합평가하면 장점長點과 결점缺點을 비교할 수 있는 아주 명확한 능 중의 하나다.

그는 초기 몇 명의 황릉 보다는 못하지만 후기 황릉보다는 좋다고 할 수 있다.

또한, 영릉의 건축은 자기만의 특징을 가지게 되는데,

첫째 규모가 커서 장릉長陵에 버금간다.197)

영릉永陵 능궁의 건축은 기본적으로 장릉長陵을 모방하였는데 평면상으로 보면 전방후원前方後圓의 형식으로 건설하였다.

앞쪽은 세 개의 공간으로 구성되어 있는데 능은문陵恩門은 5칸으로 장릉長陵과 같다. 능은전陵恩殿은 7칸의 팔작지붕의 건축물로 9칸의 장릉長陵보다는 못하지만 5칸의 헌릉獻陵과 경릉景陵, 유릉裕陵, 무릉茂陵, 태릉泰陵, 강릉康陵 보다는 크다.198)

---

196) 王子林, 前揭書(2005), 302頁.
197) 胡漢生, 前揭書(2004), 133頁.
198) 華博, 前揭書(2006), 152頁.

〈사진 47〉 호산(虎山)

둘째 사각형의 공간과 보성寶城 외에 외라성外羅城을 증건增建하였다.

세종世宗은 30살 때부터 자기의 능지를 선정하기 시작했고 착공할 때부터 완공할 때 까지 11번을 시찰하였다. 영릉永陵이 완공될 무렵 능 뒤의 양취산陽翠山에 올라 능역 전체를 관망하였다. 비록 영릉永陵의 규모는 크고 또 강구하지만 그는 그래도 크게 맘에 들지 않았다. 그래서 수행하는 공부대신에게

나의 능은 이리하면 완공 된 것인가

라고 묻자 공부관원은 황제의 뜻을 알고 급히

아닙니다. 밖에 아직 한 개의 성벽이 더 있습니다.

라고 대답하였다. 그리하여 영릉永陵은 앞의 황제들보다 외라성外羅城이 하나 더 많아졌다.[199] 외라성外羅城의 면적까지를 계산하면 영릉永陵은 250,000m² 차지하여 장

〈사진 48〉 청 건륭제때 축소한 릉은문(1935년 모습)   〈사진 49〉 덕릉의 보성 옆에서 바라본 모습

릉長陵의 2배가 된다.

셋째 최상의 재료로 정교하게 시공하였다.

영릉永陵 명루明樓는 비록 벽돌로 조성하였다. 그러나 두공斗拱과 액방額枋, 첨연檐椽, 망판望板과 편액遍額 등은 모두 큰 돌로 조각하고 채색하여 조립한 것으로 견고하고 아름답다. 지금까지 약460년의 세월을 거쳤으나 여전히 튼튼하다. 이는 다른 능들은 몇 번의 수리를 한 것에 비하면 아주 명확히 대비된다 할 것이다. 영릉永陵의 보성寶城과 방성方城은 모두 순의順義에서 생산 된 노란반점의 돌을 사용하여 장릉長陵보다 훨씬 월등하다.200)

역사 기록에 의하면 영릉永陵의 능은전陵恩殿도 모두 남목楠木을 사용하였는데 그 직경은 1.1m로서 장릉長陵의 1.12m와 차이가 없다.

이 재료들은 청나라 건륭제乾隆帝때에 수리한다는 미명하에 바꿔치기 하게 된다.201) 영릉永陵은 규모도 크고 재료는 상급으로 조성하였다.

따라서 다른 능의 조성비용보다 월등하게 많이 사용하여 약800여 만 냥을 사용한다.202)

---

199) 晏子友, 前揭書(1998), 59頁.
200) 胡漢生, 前揭書(2004), 133頁.
201) 華博, 前揭書(2006), 156頁.

〈사진 50〉 소릉의 오공탁과 명루

이러한 비용은 다른 능 건설비용 보다 2~3배 많이 사용된 것이다.

9. 소릉昭陵

1) 융경제隆慶帝 주재후朱載垕의 소릉昭陵

소릉昭陵은 목종明穆宗 주재후朱載垕와 효의후孝懿后 이씨, 효안후孝安后 진씨, 효정후孝定后 이씨 합장릉이다.203)

목종穆宗 주재후朱載垕는 세종世宗의 셋째아들로 가정16년(1537) 정월에 태어나 가정18년(1539) 2월에 유왕裕王에 봉해진다. 가정45년(1566) 12월에 황제에 즉위하여 다음해 연호를 륭경隆慶으로 고친다. 융경6년(1572)

〈그림 41〉 륭경제 주재후 초상화(자료출처 : 위키피디아 백과, http://zh.wikipedia.org)

---

202) 胡漢生, 前揭書(2004), 62~63頁.
203) 張玉正, 前揭書(2008), 143頁.

5월 병으로 건청궁乾淸宮에서 승하하니 재위6년에 향년36세였다.[204] 동년 9월에 소릉昭陵에 안장한다.

목종穆宗이 즉위한 초기에는 서계徐階와 고공高拱, 장거정張居正 등 훌륭한 정치가를 임용하여 실리를 추구하고 병폐病廢를 제거하는 정책을 편다.[205]

첫째 가정년에 진언眞言 때문에 죄를 쓴 관원들을 사면하고 신원시켜 주었고, 감옥에 갇혀 있던 호부주사戶部主事 해서海瑞와 오시래吳時來, 조금趙錦 등 33명의 관원과 엄숭嚴嵩의 박해를 받은 양계성楊繼盛 등 45명의 관원들의 누명을 벗겨 주었다. 이일로 인하여 많은 민심을 얻게 되었으며 조정에서도 모두 환영 하였다.[206]

둘째 그는 도사道士들의 제례행위祭禮行爲를 정지시키고 세종世宗을 우롱한 방사方士들을 법에 따라 치죄토록 하였다.

셋째 그는 국방 강화를 위하여 척계광戚繼光[207]과 이성양李成梁 등 명장을 임용하고 장성長城을 수리하고, 침범한 적국을 공격하였다.[208] 동시에 민족화목 정책을 널리 실행하여 한·몽 두 민족간의 단결을 촉진하여 명나라를 괴롭혀온 남왜북노南倭北虜의 문제가 잠시 해결되었다.

그러나 좋은 때는 길지 않았다. 즉위한지 1년이 안되어 목종穆宗은 차츰 아버지의 길을 따라 주색酒色에 빠져 방탕放蕩한 생활을 하게 된다. 그는 매일 주색酒色놀음에 빠져 조정을 관리하지 않았고 그뿐만 아니라 민정을 살핀다는 핑계로 궁밖에 나가 놀았다. 그는 당시의 재정을 고려하지 않고 대규모 토목공사와 궁원을 건설하고, 묘안석猫眼石과 에머랄드[祖母綠] 등 보석을 구입하는 등 사치품을 사는데 국고금을 탕진하였다.

다행히도 목종穆宗은 비록 조정에 신경을 쓰지는 않았지만 융경제隆慶帝때 몇 명

---

204) 胡漢生, 前揭書(2004), 192頁.
205) 晏子友, 前揭書(1998), 61頁.
206) 黃濂, 前揭書(1997), 225頁.
207) 척계광(戚繼光)은 산동 동모현(東牟縣-지금의 산동성 내무현) 사람이다. 자는 원경(元敬)이고, 호는 남당(南塘)이다. 대녕(大寧-지금의 하북성 보정시) 도지휘사 척경통의 아들이다. 열일곱살 때 부친의 관직을 계승하여 드주위(登州衛-지금의 산동성 봉래현)의 지휘첨사(指揮僉事)가 된다. 그후 왜구의 침입을 물리치는데 혁혁한 전공을 세운다.
208) 黃濂, 前揭書(1997), 225頁.

의 각신閣臣 즉 서계徐階와 고공高拱, 장거정張居正 등 중신들의 의견만은 들었고, 그리하여 융경조隆慶朝때 화평안정和平安定의 정치형세는 유지되었다.209)

효의후孝懿后 이씨李氏는 가정31년(1552)에 유왕비로 간택되었고 37년 4월 병으로 유왕저택에서 죽어 융경隆慶 원년에 효의황후孝懿皇后로 추봉 하였다.

처음에는 경서금산京西金山에 안장하였으나 륭경6년(1572) 9월에 소릉昭陵에 안장하였다.210)

〈그림 42〉 효의후 이씨

효안후孝安后 진씨陳氏는 가정37년에 유왕비로 간택되어 융경원년(1567)에 황후로 책봉된다.

목종穆宗과 사이가 좋지 않아 별궁別宮으로 옮겨서 살아야 했다(황후의 칭호는 폐하지 않았다).

만력24년(1596) 7월에 승하하여 소릉昭陵에 안장하였다.211)

〈그림 43〉 효안후 진씨

효정후孝定后 이씨李氏는 신종神宗의 생모다.212)

어렸을 때부터 가정 형편이 어려워 아버지가 진가의 집에 팔아 진가 아가씨(즉 효안후 진씨)와 자매와 같이 자랐다.

진씨가 유왕비로 선택된 후 이 씨는 진가 아가씨를 자주 보러가게 되는데 그때 목종穆宗의 눈에 들어 궁에 소실로 남게 된다.

〈그림 44〉 효정후 이씨

---

209) 晏子友, 前揭書(1998), 63頁.
210) 上揭書, 65頁.
211) 上揭書, 65頁.
212) 胡漢生, 前揭書(2004), 17頁.

목종穆宗 즉위 후 황귀비皇貴妃로 봉하였다. 효정후孝定后는 행위가 단정하고 붙임성이 있어 궁중 사람들은 그를 구연보살九蓮菩薩이라고 불렀다.

그는 신종神宗과 친정사람들에 대해서도 매우 엄격하여 장거정張居正 등 대신大臣들로부터 상당한 지지를 받게 된다.

신종神宗초기에는 조정이 청명하여 효정후孝定后의 생활과 분간할 수가 없었다.

하지만 완벽한 사람은 없는 법 이분은 불사를 좋아해서 엄청난 국고를 축내게 된다.

만력42년(1614) 2월에 효정후孝定后는 병으로 승하昇遐하니 소릉昭陵에 안장하였다.213)

2) 소릉昭陵의 풍수적 특징

소릉昭陵은 천수산天壽山 능역 서부의 대욕산大峪山 동쪽 기슭에 있다.214)

소릉昭陵의 지하 현궁玄宮은 원래 세종世宗 주후총朱厚熜이 그의 아버지를 위해 건설한 곳이다.215)

무종武宗 주후조朱厚照가 아들이 없이 죽자 '형이 죽으면 동생이 이어 받는다[兄終弟及]'는 명나라의 조훈祖訓에 따라 멀리 호북의 흥왕興王 주우원(그는 이미 죽어 호북 종상시 송림산에 안장 하였다)의 세자 주후총朱厚熜이 황위를 물려받으니 그가 곧 세종世宗이다.216)

가정3년 세종世宗은 군신들의 말을 듣지 않고 그의 아버지 주우원朱祐杬을 헌종예황제獻宗睿皇帝로 추봉하고 아버지의 묘지가 위치한 송림산松林山을 순덕산純德山으로 고치고 능호를 현릉顯陵이라 하였다.

---

213) 晏子友, 前揭書(1998), 65頁.
214) 王子林, 前揭書(2005), 289頁.
215) 晏子友, 前揭書(1998), 63頁.
216) 박덕규, 앞의 책(2008), 17쪽.

〈사진 51〉 소릉 전경

가정17년 12월 그의 어머니 장태후蔣太后가 북경에서 병으로 승하하자 세종世宗은 아버지의 관棺을 호북에서 북경으로 옮겨와 어머니와 합장하고자 한다.

무정후武定侯 곽훈郭勛과 공부상서工部尚書 장요蔣瑤에게 명하여 대욕산大峪山 동쪽 기슭 지금의 소릉昭陵자리에 새로운 능지를 정하고 지하 현궁玄宮을 건설토록 하였다. 그 후 세종世宗은 그 능지에 대하여 반복하여 재검사하고는 생각을 바꾼다. 대욕산大峪山은 "쓸쓸하고 애닯프다[凄苦], 순덕산純德山보다 아름답지 않다"며 어머니 장씨를 순덕산純德山 현릉顯陵에 안장하였다. 그 후 대욕산大峪山 아래에 건설한 지하 현궁玄宮은 할 수 없이 봉쇄하고 사용하지 않았다.217)

세종世宗은 힘으로 대중의 의견을 억압하고 고집으로 대욕산大峪山에 아버지의 능을 건설하여 현궁玄宮이 건설된 후에도

> 쓸쓸하고 애닯프다, 순덕산(純德山)보다 아름답지 못하다.

고 하면서 결국은 사용하지 않게 된다.218)

---

217) 晏子友, 前揭書(1998), 63~64頁.
218) 胡漢生, 前揭書(2004), 67頁.

〈사진 52〉 능은문(稜恩門)과 대욕산

세종世宗이 이곳에 그의 아버지를 안장하지 않은 이유는 무엇일까?!!!

세종世宗은 자기의 능지를 양취령陽翠岭 아래에 선택하게 되는데 그런대로 괜찮은 곳이라 다른 대안代案이 없었다. 하지만 아버지의 능지를 자기 능지 아래에 건설(동쪽은 상上 서쪽은 하下)하는 것은 이치에 맞지 않았다.

그리고 명 전기의 황제 능이 서로 떨어진 거리는 약1.2km 전후이다.[219] 그러나 대욕산大峪山은 외롭게 높이 솟아있을 뿐만 아니라 제일 가까운 장릉長陵이나 영릉永陵과도 약4.5km나 따로 멀리 떨어져 있어 자연히 "쓸쓸하고 애닯프다[凄苦]"고 할 만하다.[220]

또한 천수산天壽山 능역에 안장한 황제들은 모두 진짜 황제이나 그의 아버지는 추증追贈한 황제로 그 중에 끼여 있으면 후세 사람들이 보기에도 격이 맞지 않는 것이었다.

또한 당시에는 능을 옮기면 이롭지 않다[遷陵不利]라는 말이 있었고 그에 따라 명의 초대 황제 주원장朱元璋도 그러한 이치에 따른 적이 있었다.[221]

홍무초년에 주원장朱元璋이 그의 아버지를 인조순황제仁祖淳皇帝로 추봉하고 봉양鳳

---

219) 華博, 前揭書(2006), 167頁.
220) 朱天運, 前揭書(2005), 152頁.
221) 張玉正, 前揭書(2008), 141頁.

陽에 있는 능을 남경 자금산紫金山으로 옮겨 새로 능을 건설하려 하였다. 그러나 유백온劉伯溫과 이선장李善長, 송렴宋濂 등 대신들은

　　　인조순황제(仁祖淳皇帝)는 안장한지 오래되어 다시 옮겨 안장하면 좋은 일이 아닙니다.

라고 간언하였고 주원장朱元璋도 할 수 없어 포기하였다.
　이일에 대하여 세종世宗도 영향을 받게 되면서 그의 아버지 묘소를 대욕산大峪山의 현릉顯陵으로 옮기지 않게 되는데, 이것은 여러 요인이 공통으로 작용한 결과라 할 수 있다.

　34년이 지난 융경6년(1572) 목종穆宗이 죽었다.
　이에 예부禮部 좌시랑左侍郎 왕희열王希烈에게 천수산天壽山에서 능지를 찾게 하자 담욕령潭峪岭을 선택하여 보고 하게 된다.

〈사진 52〉 소릉(昭陵) 건좌손향(乾坐巽向)222)(자료출처 : www.eemap.org)

---

222) 王子林, 前揭書(2005), 302頁.

이어서 장거정張居正과 사례감司禮監의 환관宦官 조헌趙憲 등은 또 한번 능역지를 답사하고 심사하여 대욕산大峪山에 능을 건설하는 것을 제안한다.223)

장거정張居正은 상주문上奏文에서,

> 대욕산(大峪山) 현궁(玄宮)은 정고하고 완벽하여 마치 신이 만든 듯 합니다. 또한 산천 형세가 취결하고 환포하여…… 하늘이 땅에 만든 훌륭한 곳으로 가히 제왕의 진택입니다.224)

라고 보고 하였다.

신중한 선택을 하기 위하여 만력제萬曆帝는 또 공부상서工部尙書 주형朱衡에게 명하여 다시 조사하게 하는데 주형朱衡도 예조(헌황제 묘호)의 현궁玄宮안에서는

> 상서로운 기운이 발산하고 온화하며 문안이 깨끗하여 마치 따뜻한 살결 같습니다.225)

라고 보고한다.

그때서야 만력제萬曆帝는 조서를 내려 소릉昭陵이라 정하고 몇 년을 봉해 놓았던 현궁玄宮에 목종穆宗을 안장한다.

동시에 지상에 능 궁을 건설하는데 소요되는 비용은 약 은150만 냥이다.226)

소릉昭陵은 만력원년(1573)에 건설을 시작하여 1년에 걸쳐서 완성하게 되는데

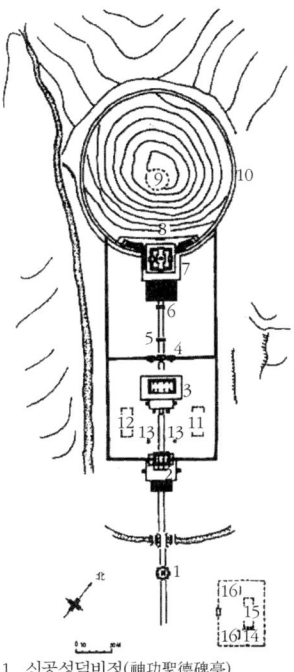

1. 신공성덕비정(神功聖德碑亭)
2. 능은문(稜恩門) 3. 능은전(稜恩殿)
4. 삼좌문(三座門) 5. 영성문(欞星門)
6. 석공안(石供案)
7. 방성(方城), 명루(明樓)
8. 유리조벽(琉璃照壁)
9. 보정(寶頂) 10. 보성(寶城)
11. 좌배전(左配殿)12. 우배전(右配殿)
13. 신백로(神帛爐)14. 재성정(宰牲亭)
15. 신주(神廚) 16. 신고(神庫)

〈그림 45〉 소릉(昭陵) 평면도
(자료인용：胡漢生,〈明十三陵〉)

---

223) 晏子友, 前揭書(1998), 63頁.
224) 精固完美 有同神造, 山川形勢結絜環抱 誠天地之奧區 帝王之眞宅.
225) 晏子友, 前揭書(1998), 64頁.
226) 胡漢生, 前揭書(2004), 63頁.

〈사진 53〉 소릉(昭陵)의 내룡(來龍)

34,600m²의 면적을 차지한다.

장거정張居正 등이 현릉顯陵을 고쳐 소릉昭陵으로 사용코자 한 것은 재정을 절약하자는 원인 외에도 풍수적인 원인이 있었다.

소릉昭陵의 풍수환경은 그래도 상당히 좋은 편이다. 소릉昭陵이 기댄 곳은 천수산天壽山 능역 서부의 대욕산大峪山이다. 대욕산大峪山은 군도산맥軍都山脈에서 동남방향으로 뻗은 하나의 지맥支脈이다. 이 지맥은 강릉康陵 뒤쪽의 연화산蓮花山을 거쳐 하나의 독립된 원형의 산봉우리를 일으켜 세우는데 총칭하여 대욕산大峪山이라 한다.

대욕산大峪山의 한줄기는 서북-동남방향의 산골짜기를 만들고 또 한편으로는 남북으로 두개의 봉우리를 만든다. 남쪽 봉우리는 비교적 높고 커서 당시 사람들은 대욕산大峪山이라고 불렀고 북쪽 봉우리는 비교적 작고 낮아 소욕산小峪山이라 불렀다.[227]

대욕산大峪山과 소욕산小峪山은 동남의 13릉 분지 방향으로 모두 4개의 큰 맥을 뻗

---

227) 朱天運, 前揭書(2005), 154頁.

〈사진 54〉 소릉의 형세

는데 소릉昭陵은 남쪽의 두 번째 낙맥落脈의 동남쪽 기슭에 있으며, 성조成祖 후궁원침後宮園寢과 맞닿아 있다.

대욕산大峪山은 능역의 서부지역에 자리하고 있어 13릉 분지를 둘러싼 중요한 산맥이다. 그러나 산맥의 전체적인 입장에서 말하면 그는 천수산天壽山과 같은 맥脈이 아니다. 천수산天壽山은 군도산軍都山에서 직접 내려온 정맥正脈이고 대욕산大峪山은 군도산軍都山의 지맥支脈이다.

두개는 나란히 한 계통으로 내려온 것이 아니다. 능역 북부의 주맥主脈은 천수산天壽山이고 대욕산大峪山은 서부의 방맥旁脈의 자리에 있기 때문에 용맥龍脈의 존귀 정도만을 말하면 대욕산大峪山은 천수산天壽山 보다 못할 뿐 아니라 심지어 동쪽에 앉아 서쪽을 향하는 양취령陽翠岭보다도 못하다고 할 수 있다. 대욕산大峪山 주봉의 해발은 약600여m로 웅장하고 크며 형체가 단정한 형상이다. 주봉에서 출발한 용맥이 동남방향에서 두 갈래로 갈라져 낙맥하는데 길이는 약 2km이다. 하나의 용맥은 높고 길게 행룡하고 또 다른 용맥은 조금 낮고 짧게 행룡하는데, 마치 바다로 입수하는 쌍용雙龍같이 기복起伏하며 앞으로 내달린다.[228]

두 갈래의 용맥龍脈에서 어느 하나를 혈 뒤 내룡來龍으로 해야 합당할까…. 풍수가의 선택은 남쪽의 두 번째 용일 것이다. 이것은 아주 정확한 선택이다.

남南쪽의 첫 번째 용맥龍脈은 두 번째 용맥龍脈보다 조금 긴 것을 발견하게 되는데, 그 첫 번째 용의 뒤쪽에는 덕승구德勝口 물길이 있다.

만약에 이것을 혈 뒤 내룡來龍으로 하면 첫 번째 내룡來龍이 길게 튀어나왔기 때문에 혈장 옆에는 용호사龍虎砂가 없어 넓기만 하고 무정하게 된다.

둘째 남쪽의 덕승구德勝口 물길은 물이 급하게 흘러 능역에 소란하고 불안한 느낌을 준다.

만약에 남쪽 두 번째를 정혈定穴하면(즉 현재의 소릉자리) 이 두 결점缺點을 순리적順理的으로 해결하게 된다.

남쪽 두 번째 용맥龍脈은 비교적 짧고 첫 번째와 세 번째 용맥龍脈의 중간에 있어 내천川자 형태로 구성되어 있다. 남쪽 첫 번째 용맥龍脈은 동시에 또 분리分離하는 역할을 하여 덕승구德勝口 물길과 능역을 멀리 분리分離하여 조용하고 안전하게 한다.

소릉昭陵의 물길도 비교적 이상적이다.

용맥 양쪽의 산골 물은 능 앞에서 합수하여 능역을 감싼다. 서북쪽에서 온 추석구錐石口 물길과 덕승구德勝口 물길은 칠공교七孔橋에서 만나서 능역의 두 번째 교합수交合水가 된다.229)

소릉昭陵의 건축은 남에서 동으로 38° 기운230) 건좌손향乾坐巽向으로 배치되어 있으며, 13릉 저수지 남쪽의 한포산汗包山이 안산案山이다.

소릉昭陵의 규모는 태릉泰陵, 강릉康陵과 같다. 유일한 특색은 보성寶城에 아파원啞巴院 건축이 추가된 것이다. 아파원啞巴院231)은 우연히 출현한 능 건축의 변화다. 소릉

---

228) 上揭書, 154頁.
229) 上揭書, 154~155頁.
230) 胡漢生, 前揭書(2004), 14頁.
231) 啞巴院은 방성과 보성사이의 초승달 모양의 조그만 뜰로, 동서 양쪽에 전향답타가 있어 명루와 보정을 올라갈 수 있다. 아파원 맞은편에 있는 담장 중앙에 유리조벽을 쌓았는데, 맞은편 방성의 고동문과 마주하고 있다. 유리조벽은 장식의 의미도 있고 지하로 통하는 입구의 券瞼을 엄폐하기 위하여 만든 것이다. 조벽에서 남쪽 지면에 神道가 있는데, 그 안이 전체 능묘에 있는 신도의 기점이다. 그 아래가 바로 地下宮으로 들어가는 경사진 隧道이다. 墓道를 봉쇄하고 月牙城을 건설하는 일은 전체 능침을 건설하는데 가장 마지막에 하는 공사이다. 전하는 바에 따르면, 고대에는 주로 벙어리를 징집하여 월아성을 건설했는데, 낮에는 쉬고 밤에만 일을 했으며, 모든 공사가 끝난 후에는 인적이 드문 곳으로 이주시켜 살도록 했다고 한다.

〈사진 55〉 아파원(啞巴院)

昭陵 이전의 장릉長陵을 포함한 천수산天壽山의 황릉은 보성寶城안의 봉분封墳을 흙으로만 만든 것이다.

헌릉獻陵에서 강릉康陵에 이르는 여섯 개 능의 봉분은 모두 보성寶城내벽을 수조형으로 쌓아 흙을 채우고 평탄형의 봉분을 만들었다. 이런 과정에서 배수排水 문제 등을 해결하기 위하여 명루明樓뒤 묘총墓塚 앞에 흙을 막는 벽을 설치하게 된다. 흙을 막는 벽은 보성寶城 양쪽에 마치 모양이 초승달과 같은 옹성을 만들게 되는데 이것이 바로 월아성月牙城이다.232) 월아성 안은 비교적 좁고 사람들이 오고가지 않아 벙어리원[啞巴院] 이라고도 한다. 벙어리원은 비록 무심코 창조한 일이지만 이런 현상은 예전의 봉분형식에 비해 더욱 생동감 있고 웅장한 느낌을 준다. 명 후기 황릉은 대체로 이런 형식으로 조성된다.233)

명이 망한 후 소릉昭陵은 두 번에 걸쳐 비교적 큰 파괴를 당하게 된다.

한번은 숭정17년(1644) 이자성李自成이 영도한 농민군이 거용관居庸關에 도착했을

이는 지하궁의 비밀이 누설되지 않도록 하기 위함 이었다. 이런 까닭에 啞巴院이라고 속칭한다.
232) 胡漢生, 前揭書(2004), 139頁.
233) 朱天運, 前揭書(2005), 155~156頁.

〈사진 56〉 명루와 보성의 모습　　　　〈사진 57〉 소릉 릉은전(1935년도 모습)

때 관문을 지키던 당통唐通이 항복을 한다.

이때 농민군이 창평현에 도착하였을 때 13릉에 들어가 소릉昭陵과 정릉定陵, 강릉康陵 등에 불을 질러 소실燒失 된다. 또 한번은 강희康熙 34년(1685) 3월에 천둥번개에 맞아 능은전稜恩殿이 소실燒失된다.[234]

건륭50년(1785) 청 황실은 명릉에 대해 수리를 진행하였다.

그러나 원래 있던 건축구조를 축소하게 된다.

1987년 4월 소릉昭陵에 대하여 복원 수리 공사를 시작하여 1990년 8월에 완공 9월에 개방하였다.

〈사진 58〉 정릉의 명루

10. 정릉定陵

1) 만력제萬歷帝 주익균朱翊鈞의 정릉定陵

정릉定陵은 신종明神宗 주익균朱翊鈞과 효단후孝端后 왕씨, 효정후孝靖后 왕씨의 합장능이다.

---

234) 晏子友, 前揭書(1998), 64頁.

신종神宗 주익균朱翊鈞은 목종穆宗의 셋째아들로 가정 42년(1563) 8월 17일에 태어난다. 융경2년(1568) 3월에 태자에 봉해지고 융경6년(1572) 6월에 10살의 나이로 황제에 즉위하여 다음해 연호를 만력萬曆으로 고친다. 만력48년(1620) 7월 굉덕전宏德殿에서 승하하니 향년58세이다.235)

〈그림 46〉 만력제 주익균 초상화
(자료출처 : 위키피디아 백과, http://zh.wikipedia.org)

신종神宗은 명나라 황제 중 가장 오랜 세월 재위한 황제 중에 한명이다.236) 그러나 그는 방탕放蕩하고 나태懶怠한 생활을 하는 전형적인 인물이었다. 신종황제부터 명나라는 점점 망해가고 있었다.237) 우리에게는 임진왜란壬辰倭亂 당시에 조선朝鮮에 원군援軍을 파견한 황제로 널리 알려진 인물이다.

신종神宗이 즉위한 초기에는 나이가 어려 효정후孝定后와 환관 풍보馮保, 수보대신修補大臣 장거정張居正238)의 도움을 받아 유흥하는 나쁜 습관을 많이 고친다. 이들에 대한 경의의 마음에서 행동도 그리 어긋나지 않았다. 장거정張居正이 실시하는 개혁조치 뿐만 아니라 어떠한 계획도 모두 받아들여 조정에는 한때 생기와 활력이 넘치는 듯 했다. 그러나 그의 사치스럽고 방종한 마음은 여전하여 독단으로 결정하는 악습은 계속 커져만 갔고 정거정張居正의 제지와 설교에 대해 반감이 커져갔다.239)

만력10년(1582) 장거정張居正은 병으로 죽고 신종神宗의 나이는 20세가 된다.

---

235) 胡漢生, 前揭書(2004), 194頁.
236) 張玉正, 前揭書(2008), 145頁.
237) 黃濂, 前揭書(1997), 226頁.
238) 장거정(張居正)은 호북성(湖北省) 강릉현(江陵縣) 사람으로 자는 숙대(叔大)이다.
　스물두살에 진사에 급제해 곧 벼슬을 했고, 뚜렷한 신념과 원대한 포부를 품고 공명정대하게 일을 처리해 아무도 무시할 수 없는 권력자가 되었다. 그러면서 모나지 않은 인사행정으로 정국을 조화롭게 이끌었다. 목종의 즉위와 함께 대학사로 기용된(1567, 융경원년) 이래 만력10년(1582년)에 이르도록 16년간의 재상의 지위에 있었다.
239) 晏子友, 前揭書(1998), 65~67頁.

〈그림 47〉 장거정

장거정張居正과 풍보馮保에 대하여 그동안 쌓이고 쌓인 원한과 불만을 털어내기 위하여, 풍보馮保를 남경으로 보내고 장거정張居正에게는 반란反亂과 불충不忠의 죄명을 씌워 천하에 효시嚆矢하게 하고 가산家産은 차압해 버린다. 그뿐만이 아니고 장거정張居正의 장자에게는 스스로 자결할 것을 강요하여 목을 매서 죽게 한다.[240)]

둘째 아들과 다른 자식들은 군인으로 충당하였고, 장거정張居正이 임용한 관리들도 모두 제거하고 만다.[241)]

그 뒤부터 그는 후궁後宮에 틀어박혀 조정을 돌보지 않고 재물과 술, 여자에 빠져 생활하게 된다. 대신들이 그들 한번 만나려면 굉장히 어려운 일이 되고 만다.[242)]

만력 중기 조정에는 황제도 없고 상주문上奏文도 없을 뿐만 아니라 궁궐은 비고 관원들도 제자리를 지키지 않아 그야말로 국가의 기능은 거의 마비상태에 빠지고 만다.

천자天子의 재물財物은 4해四海에 가득함에도 신종神宗은 부족하다면서 백성들을 수탈하여 재물財物이 하늘에 닿을 지경에 이르게 된다. 그는 다수의 신임하는 신관信官들을 보내 각지의 세금담당 관원을 채찍 또는 곤장으로 때려 수탈하도록 다그쳤다.[243)]

이때부터 명나라는 실질적으로는 망국의 길로 접어들고 있었다.[244)]

그리고 신종神宗은 국사도 부패하고 집안일도 엉망진창이 되도록 방치한다. 후궁은 3천명이나 되었으나 오직 정귀비鄭貴妃 한명만을 총애한다.

그래서 정귀비鄭貴妃가 낳은 셋째아들 주상순朱常洵을 태자太子로 삼고자 한다. 황장자 주상락朱常洛은 냉대하고 꾸물거리면서 황태자皇太子로 확정하지 않는다.[245)] 그

---

240) 박덕규, 앞의 책(2008), 79쪽.
241) 寺田隆信, 서인범·송정수 옮김, 앞의 책(2006), 162쪽.
242) 上官平, 차효진 옮김, 앞의 책(2008), 287쪽.
243) 박덕규, 앞의 책(2008), 81쪽.
244) 胡漢生, 前揭書(2004), 198頁.

〈그림 48〉 만력제 초상화(자료출처 : 위키피디아 백과, http://zh.wikipedia.org)

러자 황제의 모후인 효정후孝定后가 직접 나서서 주상락朱常洛을 태자太子로 결정한다.246)

그럼에도 불구하고 정귀비鄭貴妃는 주상락朱常洛을 해치려 시도하였고 그에 따른 명백한 증거가 있음에도 신종神宗은 모른 척 하거나 오히려 정귀비를 두둔하며 감싸주었기에 때문에 흐지부지 되고 만다.

효단후孝端后 왕씨는 신종神宗의 본처이다.

만력6년(1578) 2월에 황후에 책봉되어 48년 4월에 병으로 승하하니 10월에 정릉定陵에 안장한다.

〈그림 49〉 효단후 왕씨

---

245) 이 문제로 인하여 조선의 광해군은 명나라의 인준을 받지 못한다. 그래서 광해군이 왕위에서 쫓겨나는 인조반정의 명분을 제공하게 된다. 참으로 불행한 일이다.
246) 晏子友, 前揭書(1998), 70頁.

〈그림 50〉 효정후 왕씨

〈사진 59〉 명 만력제 탑

효정후孝靖后 왕씨는 광종光宗의 생모로서 만력6년(1578) 2월에 황궁에 들어온다. 만력10년(1582) 6월에 공비恭妃에 책봉되고 8월에 광종光宗을 낳았다. 만력29년(1601) 광종光宗은 황태자로 확정되었으나 왕씨의 호칭은 여전히 변하지 않는다.

만력33년(1605) 태자는 장손長孫을 낳아 모두가 기뻐하고 큰일로 받아들였으나 여전히 왕 씨의 호칭은 변하지 않았다.

대신들이 연속하여 상소하자 신종神宗은 할 수 없어 이듬해 왕 씨를 황귀비皇貴妃로 책봉한다. 신종神宗은 광종光宗 모자에 대해서는 사랑하지 않았을 뿐만 아니라 무관심으로 일관한다.

그 후 어머니가 위독하다는 소식을 접한 광종光宗이 달려갔을 때, 궁문이 잠겨있어 문을 부수고 들어가서야 모자母子가 만날 수 있게 된다.[247]

왕씨는 병으로 만력39년(1611) 9월에 죽었다.

광종光宗이 즉위한 후 어머니를 황태후皇太后에 존봉하려고 하였으나 예의를 실행하지 못하고 먼저 죽게 된다.

희종熹宗이 즉위한 후 정릉定陵으로 옮겨 안장하였다.[248]

---

247) 胡漢生, 前揭書(2004), 216頁.
248) 晏子友, 前揭書(1998), 70頁.

2) 정릉定陵의 풍수적 특징

신종神宗은 10살에 황제에 즉위한 후 20살 때부터 자신의 능지를 찾게 된다.[249] 약 2년여에 걸쳐서 11곳을 현지조사하고 마지막으로 효정후孝定后가 직접 심사하여 소릉昭陵 북쪽 2km 지점의 대욕산大峪山 아래에 정하게 된다.[250]

신종神宗의 능지를 찾는데 무엇 때문에 이렇게 어렵고, 또 무슨 이유가 있어서 황제의 어머니인 태후太后가 나서서 결정해야만 하였는지 그 이유를 함께 살펴보자.

천수산天壽山에는 신종神宗의 선대황제 9명이 안장되어 있었다. 때문에 능역안의 상상길지上上吉地는 거의 다 사용하여 완벽한 가혈佳穴을 찾기가 쉬운 일이 아니었다.

〈사진 60〉 정릉 술좌진향(戌座辰向)[251](자료출처 : www.eemap.org)

---

249) 晏子友, 前揭書(1998), 68頁.
250) 王子林, 前揭書(2005), 289頁.
251) 上揭書, 302頁.

담욕령潭峪岭과 천수산天壽山 앞의 보산寶山 남쪽 기슭 그리고 소욕산小峪山 북쪽 기슭 이렇게 세 곳이 후보지로 선정되는데 각자가 문제점을 안고 있었기에 선택하는데 많은 어려움을 겪게 된다.252)

때로는 맘에 들면 조상 능보다 위쪽이나 뒤쪽에 해당되는 경우가 있어서 좋은 곳을 찾게 되더라도 종법논리宗法論理 때문에 능지로 정할수가 없었다.

각 후보지 별로 문제점과 선정 과정을 살펴보면,

첫 번째 후보지는 담욕령潭峪岭이다.

용혈사수龍穴砂水 모두가 아름다워 몇 분의 황제도 염두에 두었던 곳이다. 그러나 종법논리宗法論理 등 여러 이유로 그 누구도 능지로 정하지 못했던 곳이다. 아름답고 훌륭한 이곳도 부족하고 미흡한 요소가 있었는데, 그것이 바로 영릉永陵 동쪽의 산 능선 때문이었다. 담욕령潭峪岭에 능을 건설하면 산 능선이 서로 가로막아 명당의 중심지인 칠공교七孔橋에서 능의 명루明樓를 볼 수 없게 된다(당시 강릉만이 이러하다).

신종神宗은 명 황제 중 가장 사치하고 겉 치례를 좋아하는 황제 중 한명이었다. 따라서 자기의 능이 세상에 알려지지 않는 계곡 안에 건설되어 조상들과 같이 호화스러움을 앞에 드러내지 못하는 것은 자기의 신공성덕神功聖德을 전면 부정하는 것이라 생각했던 것이다.

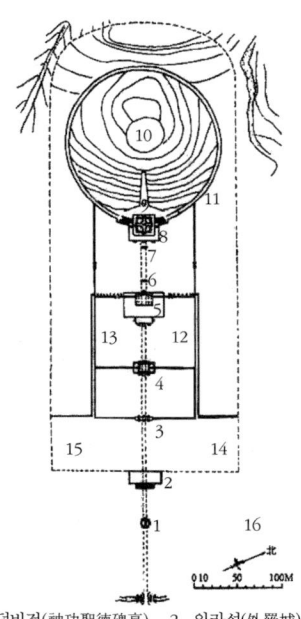

1. 신공성덕비정(神功聖德碑亭) 2. 외라성(外羅城)
3. 능침중문(陵寢重門) 4. 능은문(稜恩門)
5. 능은전(稜恩殿) 6. 영성문(欞星門)
7. 석공안(石供案) 8. 방성(方城), 명루(明樓)
9. 현궁전입구(玄宮前入口) 10. 보정(寶頂)
11. 보성(寶城) 12. 좌배전유지(左配殿遺址)
13. 우배전유지(右配殿遺址) 14. 신주유지(神廚遺址)
15. 신고유지(神庫遺址) 16. 재성정유지(宰牲亭遺址)

〈그림 51〉 정릉(定陵) 평면도
(자료인용 胡漢生, 〈明十三陵〉)

---

252) 晏子友, 前揭書(1998), 69頁.

신종神宗 황제는 이것을 순순히 받아들일 수가 없었던 것이다. 그래서 담욕령潭峪岭 아래의 길지는 당연 포기하게 된다.
　다음으로는 천수산天壽山 앞의 보산寶山 남쪽 기슭이다. 이곳은 용진혈적龍眞穴的하고 풍수적으로 상길지에 속하여 능지로 선택하고 싶었다.
　하지만 위치가 유릉裕陵과 헌릉獻陵 두 선조의 능 사이에 끼어드는 형태가 되자 비록 신종神宗이라 할지라도 망설이지 않을 수 없었던 것이다.253)

　그는 수행하는 대신에게

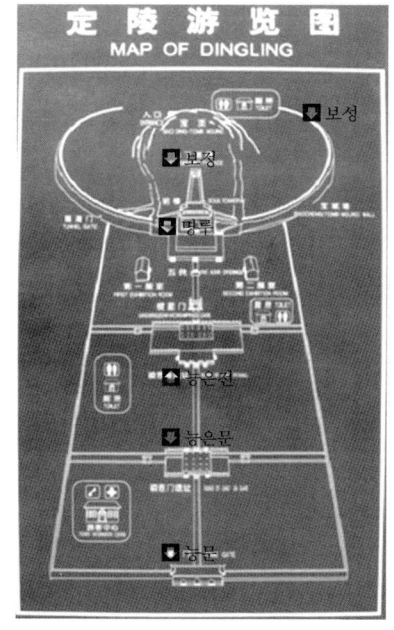

〈그림 52〉 정릉 배치도

　　짐은 많은 산을 보았으나 보산(寶山)과 대욕산(大峪山)은 상급에 해당하는 것 같다. 그러나 짐은 보산(寶山)이 두 조상 능 사이에 있어 나의 능지로 선택하는 짓을 하지 못 하겠다.

면서 포기하게 된다.
　마지막으로 찾은 소욕산小峪山 아래의 길지(현재의 정릉자리)도 이와 같은 문제에 부닥치게 된다. 대욕산大峪山과 소욕산小峪山은 각각 동남쪽으로 두 갈래의 낙맥이 뻗었다. 소릉昭陵은 바로 대욕산大峪山 남쪽의 두 번째 낙맥落脈아래에 위치하고 있는데, 소욕산小峪山 북쪽 두 번째 낙맥落脈 앞에 한 개의 길지가 있었다.
　능지를 소욕산小峪山 아래에 선택하면 전체 능역이 더욱 조화롭고 아름답게 보일 것이다. 따라서 많은 길지 후보 중 소욕산小峪山은 의심할 바 없이 마음을 강하게 끄는 힘이 있었다. 주산主山은 높고 크며 낙맥落脈이 아름다울 뿐만 아니라 능역의 중심에서 아주 잘 보이는 곳에 위치하게 된다. 또한 장릉長陵, 영릉永陵과도 마주 바

---

253) 上揭書, 69頁.

〈사진 61〉 정릉 전경 - 주변산세

라보게 되고 부황 목종穆宗 주재후朱載垕의 소릉昭陵과도 가까이 위치하게 된다.

그러나 제일 큰 장애는 위치가 소릉의 북쪽에 위치하게 된다는 점이다.

풍수원칙에 근거하면 능역의 북방은 상上이고 남은 하下이다.

정릉定陵을 소욕산 아래에 낙점하게 되면 소릉昭陵은 남[下]에 위치하게 되고 정릉定陵은 북[上]에 있게 되어 아들은 상上, 부모는 하下가 되어 당연히 부적당하게 된다.

또 종법의 원칙에 근거하면 조상능인 장릉長陵을 중심으로 촌수가 높으면 장릉(長陵)에 가까이 위치하고 촌수가 낮아질수록 멀리 능지를 선택하는 원칙이 있다. 그러나 이곳은 촌수가 높은 아버지는 멀고 촌수가 낮은 아들은 가까이 위치하게 되니 이것은 더욱 적당하지 못한 일인 것이다.

이것은 신종神宗 황제에게는 정말로 어려운 문제 중의 하나였다. 종법의 원칙을 따라 선택하느냐 아니면 길지를 선택할 것인가 고민하지 않을 수 없었던 것이다. 신종神宗으로서는 소욕산小峪山보다 더욱 좋은 곳을 찾을 수가 없었기에 더욱 고민이 클 수밖에 없었다.

이러한 문제를 그의 어머니 효정후孝定后를 통하여 해결하게 된다. 그는 직접 천수산天壽山 능역을 심사한 후 신종神宗황제의 능지로 아버지의 능인 소릉昭陵 북쪽에 선택해도 된다고 명백하게 표명한다.

〈사진 62〉 정릉의 조산 - 고축사(告軸砂)형태로 아름답다

　태후太后도 허락한 일을 대신들이 무슨 말을 할 수 있겠는가. 신종神宗황제는 어머니로부터 굉장히 큰 선물을 받게 되자, 어머니에게 고맙다 거듭 인사를 하고는 즉시 소욕산小峪山을 대욕산大峪山으로 고치고254) 길일吉日에 공사를 시작한다.

　그렇지만, 지하 현궁玄宮을 굴착하는데 관棺을 놓는 금정金井의 위치에 마치 병풍과 같은 길이가 약5m 되는 돌이 박혀있었다. 이에 풍수가들은 흙색이 좋고 모래자갈층이 없어 아주 좋은 토질을 갖고 있으나 돌이 나온 것은 굉장히 흉한 일이라는 의견을 제시하게 된다. 이에 대신들 사이에는 다른 곳을 찾아야 된다는 등의 다양한 의견이 제시되었고 이것을 신종황제에게 보고하게 된다. 신종은 예전에 진시황秦始皇이 여산驪山의 명당터에 능을 조성하였음에도 나라가 망하는 흉사를 당하였다. 그런데 무슨 대수인가. 그리고 천수산天壽山 자락의 부모와 선조들이 묻힌 이곳보다 더한 길지吉地가 어디에 있다는 말인가… 하고 신종은 명확하게 결론을 내리게 된다.255)

　대욕산大峪山은 두 개의 봉우리가 북쪽과 남쪽에 있다. 남쪽의 산봉우리는 비교적

---

254) 上揭書, 69頁.
255) 上揭書, 69頁.

높고 커 대욕산大峪山이라 부르고, 북쪽의 산봉우리는 비교적 작아 소욕산小峪山이라 부른다. 두산은 각각 능역방향으로 두 갈래의 낙맥落脈을 뻗는데 정릉定陵은 소욕산小峪山 북쪽의 두 번째 낙맥落脈앞에 위치하고 있다. 해발 약300여m의 소욕산小峪山 주봉은 형세가 높고 험준하다. 위이기복逶迤起伏하며 내려온 낙맥落脈은 길이가 약 1km이고 기세가 있다. 낙맥落脈의 경사도는 비교적 크다 하지만 강릉康陵처럼 가파르지 않아 능에 대해 압박하는 느낌은 없다. 길이와 규모, 형태 등에서 소릉昭陵보다는 분명히 부족하다. 중생대中生代에 생성된 회암灰岩과 송백이 산을 뒤덮고 있다.256)

산에 올라보면 13릉의 산세가 한눈에 들어온다. 반대로 정릉을 멀리서 바라보면 능역의 제일 좋은 지점중 하나이다.

정릉定陵은 소릉昭陵 뒤쪽의 내룡來龍과 소욕산小峪山 북쪽 첫 번째 낙맥落脈이 용호사산龍虎砂山이다. 좌청룡인 소릉 뒤쪽의 내룡은 비교적 가깝고 단정한 반면에 우백

〈사진 63〉 정릉의 입수룡과 대욕산 - 입수룡과 배치가 어긋나 있다.

---

256) 朱天運, 前揭書(2005), 163頁.

호인 소욕산 북쪽 첫 번째 낙맥은 비교적 멀고 산란하다. 그리고 좌우 사격이 서로 환포하는 형세가 부족하여 좋다고 할 수는 없다.

정릉定陵의 물길은 소릉昭陵과 같다. 양옆의 산골 물은 능 앞에서 합수하는데 이것이 첫 번째 합수이다. 추석구錐石口 물길과 덕승구德勝口 물길은 칠공교七孔橋 서쪽에서 합수하는데 이것이 두 번째 합수이다.[257]

이로서 수법水法은 정확히 부합附合한다 할 것이다.

풍수술법에서 요구하는 능묘의 향법向法은 일반적으로 내룡의 진행방향에 순응하도록 하는 것이 일반적이다. 그러나 정릉은 이에 부합하지 않는다.

정릉의 방향은 분명하게 이러한 술법에서 크게 벗어나 있다. 이런 술법을 채택한 이유는 무엇일까….

첫째 정릉 능문 남쪽에는 소릉이 위치하고 있다. 아버지 능이 자기 능 앞에 위치하게 되는데 이것을 받아들이기가 어려웠을 것이다.

둘째 정릉의 주산이 대욕산에 비해서 웅장함이 적어 능침의 위엄이 떨어진다고 생각한 신종황제의 성격에 부합하지 못하였다.

셋째 좌우 용호사가 서로 환포하고 대칭적인 형세를 이루지 못하자[258] 이것도 또한 마땅하지 않았을 것이다.

이러한 여러 문제를 해결하고자 천심십도법天心十道法에 의한 다양한 검토를 거쳐 현재의 방향을 선택하게 된다. 웅장한 대욕산의 주봉을 배경삼아 능침 건축의 위엄을 드높이도록 하고 좌우용호가 상호 대칭되는 선택을 하게 된다. 이로서 명당의 중심에 장릉과 영릉이 한눈에 들어오도록 한다.

소릉과는 나란하고 다른 능침과도 대체적으로 어울리는 형세를 가지게 된다. 이러한 선택은 각종 요소를 절충한 최선의 방안이라 생각된다.

정릉은 남에서 동으로 54° 기울어진[259] 술좌진향戌坐辰向이다.[260]

정릉定陵은 만력12년(1584) 11월에 착공하여 18년 6월에 대체로 완공하는데 매일

---

257) 上揭書, 163頁.
258) 張玉正, 前揭書(2008), 144頁.
259) 胡漢生, 前揭書(2004), 14頁.
260) 王子林, 前揭書(2005), 302頁.

군인과 장인 3만여 명을 동원하여 약6년이 소요되고 약 800만 냥을 썼다.[261] 그 규모는 거대하여 장릉長陵과 영릉永陵에 못지않으며 재료와 제작이 뛰어나서 많은 방면에서 장릉長陵과 영릉永陵에 못지않다.

신종神宗은 국사에는 흥미가 없었으나 오직 자기의 황릉 건설에는 특별한 관심을 가진다. 정릉定陵 건설 과정 중에 그는 능궁 현장에 6번이나 시찰하게 되는데[262] 마지막으로 시찰한 것은 만력 16년 9월이다.

〈사진 64〉 명루와 보성

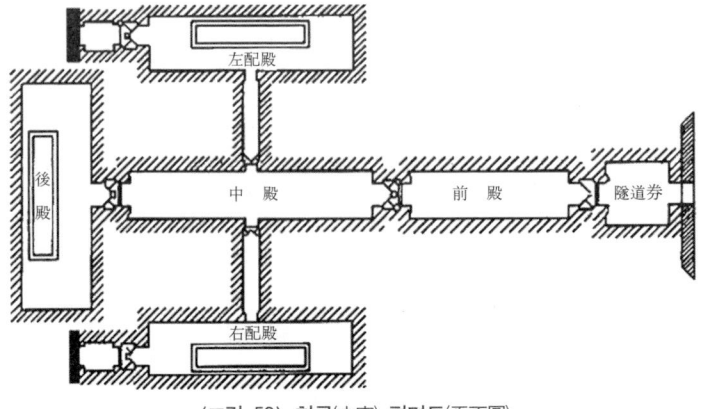

〈그림 53〉 현궁(玄宮) 평면도(平面圖)

---

261) 樓慶西, 한동수 옮김, 앞의 책(2004), 25쪽.
262) 위의 책, 26쪽.

〈사진 65〉 발굴 당시의 현궁모습   〈사진 66〉 신종 황제 관내부의 모습이다.

 그는 공비恭妃를 데리고 장릉長陵과 영릉永陵, 소릉昭陵 등을 참배하는데, 이때 대신大臣들을 데리고 보성寶城과 현궁玄宮을 참관하고는 완공된 지하 현궁玄宮안에서 술을 마시며 휴식을 취한다.

 정릉은 1956년부터 그 다음해에 걸쳐 발굴조사가 이루어져 그 전모가 밝혀진다. 보고서에 따르면 지하 20m 깊이에 전중후의 3실이 있고, 전장 88m, 높이 7m로 조영된 이 능묘 궁전은 규모가 거대하면서도 부장품의 호화스러움과 정교함으로 사람들의 눈길을 빼앗는다고 한다.263)

〈사진 67〉 정릉 발굴시 출토한 금관

---

263) 寺田隆信, 서인범·송정수 옮김, 앞의 책(2006), 230~231쪽.

11. 경릉慶陵

1) 태창제泰昌帝 주상락朱常洛의 경릉慶陵

〈사진 68〉 경릉 전경

경릉慶陵은 명광종光宗 주상락朱常洛과 효원후孝元后 곽씨, 효화후孝和后 왕씨, 효순후孝純后 유씨의 합장릉이다.264)

주상락朱常洛은 신종神宗의 장자로 만력10년(1582) 8월 11일에 태어난다. 만력29년(1601)에 황태자에 책봉되고 만력48년(1620) 8월초에 황제에 즉위하였다. 그해 9월 1일에 건청궁乾淸宮에서 승하한다. 재위1개월에 향년39세이다.265)

〈그림 54〉 태창제 주상락 초상(자료출처 : 위키피디아 백과, http://zh.wikipedia.org)

주상락朱常洛은 명황제중 재위기간이 가장 짧은 황제이며 운명이 불우한 황제 중 한명이다.

주상락朱常洛은 비록 신종神宗의 장자長子지만 신종神宗이 사랑한 것은 정귀비鄭貴妃의 아들 주상순朱常洵 이었다. 그래서 신종은 주상순을 내심 태자太子로 책봉코자 하였으나, 대신들의 재촉과 효정후孝定后의 참견으로 어쩔 수 없이 주

상락을 태자太子로 확정한다(이 사건의 여파로 인하여 조선의 광해군은 명나라의 인준을 받지 못한다).266) 그때 그의 나이가 20살 때였다.

자기 아들 주상순朱常洵이 태자太子로 책봉되지 못하자 정귀비鄭貴妃는 온갖 수단과 방법을 가리지 않고 태자太子에 대한 모함을 진행한다.267)

---

264) 張玉正, 前揭書(2008), 148頁.
265) 胡漢生, 前揭書(2004), 198頁.
266) 晏子友, 前揭書(1998), 72~73頁.

만력43년(1615) 5월에 대추나무 곤봉을 든 사람이 사람들을 해치며 주상락朱常洛이 거처하는 자경궁慈慶宮 정문까지 침입하게 되는데, 그때서야 비로소 내관內官에 의해 저지된다. 후에 심문을 해보니 이 사람들이 정귀비鄭貴妃의 내관內官과 관련된 사람이란 것을 알게 된다. 법사法事는 이일을 신종神宗에게 보고하였으나 신종神宗은 아무런 지시를 하지 않는다.268) 이것이 유명한 정격안梃擊案269)이다.

　　주상락朱常洛이 황제가 된 후에도 정귀비鄭貴妃와 관련된 사건이 일어난다.

　　주상락朱常洛은 즉위한 후 10일 만에 중병에 걸리는데 정귀비鄭貴妃의 심복의관 최문승崔文升은 병을 진찰하면서 고의로 대황大黃이 들어있는 약을 처방한다. 광종光宗은 약을 먹은 후 설사가 멈추지 않고 병이 더 악화된다. 이어서 홍려시승鴻臚寺丞 이가작李可灼은 황제에게 또 다른 선단仙丹을 복용시킨다. 광종光宗이 처음 한 알을 먹었을 때에는 잠도 잘 자고 기분도 상쾌해지고 음식도 먹게 되자 다시 한 알을 더 먹게 되는데 그 날 밤에 죽고 만다.270) 이외에도 다양한 설이 제기되고 있다. 사서에서는 이 사건을 홍환안紅丸案271)이라 한다.

---

267) 黃瀟, 前揭書(1997), 227頁.
268) 박덕규, 앞의 책(2008), 110쪽.
269) 上官平, 차효진 옮김, 앞의 책(2008), 255頁.
　　정격안의 정은 곤봉이라는 뜻이다. 만력제는 재위에 48년간 있었으며, 명황제중 재위기간이 긴 황제였다. 만력제의 황후는 왕황후였는데 자식이 없었다. 장자인 朱常洛은 왕씨 성을 가진 궁녀의 소생이었다. 후에 이 궁녀는 비에 봉해지지만 만력제가 그다지 좋아하지 않았다. 만력제는 鄭妃를 좋아하였는데 정비소생인 셋째 아들 朱常洵를 매우 아꼈다. 당시 신하들은 모두 주상락을 하루빨리 태자에 앉히기를 주청했으나, 만력제는 주상락 보다는 주상순을 좋아하여 계속 미루었다. 명대에는 장자를 우선하는 원칙을 엄격히 따랐으므로 신하들은 계속하여 주상락을 태자로 세우기를 주청드렸고, 결국 주상락이 20살이 되던 해에 주상락을 동궁태자에 앉히게 된다. 그런데 만력43년(1615년)에 괴이한 사건이 일어난다. 한명의 중년남자가 나무 곤봉을 들고 태자 주상락의 처소인 자경궁을 침범하는데 문지기들이 막지 못하여 이 남자는 사람을 곤봉으로 때리며 들어갔다. 다행히 위사들이 적시에 들이닥쳐 이 남자를 체포하였다. 동궁에 흉기를 들고 침범한 사건이므로 범인은 엄히 문초를 당했는데 처음에는 이름만 얘기하다가 결국에는 혹형을 견디지 못하고 자백을 하기에 이른다. 이름이 張差인 이 남자는 직업없는 백수로 자신이 자경궁에 난입한 것은 龐保와 劉成이라는 두 환관이 나중에 후한 돈을 주겠다고 약속하며 시켰다는 것 이었다. 망보와 유성은 정비의 궁에 있는 환관들이었다. 만력제는 화가 머리끝까지 나서 정비를 찾아가 추궁하자 정비는 용서해 달라고 빌었다. 만력제는 정비를 차마 처벌하지 못하고 사건을 흐지부지 끝낸다. 그러나 이일이 있은 후로 주상순은 더 이상 태자자리를 넘보지 못하게 되었다. 다음날 만력제는 조정에서 "장자 주상락을 태자로 세우는 것은 고금의 도리이다. 지금 사람들이 태자를 모해하고자 하나 내가 용서치 않겠다."고 선언하고 장오아, 방보, 유성을 모두 처형하였다. 이 사건에 대해 정비의 소행이라는 설과 태자 주상락이 스스로 꾸민 일이라는 설이 있다. 후자의 설은 혼자 몽둥이만 들고 태자궁에 뛰어든 것은 너무나 경솔한 행동으로 결국 이 사건으로 가장 득을 본 것이 태자라는 것 등을 이유로 들고 있다.
270) 위의 책, 254쪽.
271) 위의 책, 255쪽.
　　紅丸案은 태자 주상락이 38살에 황제에 오르는데, 황제에 오른지 1개월만에 허무하게 죽고만다. 주상락은 광종光宗은 황제 재위기간이 짧아 큰 공헌을 세운 것이 없다.

단지 신종神宗이 각 곳으로 보낸 세리관(세금의 착취를 위해 파견)을 없애고 만력 년에 진언을 하여 죄를 받은 대신들을 다시 임용토록 한다.

또한 동림당인東林黨人등을 임용하여 백성들의 부담을 덜어주고 조정을 안정시키는 일정한 작용을 하게 된다.

효원후孝元后 곽씨는 만력29년(1601)에 태자비太子妃로 책봉하고 41년(1613)에 승하했다.

희종熹宗이 황제에 앉은 후 황태후로 존봉하고 경릉慶陵으로 천장 한다.272)

〈그림 55〉 효원후(孝元后) 곽씨

효화후孝和后 왕씨는 희종熹宗의 생모이다.

희종熹宗을 낳은 인연으로 재인에 봉해진다.273)

만력47년(1619) 승하한다.

희종熹宗 즉위 후 황태후에 존봉하여 경릉慶陵에 안장한다.274)

〈그림 56〉 효화후 왕씨

원래 몸이 허약하였는데 매일 술을 마시고 향락을 즐겼다. 정비인 곽씨가 죽고난 후 4명의 선시를 뽑았는데 이들외에도 많은 여인을 가까이 하여 주상락의 몸은 갈수록 악화 되었다. 이해 9월 갑자기 머리와 배가 아파 태의를 불렀는데 얼마 후 李可灼이라는 관리가 붉은 환약을 황제에게 바치면서 조상대대로 내려온 비전의 약인데 백병이 다 낫는다고 하였다. 주상락은 붉은 丸藥을 보자마자 먹어버렸다. 그런데 약을 먹자마자 정신이 맑아지고 얼굴에 환한 화색이 돌았다. 그는 이가작에게 한 알을 더 가져 오라고 명하였다. 이가작이 두 번째로 바친 환약을 먹은 주상락은 바로 사망한다. 누구도 황제가 어떻게 죽었는지 몰랐으며 이 紅丸案도 천고의 수수께끼로 남게 된다. 이 사건의 주모자가 누구인지에 대해서는 수수께끼이나 정귀비가 용의선상에 오른다. 그녀는 태자에게 미녀들을 보내고 초문승을 시켜 약을 올리게 한일이 있으므로 이가작이 약을 올린것에 관련이 있는지는 확실치 않으나 그녀가 일차적인 혐의자임은 분명하다. 정귀비는 자신이 태자였던 주상락에게 바친 이 선시를 황후로 앉히고 자신은 태후가 되고자 하였으나, 주상락이 한 달 만에 죽는 바람에 이러한 꿈은 물거품이 되었다.

272) 胡漢生, 前揭書(2004년), 18頁.
273) 上揭書, 216頁.
274) 上揭書, 17頁.

효순후孝純后 유씨劉氏는 숭정제崇禎帝의 생모다.

만력38년(1610) 12월에 숭정제崇禎帝를 낳는다.

후에 쓸쓸한 궁전에서 병사하는데[275] 비밀리에 경서京西 금산金山에 안장한다.

광종光宗이 즉위한 후 현비賢妃에 추봉하고 숭정제崇禎帝가 즉위한 후 황태후에 존봉하고 경릉慶陵에 안장한다.[276]

〈그림 57〉 효순후 유씨

2) 경릉慶陵의 풍수적 특징

광종光宗때 천수산天壽山 능역의 가혈佳穴 길지는 더 이상 찾을 수 없었다. 그리하여 광종光宗이 죽은 후 능지를 선택하는데 굉장히 큰 어려움을 겪게 된다.

능지 선정을 책임진 내각대학사 유일경劉一燝과 한광韓爌, 예부상서 손여유孫如游 등은 능역을 자세히 순시한 후 희종熹宗한테 경태와景泰洼에 능을 건설하는 것을 건의한다.[277]

경태와景泰洼는 헌릉獻陵과 유릉裕陵 사이의 천수산天壽山 서봉[278] 황산사黃山寺 2령 남쪽 기슭에 있는데,[279] 경태황제景泰皇帝가 살았을 때 자기를 위하여 건설한 황릉의 유지遺址이다.[280]

정통14년(1449) 7월 몽골의 오이라트瓦剌部가 남쪽을 침입하자 영종英宗은 환관 왕진王振의 말을 듣고 친히 출정하였다. 병사가 토목보土木堡에서 모두 몰살당한 후 영종英宗 본인도 포로가 되었다. 태후의 명에 따라 그의 동생 성왕郕王 주기옥朱祁鈺이 먼저 국가를 다스리다 제위帝位에 올라 연호를 경태景泰라 한다. 경태제景泰帝가 제위

---

275) 上揭書, 216頁.
276) 上揭書, 17頁.
277) 晏子友, 前揭書(1998), 76頁.
278) 王子林, 前揭書(2005), 289頁.
279) 張玉正, 前揭書(2008), 148頁.
280) 胡漢生, 前揭書(2004), 67頁.

〈사진 69〉 경릉(慶陵) 계좌정향(癸坐丁向)281)(자료출처 : www.eemap.org)

帝位에 오른 후 헌릉獻陵 서쪽 황산사黃山寺 2령 남쪽 기슭에 능지를 선택하고 현궁玄宮을 건설하였다. 경태7년에 항황후杭皇后를 안장하였다.

경태8년(1457) 정월 남궁에 은거하던 태상황太上皇 주기진朱祁鎭은 대신大臣 석형石亨과 환관 조길상曹吉祥 등의 옹호 하에 궁문을 탈취한 후 강제로 복위하였다. 영종英宗이 복위한 후 경태제景泰帝를 성왕郕王으로 폐위시킨 후 경태제景泰帝가 건설한 현궁玄宮은 파괴하였다.282)

후에 사람들은 경태제景泰帝가 건설한 현궁玄宮을 경태와景泰洼라 불렀다.

경태와景泰洼의 풍수는 매우 좋지만 위치가 헌릉獻陵과 유릉裕陵 등 조상의 능 사이에 있어 사용하기가 조심스러운 자리였다.

광종光宗의 능을 이곳에 건설하는 것은 분명히 격식에 맞지 않는 행위였기에 희종熹宗은 조심스러울 수밖에 없었다. 하지만 능역 내에 좋은 혈지가 없을뿐더러 대신들도 만력제萬歷帝의 선례先例를 들며 괜찮다고 권하였다.

희종熹宗은 결국 동의하여 경태와景泰洼에 경릉慶陵을 건설하게 된다.

---

281) 王子林, 前揭書(2005), 302頁.
282) 胡漢生, 前揭書(2004), 67頁.

공사를 개시한 이후 현궁玄宮에 돌이 있는 것이 발견되자 대학사 한광韓爌에 의해 재검사가 이루어지게 된다. 조정에서 논의를 거친 후에 현궁玄宮의 위치를 약간 앞쪽으로 옮겨서 건설키로 결정됨에 따라 공사는 재개되었다.283)

경릉慶陵은 풍수환경이 헌릉獻陵과 아주 비슷하고 아름다워서 자매혈姉妹穴이라고 부른다. 경릉慶陵의 내룡은 천수산天壽山 서봉에서 발맥하여 헌릉獻陵의 내룡과 평행하게 내려오는데 장릉長陵을 제외

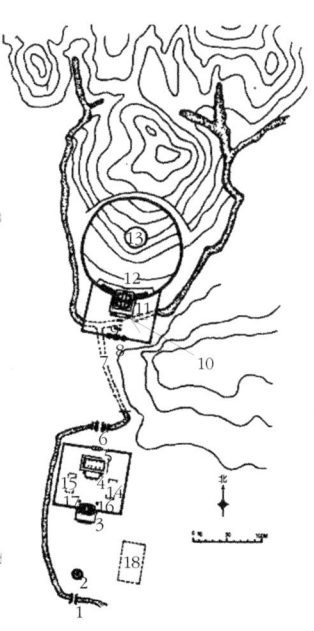

1. 석교(石橋)
2. 신공성덕비정(神功聖德碑亭)
3. 능은문(稜恩門)
4. 능은전(稜恩殿)
5. 전궁후문(前宮後門)
6. 석교(石橋)
7. 지하배수동(地下排水洞)
8. 삼좌문(三座門)
9. 이주비루문(二柱碑樓門)
10. 석공안(石供案)
11. 방성(方城), 명루(明樓)
12. 유리조벽(琉璃照壁)
13. 보정(寶頂)
14. 좌배전유지(左配殿遺址)
15. 우배전유지(右配殿遺址)
16, 17. 신백로유지(神帛爐遺址)
18. 재성정, 신주고 유지 (宰牲亭, 神廚庫 遺址)

〈그림 57〉 경릉(慶陵) 평면도(자료출처 胡漢生, 〈明十三陵〉)

하고는 최고의 내룡來龍이라 할 수 있다. 약 2km에 이르는 내룡來龍은 직경 약 300m 높이 50m의 유돌乳突한 복부형覆釜形의 화개華蓋 금성체金星體 형상을 만드는데 풍수인들이 가장 찾고자 하는 형상이다. 헌릉獻陵은 내산來山과 내룡來龍의 방향이 같지 않고 기운데 비하여 경릉慶陵은 그런 결함이 없이 반듯하고 정확하게 입수하는 형상이다. 경릉慶陵과 헌릉獻陵, 그리고 유릉裕陵을 비교하면 세 개 능은 서로 상이하나 용호사龍虎砂는 같이 구성되어 있다. 경릉慶陵의 청룡靑龍은 헌릉獻陵의 백호白虎가 되며 경릉慶陵의 백호白虎는 유릉裕陵의 청룡靑龍이 되어 용호사龍虎砂를 서로가 공유하게 된다. 두 사격은 좌우를 호종하고 길게 유장하며 송백이 울창하다.284)

---

283) 晏子友, 前揭書(1998), 76頁.
284) 朱天運, 前揭書(2005), 170~171頁.

〈사진 70〉 옥안산(玉案山)의 모습

경릉慶陵의 내룡은 혈장에 이르기 전에 두 갈래로 갈라져 한 맥이 혈장 앞에서 환포하게 되는데 혈장 앞산을 옥안산玉案山이라 한다. 이 옥안산玉案山은 경릉慶陵의 명당을 외부와 내부로 분리하게 된다. 천계天啓 원년 윤2월 내각대학사內閣大學士 상릉대신相陵大臣 유일경劉一燝은 경릉慶陵 후보지를 검토하고 보고 하기를,

> 신릉 조성지(新陵造成地)의 상황을 비교 조사해본 바 현재의 형상은 헌릉(獻陵)의 조성을 참고해야 할듯합니다. 용(龍)이 부드럽게 환포(環抱)하는 형상을 하고 있으니 깎아내서 없애는 것보다 헌릉(獻陵)의 경우처럼 용 앞에 향전(享殿)과 능은문(陵恩門)을 건설하는 것이 합당하다 사료됩니다.

라고 보고하자 희종熹宗도 이 의견에 동의하게 된다.[285]

이에 명루明樓와 보성寶城은 옥안산玉案山 안쪽에 건설하고 능은문稜恩門과 능은전稜恩殿은 옥안산玉案山 바깥쪽에 건설하게 된다. 이런 점은 헌릉獻陵과 완전 일치하나,

---

285) 晏子友, 前揭書(1998), 76頁.

헌릉獻陵의 명당은 산과 물이 환포하고 송백이 울창하여 환경이 훨씬 유정하다. 경릉慶陵 혈장 뒤 양쪽 계곡물이 보성寶城 앞에서 합수한다. 합수한 물은 내명당을 지나 능은전稜恩殿 뒤편을 감싸고 흘러 삼공교三孔橋를 지나 동남쪽으로 흐른다. 경릉慶陵의 가장 큰 결점缺點은 내명당 즉 명루明樓 앞이 협소하여 암거暗渠로 유도할 정도로 좁은 것이 가장 큰 흠이라 할 수 있다.[286]

12. 덕릉德陵

1) 천계제天啓帝 주유교朱由校의 덕릉德陵

덕릉德陵은 희종熹宗 주유교朱由校와 의안황후懿安皇后 장씨張氏의 합장능이다.

〈사진 71〉 덕릉의 명루

희종熹宗 주유교朱由校는 광종光宗의 장자로 만력33년(1605) 11월14일에 태어났다. 태창원년(1620) 9월 황제에 즉위하여 다음해 연호를 천계天啓로 고친다. 천계7년(1627) 8월 22일 죽는데 향년 23세이다.[287]

희종熹宗은 업적이 없는 황제 중 하나이고 또한 문맹황제文盲皇帝로 알려져 있다.

재위기간 중에 지방에서는 폭정에 반발하여 후금淸이 요양遼陽과 심양沈陽, 금주錦州 등에서 일어나고 있었으나 그것에 대한 어떤 심적인 부담이나 조치를 취하지 않는다.

〈그림 58〉 천계제 주유교 초상화(자료출처 : 위키피디아 백과, http://zh.wikipedia.org)

---

286) 朱天運, 前揭書(2005), 171頁.
287) 胡漢生, 前揭書(2004), 200~201頁.

희종熹宗은 목공제작木工製作을 특히 좋아하여 이것에 빠지면 다른 것은 전혀 신경을 쓰지 않았다.

그는 도끼, 끌 등을 다루며 궁중에서 누각모형樓閣模型을 만들었는데 높이가 약 3~4척(약 90cm~120cm) 정도로 매우 정교하게 조각하였다.

기분이 좋을 때는 황제의 존엄도 잊어버리고 옷을 벗고 나체가 되어 땅에 앉아서 모형 만드는 일에 집중하였다. 희종熹宗은 목공제작木工製作을 아주 좋아하였으나, 완성품을 만들진 않았다. 자재를 다듬어 상급의 가구를 만드는데 자기가 만든 작품에 자아도취自我徒取 되었다가도 갑자기 맘에 안 들면 부수어 버리곤 하였다.288)

희종熹宗이 가장 신뢰하는 사람은 바로 유모乳母 객씨客氏와 사례감겸 필태감司禮監兼筆太監 위충현魏忠賢289)이었다.290)

두 사람은 간신으로서 조정의 대신들에게 함부로 대하고 죄명을 씌워서 갖은 박해를 하였다. 심지어는 황제의 비빈妃嬪들에게도 함부로 위해를 가했던 것이다.

그들은 희종熹宗이 작품을 만들어서 기분이 최고조로 올라갈 때 조정朝政의 일을 보고하여 지시를 받았다. 이때 희종熹宗은 홍얼거리면서

내가 다 알고 있으니 너희들이 알아서 처리하라.

고 지시한다. 이리하자 위충현魏忠賢은 조정朝政을 마음대로 휘두르게 되고, 부패한 탐관오리貪官汚吏들 세상이 되면서 조정朝政은 더욱 부패하게 된다.291)

천계5년(1625) 희종熹宗은 지단地壇에서 제사를 지내고 돌아와 두 명의 내시를 데리고 서원西苑에서 배를 타고 노는데 갑자기 돌풍이 불어 배가 뒤집어지고 만다. 세

---

288) 上揭書, 201頁.
289) 위충현(魏忠賢)은 河關 숙녕(肅寧 – 지금의 하북성 숙녕현) 사람인데 어려서부터 먹고 마시고 외도와 도박을 일삼는 방탕아 였다. 스무살 때 도박을 해 빚을 진 탓으로 이리저리 피해 다니다 보니 항상 건달이나 빚쟁이에게 얻어 맞았다. 더 이상 살아갈 방법이 없게 된 위충현은 마음을 독하게 먹고 스스로 거세하고 궁정의 제일 낮은 심부름꾼이 되어 이름을 이진충으로 고쳤다. 후에 궁정에 자리를 잡으면서 성을 회복하는데 만력제가 충현이라는 이름을 하사하게 된다. 그후 천계제와의 만남을 통해 절대 권력을 행사하게 되는데 그의 눈밖에 난 대신들도 잔혹한 형벌과 죽임을 피할 수 없었다. 숭정제의 등극과 함께 자살하게 된다.
290) 黃濤, 前揭書(1997), 228頁.
291) 上官平, 차효진 옮김, 앞의 책(2008), 469쪽.

명이 동시에 물에 빠지는데 희종熹宗은 이 놀라움으로 병이 든다.292) 백약이 무효가 되어 천계7년(1627) 8월 승하한다.

숭정원년 3월 덕릉德陵에 안장한다.

의안황후懿安皇后 장씨는 덕종德宗의 본부인으로 천계원년(1621) 황후에 책봉된다. 장씨는 성격이 곧고 강직하여 희종熹宗에게 객씨와 위충현의 죄행을 알리게 된다. 이러자 두 사람은 골수에 사무칠 정도로 원한을 품게 된다.

숭정17년(1644) 이자성李自成의 농민군이 북경을 공격해 들어 왔을 때 장씨는 스스로 자결한다.293)

순치원년(1644) 청나라 조정은 덕릉德陵에 안장한다.

2) 덕릉德陵의 풍수적 특징

덕릉德陵은 천수산天壽山 능역 동쪽 담자욕潭子峪294) 즉 담욕령潭峪岭 앞에 위치해 있다.295)

〈사진 72〉 덕릉(德陵) 갑좌경향(甲坐庚向)296)(자료출처 : www.eemap.org)

---

292) 胡漢生, 前揭書(2004), 203頁.
293) 晏子友, 前揭書(1998), 82頁.
294) 王子林, 前揭書(2005), 289頁.
295) 晏子友, 前揭書(1998), 82頁.
296) 王子林, 前揭書(2005), 302頁.

담욕령潭峪岭의 동쪽은 망산蟒山이고 북쪽으로는 양취령陽翠岭이 있다. 남쪽에는 지주산蜘蛛山이 있어 자연히 서쪽을 향한 분지盆地를 형성하게 된다. 분지 양쪽에 물길이 하나씩 있는데 바로 북대구北大溝 물길과 남쪽의 석마구石磨溝 물길이다.297)

분지 중앙에 좁고 길게 솟아오른 작은 산이 있는데 이산이 바로 덕릉德陵의 내룡인 담욕령潭峪岭이다.

담욕령潭峪岭의 주산主山은 망산蟒山의 제2고봉이다. 양취령陽翠岭 주봉主峰과 천수산天壽山 동봉東峰이 한 맥으로 이어져 망산蟒山의 중축中軸을 구성하고 있다. 망산蟒山의 기세는 웅장하고 낙맥落脈이 분명하여 능역 동쪽의 주요산맥이 된다. 능역의 보국은 북쪽의 천수산天壽山 주맥主脈과 서쪽의 대유산大裕山, 그리고 동쪽의 망산蟒山이 늘어서서 호위하나 존귀정도는 천수산天壽山에 비할 수는 없어 명 전기의 황제들은 능지로 선택하지 않는다. 담욕령潭峪岭에서 발맥한 망산蟒山 제2봉의 중출맥中出脈은 동쪽에서 서쪽으로 완연蜿蜒하게 내려간다.298)

〈사진 73〉 덕릉 전경

---

297) 朱天運, 前揭書(2005), 175頁.
298) 朱天運, 前揭書(2005), 175頁.

중간에서 두 개의 봉우리가 융기隆起하는데 마치 낙타등과 흡사하여 당시에는 낙타산駱駝山이라 불렀다. 낙타산駱駝山 북쪽의 큰 물길은 완연하게 돌아서 산자락 한편에 송림을 울창하게 만드는데 마치 총총히 내려온 낙타駱駝가 물을 마시는 형국이 된다. 낙타산駱駝山의 길이는 약

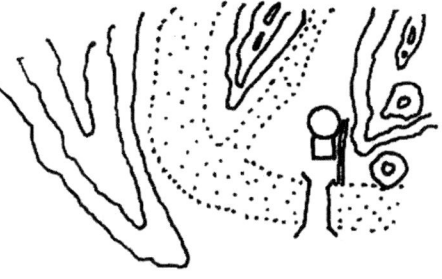

〈그림 59〉 덕릉 혈위평이법

2km 정도로 힘차게 기복하여 명 13릉의 가장 아름다운 내룡 중 하나이다.

담욕령潭峪岭 좌측의 지주산蜘蛛山과 우측의 양취령陽翠岭은 혈장 양편의 청룡青龍과 백호白虎를 구성하는데 양쪽이 대칭적으로 유정하게 환포한다. 그러나 사격의 형체가 지나치게 크고 높은 데다가 너무 가까이 위치하여 객이 주인을 압도하는 형상이 된다.299)

덕릉德陵의 혈지는 특별하여300) 일반적인 풍수원칙과는 비교해 볼 수가 없다.

낙타산駱駝山 앞의 두 물길이 교차하는 범위 안에는 석마구 남쪽과 지주산의 북쪽 기슭에 해당된다.

낙타산駱駝山 앞 두 물길이 교차하는 범위는 길이가 약 200m 폭이 100여m의 평지가 있다. 그러나 이곳은 당국이 협소하여 능 건축물을 지을 수가 없게 된다. 다시 말하면 토층이 척박하고 하천변의 지세가 낮으면 물길이 직사直射할 때 양 변을 침식하게 되는데 이것은 능침이 불안전하게 되는 문제가 발생한다.301)

황제의 능침은 장면지지長眠之地로서 만년적 대사인데 하천변이 붕괴할 염려나 홍수등으로 인하여 지궁地宮에 물이 침범할까 염려한 선택이다.

풍수에서는 이럴 경우에 해결책으로 보통 혈장의 위치를 옮기는 방법을 선택하게 된다. 혈장의 위치를 옮기는 경우는 큰물이 혈穴로 직사直射하는 경우이다. 두 물길이 교차하는 범위를 물이 충沖하여 정혈定穴할 수 없는 경우에 혈을 맺은 산 좌측이나 우측으로 옮기는 것으로 일종의 일탈적一奪的인 방법이다.302)

---

299) 上揭書, 176頁.
300) 胡漢生, 前揭書(2004), 50頁.
301) 朱天運, 前揭書(2005), 175~176頁.

〈사진 74〉 덕릉의 모습 - 양취령의 모습이 보인다.

혈장의 위치를 좌로 이동하냐 우로 이동하냐는 구체적인 정황에 따라서 정하게 되는데 덕릉德陵의 경우에는 왼쪽으로 이동하여 정혈定穴하였다.303)

석마구石磨溝 물길의 좌측 지주산蜘蛛山 아래에 길이가 약 800m 폭이 약300m 정도의 평지가 크게 펼쳐져 있는데 이곳에 점혈點穴하게 된다.

덕릉德陵의 혈 위치는 특별하여 양쪽의 물길이 능 앞에서 합수하지 않고 낙타산駱駝山 앞에서 합수하게 된다. 합수한 물길은 덕릉구德陵溝 물길로 흘러 덕릉문德陵門앞의 오공교五孔橋 아래에서 합쳐지고 다시 덕릉德陵 왼쪽의 마조구馬槽溝 물길과 합쳐져 능역의 남쪽으로 흐른다.304)

덕릉德陵 건축의 방향은 남에서 서로 88° 기울은305) 갑좌경향甲坐庚向이다. 이로서

---

302) 胡漢生, 前揭書(2004), 50~51頁.
303) 上揭書, 51頁.
304) 朱天運, 前揭書(2005), 177頁.
305) 胡漢生, 前揭書(2004), 14頁.

덕릉은 명대에 유일한 서향으로 건설 된 능이다.306)

덕릉의 건설비용은 백은 약 200여 만 냥이 소요된다.307)

13. 사릉思陵

1) 숭정제崇禎帝 주유검朱由檢의 사릉思陵

사릉思陵은 숭정제崇禎帝 주유검朱由檢과 황후皇后 주씨周氏, 황귀비皇貴妃 전씨田氏의 합장능이다.308)

숭정황제崇禎皇帝 주유검朱由檢은 광종光宗의 다섯째 아들로 만력38년(1610) 12월 24일에 태어났다. 천계2년(1622) 9월에 신왕信王에 봉해지고 천계7년(1627) 8월 중극전中極殿에서 즉위하여 다음해에 연호를 숭정崇禎으로 고친다.309)

숭정崇禎황제가 즉위할 때에는 조정은 굉장히 부패하여 천하가 위급한 상황이었다. 한편에서는 이자성李自成310)과 장헌충張獻忠311) 등

〈사진 75〉 사릉 전경

〈그림 60〉 숭정제 주유검 초상화(자료출처 : 위키피디아 백과, http://zh.wikipedia.org)

---

306) 張玉正, 前揭書(2008), 149頁.
307) 胡漢生, 前揭書(2004), 63頁.
308) 晏子友, 前揭書(1998), 92頁.
309) 胡漢生, 前揭書(2004), 203頁.
310) 이자성(李自成, 1606~1645)은 연안부(延安府) 미지현(米脂縣) 사람이다. 그 집안은 꽤 유복해서 이갑제 하의 이장호였다고 한다. 즉 이 지방에서는 자산가였다고 할 수 있는, 부락의 부역을 연대책임으로 부담하게 되자 몰락하여 부득이 역졸이 되었다. 그런데 재정을 정리하는 과정에서 역전이 폐지되자 일자리를 잃고

의 농민들이 봉기하였고 동북쪽에는 후금(대청) 왕조가 요양遼陽과 금주錦州 등을 전략 요충지로 삼고 있어 대명왕조가 풍전등화風前燈火와 같은 상황에 처해 있었다.

숭정제崇禎帝 즉위 초에는 위충현魏忠賢과 객씨客氏의 집단이 내각을 구성하고 있어 이들을 우선적으로 제거한다. 다음으로 다른 대신들의 건의를 받아들여 엄당세력閹黨勢力들을 제거하고 각 진수대신鎭守內臣들을 재정비하면서 조정은 비교적 깨끗하게 정리된다.312)

재정財政을 절약하기 위하여 비단조복과 금관대金冠帶 등 황제자신의 물건을 동銅이나 목제품으로 대신사용 하고 옷과 간식 등을 간소화하는 노력을 하였다. 또한 아침저녁으로 조회를 가지며 대신들과 항시 국사를 논하였으며 황후皇后와 비빈妃嬪들과의 시간은 최소화 하였다.313)

숭정제崇禎帝는 각고의 노력을 하였으나 대명제국의 명운을 바꾸지는 못하였다.

숭정17년(1644) 3월 이자성李自成이 영도하는 농민군이 북경에 쳐들어온다. 숭정제崇禎帝는 친히 고명종鼓鳴鐘를 쳐서 백관을 소집하지만 한명도 나타나지 않는다.

숭정제崇禎帝는 대세가 기울었음을 알고 후궁으로 가서 태자太子는 변장시켜 도주시키고 주황후周皇后는 자결토록 한다.

그리고 어린 소인공주昭仁公主를 검으로 베고서는 자신은 만세산(지금의 경산) 동쪽 기슭 큰 과일나무에 목을 맨다.314)

그가 입고 있던 옷 속에는 다음과 같은 유서를 남기고 떠났다.

황제 즉위 17년, 짐이 덕이 없고 보잘 것 없어 하늘이 나를 꾸짖는구나. 역적이 경사에 쳐들어온 것은 모두 여러 신하들이 짐을 그릇되게 한 것이다. 짐이 죽어서 장차 선조들을 볼 낯이 없구나. 내 황제의 관을 벗고 헝클어진 머리로 수치스런 얼굴을 덮어다오. 도적들

감숙으로 가서 군대에 들어갔고 모반을 일으켜 반란에 투신하게 되었다. 그도 내부의 여러 복잡한 문제로 비참한 최후를 맞이한다.
311) 장헌충(張獻忠)은 연안부(延安府) 사람으로 이자성과 같은 동향사람이다. 반농반상 집안의 자식이었는데, 집 안이 몰락하자 병사가 되었다가 학대를 받아 반란에 참가한 인물이다. 반란군 가운데 가장 강대한 왕가윤(王 嘉胤) 집단에 합류하여 산서에서 하북방면으로 진출하였다.
312) 黃濂, 前揭書(1997), 229頁.
313) 胡漢生, 前揭書(2004), 203頁.
314) 晏子友, 前揭書(1998), 83頁.

〈사진 76〉 숭정제 자결처

이 내 시신을 갈기갈기 찢는 것은 좋으나, 백성들만큼은 한 사람도 상하지 않게 하여다오!315)

최후의 장소에는 사례감 겸 필태감 왕승은王承恩 한명만이 지켜봤을 뿐이다.

숭정제崇禎帝는 생전에 자신의 능을 만들지 않아 농민군 정권은 창평현 관원들에게 숭정제崇禎帝와 주황후周皇后의 관곽을 전귀비田貴妃 묘에 안장토록 한다.316)

숭정제崇禎帝 사후 남명南明의 홍광정권弘光政權은 시호를 사종열황제思宗烈皇帝로 하였다가 후에 사思자가 아름답지 않다며 묘호廟號를 의종毅宗으로 바꾼다.317)

전귀비묘田貴妃墓는 청초淸初에 황제 능으로 승격되어 최종적으로 13릉이 성립된다.

순치원년(1644) 청 황조는 한족의 인심을 얻기 위하여 숭정제崇禎帝와 황후의 안장의식을

〈사진 77〉 명루(1935년 모습)
청 건륭제때 증축

---

315) 네이버 블로그(http://www.inbora.com/ez2k).
316) 胡漢生, 前揭書(2004), 205頁.
317) 上揭書, 172頁.

거행한다. 같은 해 전비원田妃園을 사릉思陵으로 고치고 능문陵門과 향전享殿, 담장 등을 건축하고 비석碑石도 세운다.

전귀비묘田貴妃墓는 청초淸初에 황제 능으로 승격되어 최종적으로 13릉이 성립된다.

황후주씨皇后周氏는 숭정제崇禎帝의 본부인으로서 천계7년에 신왕비信王妃로 책봉되고 숭정제崇禎帝가 즉위하자 황후에 봉해진다.

숭정17년(1644) 3월 이자성李自成의 농민군이 북경에 진입할 때 주씨周氏는 자결한다.

황귀비皇貴妃 전씨田氏는 다양한 재술才術이 있어 숭정제崇禎帝가 총애하였다. 숭정15년(1642) 7월 승하하여 숭정17년(1644) 정월에 묘원에 안장된다.

2) 사릉思陵의 풍수적 특징

사릉思陵은 천수산天壽山 능역 서남쪽 녹마산鹿馬山[318] 아래에 위치하고 있다.

천수산天壽山 능역 서남지역은 명의 역대 비원침妃園寢을 조성한 구역으로 일반적인 경우에는 황제 능 건설이 불가능한 곳이다.

사릉思陵은 전귀비원침田貴妃園寢을 승격한 것으로 황제 능 중 유일한 경우이다.

명 중후기中後期에 비빈妃嬪들을 안장하면서 서남구에서 길지吉地를 찾아서 안장하였으나, 전귀비田貴妃가 죽었을 때는 가혈지佳穴地가 없었을 뿐만 아니라 숭정제崇禎帝가 국사에 몰두하고 있어 마음으로만 사랑하는 조치를 하였다. 전귀비원침田貴妃園寢은 주위의 만귀비(헌종)나 심沈, 문文, 노盧 세귀비(세종)와 이귀비, 정귀비(신종)의 원침과는 풍수적으로 비교할 수가 없다. 사릉思陵은 오아욕襖兒峪의 도릉(심沈, 문文, 노盧 세비묘三妃墓)으로부터 동남쪽으로 약 1km지점인 호욕산虎峪山 동쪽 기슭에 위치해 있다.[319]

---

318) 上揭書, 205頁.
319) 朱天運, 前揭書(2005), 181頁.

〈사진 78〉 사릉(思陵) 자좌오향(子坐午向)[320](자료출처 : www.eemap.org)

도릉悼陵 뒤쪽에는 대욕산大峪山의 지맥인 호욕산虎峪山이 있다. 주맥主脈은 높고 크며 대단한 기세로 위엄이 넘친다.

내룡來龍은 주산主山의 중출맥中出脈이 위이기복逶迤起伏하며 내려와 길혈吉穴을 결지한다. 양쪽에 청룡靑龍과 백호白虎가 유정하게 환포 하고 조안당전朝案當前하며 물길은 구불거린다.

세종世宗은 당시에 풍수 길지를 골라서 황후 진씨皇后陳氏의 장지를 조성한다(도릉悼陵의 유래).

융경원년 진씨를 영릉永陵에 천장하고 심沈, 문文, 노盧 씨의 세비원침三妃園寢으로 사용한다.

도릉悼陵의 풍수는 근처의 사릉思陵과 비교하면 절대적으로 빼어나게 아름답다.

---

320) 王子林, 前揭書(2005), 302頁.

〈사진 79〉 도릉(悼陵)(자료출처 : www.eemap.org)

도릉悼陵은 용진혈적龍眞穴的한 길지를 점유하고 있는 반면 사릉思陵은 산중턱의 중간 즉 과룡처過龍處에 위치하고 있다.

사릉思陵의 주산은 녹마산鹿馬山으로 높이는 약 수십 미터의 반월형半月形 형태를 하고 있다.

주산主山은 낮고 작으며 기세는 결여되어 있다. 능침좌우에는 한 개씩의 원형구릉이 있는데 청룡青龍과 백호白虎이다.

그런데 사격이 하나는 멀고 하나는 가깝다. 그리고 하나는 높고 하나는 낮다.

능침 상호간 용호의 거리는 멀고 상호 환포環抱가 없다. 또한 주산과 청룡青龍 백호白虎가 이어지지 않으며, 주산이 다른 사격에 비해서 크고 높아야 하는데 사격에 비해 상대적으로 왜소한 형상이다.

조산朝山이 분명하지 않으며 양쪽에 물이 없어 합수하지도 않는다.

총체적으로 용혈사수龍穴砂水가 하나도 확실하게 갖춰지지 않았다.321)

사릉思陵의 풍수를 보면 많은 비원침妃園寢 중에서도 하층에 속하며, 천수산天壽山의 다른 황제 능들과 비교하면 천양지차天壤之差라 할 수 있다. 천수산天壽山 능역에 능을

〈그림 61〉 사릉도(思陵圖)

조성하였다면 망국지군亡國之君은 어떤 풍수적인 요건을 갖춘 곳을 찾았을까……

---

321) 上揭書, 182頁.

〈그림 62〉 사릉 풍수도
(자료출처 胡漢生, 〈明十三陵〉)

〈사진 80〉 사릉(思陵)의 보정(寶頂)과 석물

사릉思陵은 청초淸初에 개장改葬하면서 한 칸의 능 궁을 증축增築하는데 능 궁의 규모가 작고 좁아 2개의 공간으로 조성한다.

첫 번째 공간에는 앞에 능문1칸을 설치하고 문안에 향전享殿과 좌우에 배전配殿 각 3칸을 지어[322] 중앙에 숭정제崇禎帝를 왼쪽에는 주황후周皇后를, 오른쪽에는 전귀비田貴妃를 배치한다.

두 번째 공간의 북쪽에는 정자를 지어 사릉思陵이라 현판 하는데 전적으로 인심을 얻기 위한 태도에 불과했다.[323]

또한, 석비에는 회종단황제릉懷宗端皇帝陵이라 새겼다가 후에 장열민황제지릉莊烈愍皇帝之陵으로 고친다.[324]

북쪽에는 정교하고 아름답게 조각한 석오공石五供을 배치한다.

묘총墓塚은 돌과 석회석石灰石으로 조성하였는데 묘총의 높이는 약 1.2m이고 직경은 약3~4m이다.[325]

능 앞에는 중층팔작지붕의 비정碑亭을 건설하는데 순치 년 대학사 김지준金之俊이

---

322) 晏子友, 前揭書(1998), 90頁.
323) 胡漢生, 前揭書(2004), 207頁.
324) 胡漢生, 明十三陵探秘160問, 北京燕山出版社, 2004년, 172頁.
325) 胡漢生, 明十三陵探秘160問, 北京燕山出版社, 2004년, 206頁.

〈사진 81〉 왕승은(王承恩)의 묘소와 묘비

찬한 황청칙건명숭정제비기皇淸勅建明崇禎帝碑記가 새겨진다.326)

　이상의 건축물은 모두 무너져 없어지고 현재는 황토黃土를 뒤집어쓴 석비石碑와 석오공石五供 그리고 십여 주의 나무만이 지키고 있다. 또한 태감太監 왕승은王承恩의 묘墓와 석비石碑가 외롭게 지키고 있다.

---

326) 晏子友, 明淸帝王及其陵寢, 臺海出版社, 1998년, 90頁.

제7장

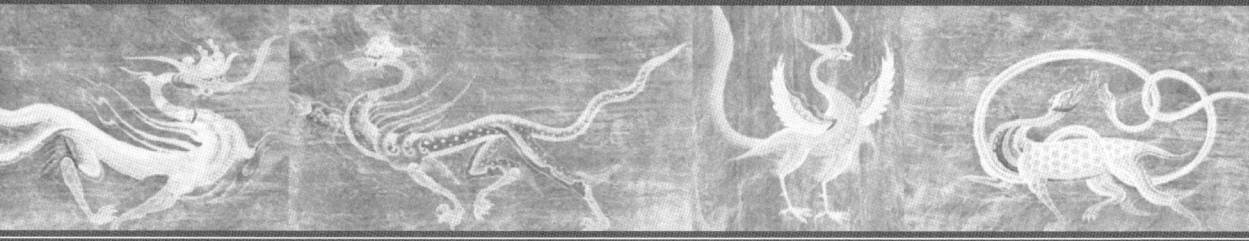

기타 황제 능

1. 혜종惠宗의 천하대사묘天下大師墓
2. 대종代宗 경황제景皇帝의 서산릉西山陵
3. 흥헌왕興獻王 주우원朱祐의 현릉顯陵

제7장

기타 황제 능

1. 혜종惠宗의 천하대사묘天下大師墓[1]

건문4년 6월 13일 정난靖難의 깃발아래 연왕燕王의 병마는 남경성으로 들이 닥친다. 이런 현실에 건문제建文帝 주윤문朱允炆은 망연자실한다.

이때, 소감 왕술王鉞이 상자 하나를 가져와 건문제에게 말하길,

태조황제께서 임종할 때 큰 난을 당하면 열어보라 하셨습니다.

주윤문이 봉해진 상자를 열자 3장의 서첩에는 응문應文과 응능應能, 응현應賢 이렇게 3명의 이름이 적혀 있고, 가사袈裟와 가죽 신, 모자, 면도 등이 있었다. 그 밖에도 상자 안에는 붉은 글자로,

응문과 함께 귀문(鬼門)으로 나가서 물길을 따라 관어구(關御溝)의 신락관(神樂關)에 해질녘까지 모이도록 하라.

---

1) 晏子友, 『明淸帝王及其陵寢』(臺海出版社, 1998), 93~95頁.

고 적혀 있었다. 지시에 따라 주윤문은 양응능楊應能과 엽희현葉希賢 등과 함께 머리를 깎고 승려복장으로 궁을 빠져 나간다. 신락관神樂關에 도착한 주윤문朱允炆 일행은 도사 왕승王升의 협조 하에 연왕燕王의 병마가 포위한 남경성을 탈출하여 방랑 생활을 시작한다.

 38년이 흐른 정통5년 여름 주윤문은 세상에 모습을 드러낸다. 주윤문과 동행한 스님 중 한명의 이름이 양응상楊應祥인데 그는 건문제建文帝의 시詩를 가지고 관청에 가서 자신이 건문제建文帝라 한다. 이상한 스님 한명이 관청에 나타나 건문제建文帝라 하니 관청에서도 어찌해야 할 바를 모르는데, 이때 건문제建文帝는 자신의 신분을 밝히게 된다. 이를 확인하기 위해서 조정에서는 건문제建文帝 당시의 태감 오량吳亮을 보내 확인토록 하는데 결과는 그가 건문제建文帝가 틀림없다고 보고하게 된다. 이후 궁중으로 모셔가 노불老佛이라 부르며 환대하게 된다. 그가 죽은 후 서산西山에 장사를 지내는데, 장례는 서인庶人의 예禮로 지내게 된다.

 그의 무덤에는 봉분도 없고 나무도 심지 않았다[不封不樹]고 전한다. 이외에도 건문제의 무덤에 관한 여러 일화가 전한다.

 명나라 때 사중빈史仲彬의 저서 『치신록致身錄』에 따르면,

> 서산(西山) 금산사(金山寺) 뒤에 있는 노불묘(老佛墓)를 천하대사묘(天下大師墓)라고도 하는데 이 묘가 바로 건문제 주윤문의 무덤이다.

라고 적고 있다.

 또 다른 이야기는 숭정11년 9월 왕숭간王崇簡이 서산의 건문제 무덤을 찾게 되는데, 거리가 10리가 미쳐 못되는 곳에 있었다고 한다. 20년이 지난 순치14년 명나라의 유신遺臣 손승택孫承澤이 다시 서산을 찾았을 때는 흔적조차도 없었다. 공덕사公德寺 스님에게 물으니,

> 구름과 함께 사라졌다.

고 하면서 스님은 손승택孫承澤에게 왕숭간王崇簡이 찾았을 때도,

역시나 묘는 없었다.

하고 하였다.

　장릉長陵의 신공성덕비문神功聖德碑文에는 연왕燕王이 남경에 도착했을 때 신하들의 도움으로,

　건문군(建文君)은 스스로 불에 뛰어들어 죽었는데, 연왕 주체(朱棣)는 천자(天子)의 예(禮)로 정중히 장례를 지냈다.

고 적고 있다. 천자天子의 예禮로 장례를 지냈다면 지금 그곳이 어디이고, 능침의 봉분은 존재하지 않는데 어찌 천자天子의 예禮라 할 수 있겠는가? 하는 의문이 드는 것 또한 사실이다.
　최근 상해 문휘보사文彙報社의 학자 서작생徐作生의 고증考證에 따르면 주윤문은 정난靖難 중에 도망쳐 승려가 된다. 강소성江蘇省 오현吳縣의 궁륭산窮隆山에 몸을 숨기고 살다가 이후에 황가암皇駕庵의 주지가 되어 영락 21년(1423) 암자에서 죽는다.
　실제로 황가암皇駕庵 주변에서 주춧돌에 조각된 용龍 조각과 어지御池, 어지교御池橋, 신도神道, 보정寶頂, 방대方臺 등의 유물을 발견한다. 이러한 유물을 바탕으로 건문제 주윤문의 능묘는 강소성 오현의 궁륭산중에 있다고 추론하고 있다.
　숭정15년 심윤배沈胤培는

　거서산(祛西山)에 봉분도 없고 나무도 없으나 성조가 예장(禮葬)한 흔적이 있습니다.

라고 숭정제崇禎帝에게 상소한다. 이곳을 많은 사람들은 성조가 건문제를 예장한 곳이라 믿고 있었으나 명 조정에서는 건문제의 구체적인 장지葬地를 알지 못하고 있었다. 강소성江蘇省 오현吳縣의 궁륭산窮隆山에는 간단한 능묘의 유지가 남아 있어 혹자들은 성조 때에 건문제를 예장禮葬한 흔적이라 말하고 있다.
　정난靖難 이후 주윤문은 제호帝號를 삭탈당하고 건문군建文君이라 불리게 된다. 이후 여러 황제들은 건문제에 대한 제호帝號 문제를 논의하는데 어떤 결론도 내리지

못한다.

하지만 남명의 복왕福王 주유숭朱由崧은 그의 묘호를 혜종惠宗이라 하는데, 청 건륭제때에 이르러 주윤문에게 시호를 혜제惠帝라 올리게 된다.

2. 대종代宗 경황제景皇帝의 서산릉西山陵[2]

영종英宗이 오이라트瓦剌 부족에 억류되어 있는 동안에 조정은 무주공산의 상태였다. 정통14년 8월 17일 영종英宗의 모후 손태후孫太后에 의해 영종英宗의 동생 성왕郕王 주기옥朱祁鈺이 감국監國에 올라 국가의 사무를 처리하게 된다. 감국기간 주기옥은 오이라트瓦剌 부족의 공격을 적극적으로 방어한다.

군신들의 강렬한 요구하에 감국監國 주기옥은 모든 국민의 지탄의 대상인 태감 왕진王振의 재산을 몰수 하고 그의 파당인 우마순羽馬順과 모귀毛貴, 왕장수王長隨 등을 처단한다.

이로서 주기옥은 군신들로 부터 확고한 신뢰를 얻게 된다. 그 후 군신들은 성왕을 황제에 등극시킬 것을 손태후에게 주청한다. 정통14년 9월 6일 주기옥은 황제에 올라 영종을 태상황에 존봉하고 다음해를 경태원년景泰元年으로 천명한다.

정통14년 10월 오이라트瓦剌 부족은 영종을 방면하게 되고 그는 궁으로 돌아온다. 주기옥은 우겸于謙 등 대신들의 도움 하에 어려운 여건 속에서도 전쟁을 잘 대비하여 오이라트瓦剌 군대를 물리치기에 이른다. 뿐만 아니라 황하의 치수와 군대의 정돈, 해안 관리등의 치적에 힘입어 정치적으로 굉장히 안정을 찾게 된다.

경태원년 8월 영종 주기진은 궁으로 돌아오나 역할이 없는 허수아비 상태에 있었고, 서로가 불편함을 가질 수밖에 없었기에 주기진은 태상황의 신분으로 남궁南宮에 머물러 있었다.

하지만 태상황의 아들 주견심이 황태자의 위치에서 폐출되기에 이르자 영종도 이런 상황만은 받아들이기 어려웠다. 경태8년 1월 주기옥이 중병으로 앓고 있을 때

---

2) 上揭書, 95~98頁.

서유정徐有貞과 석형石亨, 조길상曹吉祥 등의 문신과 무장, 간신 등이 심야에 남궁의 대문을 부수고 태상황 주기진을 다시 황제에 등극시키고 그 해를 천순원년으로 선포한다. 2월 1일 복벽復辟한 주기진朱祁鎭은 주기옥朱祁鈺을 성왕郕王으로 폐출하고 서궁西宮으로 이궁離宮시킨다.3) 19일 주기옥이 서궁에서 죽는데 원인은 정확하지 않다. 태감 장안蔣安의 기록에 따르면 목매죽은 것이라 하는데 그때가 향년 30세이다. 사후에 시호를 려戾라 한다.

경제景帝 재위기간에 천수산 황산사皇山寺 2령 지역을 자신의 능지로 선정한다. 경태7년 2월 21일 주기옥의 황후 항씨杭氏 즉 황태자 주견제朱見濟의 생모가 죽자 25일 태감 조길상曹吉祥과 보정후保定候 양보梁珤, 공부우시랑 조영趙榮 등으로 하여금 능을 조성토록 하고 6월 22일에 항씨를 안장한다.

다음해 주기진朱祁鎭의 복벽復辟 후에 양왕襄王 주첨선朱瞻墡은 상소문에서,

성왕이 항씨를 과분하게 장례를 치렀으니 이는 마땅치 않습니다.

라고 문제를 제기한다. 이에 영종은 조영趙榮으로 하여금 군대 5,000을 이끌고 가서 주기옥의 산릉을 훼손토록 하고 왕王의 예禮로 주기옥을 서산에 장례토록 한다.

〈그림 1〉 경태릉(景泰陵)(자료출처 : www.hudong.com/ www.eemap.org)

---

3) 上官平, 차효진 옮김, 『황제』(달과소, 2008), 298쪽.

영종의 아들 주견심朱見深은 즉위 후에 성화11년 12월 13일에 자기의 태자 직위를 폐하였던 숙부의 제호를 회복시키고 시호를 공인강정경황제恭仁康定景皇帝라 하고 묘호를 대종代宗이라 한다.

경제景帝 능에는 한명의 황후 왕씨王氏가 안장되어 있는데 이분은 바로 주기옥의 본부인으로 경태3년에 폐 황후가 되었다. 대종이 주견심을 폐하고 황태자로 세운 주견제朱見濟는 항태후杭太后의 소생이다. 영종은 왕씨를 주기옥과 함께 순장殉葬코자 하였으나, 정덕원년 12월에 왕씨가 죽자 경태 능에 합장한다. 왕비王妃의 예禮로 장례하고 황후皇后의 예禮로 제사를 지냈다. 정덕2년 무종은 시호를 정혜안화경황후貞惠安和景皇后라 올린다.

경제景帝의 또 다른 황후 항씨 즉 태자 주견제朱見濟의 생모는 경제의 원후가 폐위된 후에 항씨가 황후에 오른다. 경태7년 항황후가 죽자 천수산 경제 능에 안장된다. 천순원년 능이 파괴될 때 항황후杭皇后의 관곽은 천수산에서 서산西山의 경태 능으로 옮겨지지 않아 행방을 알 수가 없다.

3. 홍헌왕興獻王 주우원朱祐杬의 현릉顯陵[4]

홍헌왕興獻王 주우원朱祐杬의 생애에 대해서는 특별한 기록이 남아 있지 않다. 헌종 주견심의 넷째아들로 어머니는 소귀비邵貴妃이다. 성화23년 주우원은 홍왕興王에 봉해져 홍치7년 안륙安陸을 봉지封地로 받게 된다. 기록에 의하면 그는 비교적 검소한 생활을 하였으며 학문을 좋아했다고 한다. 일생동안 도교道敎에 상당히 심취하였는데 그것은 그에 아들 주후총朱厚熜에게 많은 영향을 미치게 된다.

정덕15년 주우원은 봉지封地에서 병으로 죽는다. 시호는 헌獻이다. 당시 왕세자 주후총은 그의 아버지의 장지를 송림산松林山에 정하고 원침園寢을 건설한다.

주우원은 생전에 한명의 번왕藩王에 불과했다. 그러나 그가 죽은 후 황제의 예禮

---

[4] 晏子友, 前揭書(1998), 98~100頁.

로 능묘를 굉장히 크게 조성하게 된다.

주우원이 죽은 지 2년 후 무종武宗 주후조朱厚照가 죽는다. 아들이 없어 유조에 따라 주우원의 아들 주후총이 황위를 잇게 되는데 바로 세종이다. 세종은 사적私的인 예禮를 따라 그의 부모를 생부生父와 생모生母로 추존하게 된다. 처음에는 아버지를 흥헌제興獻帝라 하고 어머니는 흥헌후興獻后라 하였다. 가정7년 시호를 추가해서 아버지를 본생고공목헌황제本生考恭穆獻皇帝라 하고 어머니는 본생성모황태후本生聖母皇太后라 한다.

예종睿宗의 묘를 처음에는 원園이라 하였으나, 가정원년에는 능陵이라 존칭한다. 또한 송림산松林山을 순덕산純德山이라 고친다. 가정3년에는 능명을 현릉顯陵이라 존칭하고 후에는 그에 아버지를 천수산天壽山으로 천장遷葬하려 한다. 가정17년에는 묘호廟號를 예종睿宗이라 올린다.

사향내관司香內官은 흥원제의 능이 협소하니 천수산의 다른 능처럼 크게 개조할 것을 건의하자 세종은 굉장히 기뻐한다. 그러나 공부상서 조황趙璜과 예부상서 석서席書 등이 반대한다.

가정17년 12월 흥헌황후가 붕서하자 세종의 천릉안遷陵案이 재차 부상한다. 같은 해 12월 13일 천수산에서 능지를 찾던 중에 대욕산大峪山에 그의 아버지 능묘를 건설키로 결정한다. 가정18년 4월말 현궁玄宮이 완성된다. 하지만, 세종은

　　　대욕산은 애처롭고 순덕산보다 아름답지 못하다.

고 하면서 여러 차례에 걸친 검토 끝에 순덕산의 능침을 확장토록 하고 그의 어머니를 현릉의 남쪽에 안장키로 한다.

현릉의 공정은 정덕15년에 착공하는데, 가정18년 3월 또다시 대규모 확장공사를 시작하여 가정38년 9월에 최종 완공한다.

총 기간은 37년이 소요된 셈인데 소요된 비용은 백은白銀 48만 냥이다.

현릉 주위에는 약 7km에 이르는 붉은 담장이 쳐져 있으며, 담장 앞에는 한백옥의 하마석패 2기가 서있고, 문안에는 길이가 약 1,300m에 이르는 신도가 조성되어

〈사진 1〉 현릉의 명루(자료출처 : www.travellife.org)

〈사진 2〉 현릉 능궁의 석조물(자료출처 : www.backpackers.com.tw)

〈사진 3〉 현릉의 신도(자료출처 : www.travellife.org)

〈사진 4〉 현릉의 보정이 보인다(자료출처 : www.travellife.org)

있다. 신도 양 옆에는 망주 1쌍과 석상생 10쌍이 시립하고 있다.

현릉에는 대량의 황금과 백은白銀, 주보옥기珠寶玉器가 매장되어 있는데, 세종의 지시에 따라 도굴을 방지하기 위해 작업에 참여한 공장工匠과 인부, 관련자들을 모두 피살하여 보성 뒷산 7개의 토총 안에 매장한다. 이걸로 볼 때 세종의 잔인함을 엿볼 수 있다.

숭정15년 12월 30일 이자성의 농민군은 현릉의 주 건물을 불태우게 된다. 그 후 현릉의 주요 건축물은 훼손되어 석조물만 남게 된다.

제8장

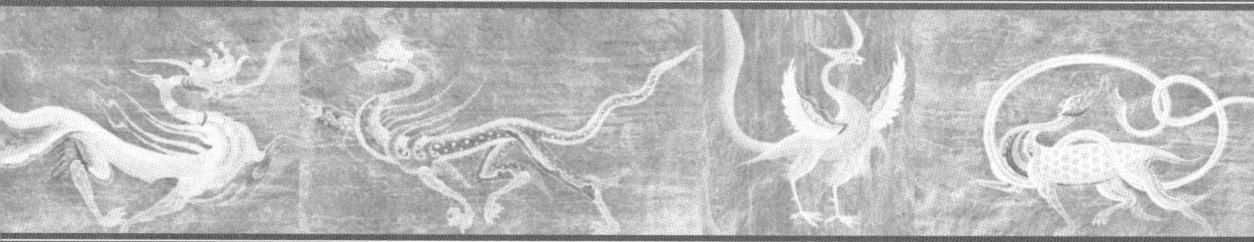

13릉의 배장陪葬 묘

1. 13릉의 배장陪葬 묘
2. 동정東井과 서정西井
3. 만귀비萬貴妃 묘
4. 정귀비鄭貴妃 묘
5. 신종의 4비 묘
6. 세종비와 태자 묘
7. 세종 세비 묘(悼陵)

제8장

13릉의 배장陪葬 묘

1. 13릉의 배장陪葬 묘

약 40km²에 이르는 능역에는 명나라 제3대 황제 성조(주체) 영락제에서 부터 제16대 황제 사종(주유검) 숭정제(그중 제7대 황제 경태제는 북경 외곽 금산에 안장)에 이르기 까지 13명의 황제 외에도 7곳에 배장 묘가 있다.

바로 동정東井과 서정西井, 만귀비 묘, 정귀비 묘, 신종 4비 묘, 세종비와 태자 묘, 세종 세비 묘(도릉) 등이 있다. 기타 명나라의 왕들과 공주 그리고 비빈들은 금산에 안장했다.[1]

2. 동정東井과 서정西井

동정東井은 덕릉德陵 동남쪽 만두산饅頭山 남쪽 기슭에 서향으로 조성되어 있다.[2] 건축물은 없어지고 현재는 석조 유적만 남아 있는데 전방후원前方後圓의 황릉 규정

---

1) 胡漢生, 『明十三陵探秘160問』(北京燕山出版社, 2004), 20~21頁.
2) 上揭書, 221頁.

〈사진 1〉 동정의 담장　　　　　　〈사진 2〉 동정의 무자비

을 따르고 있다. 능원은 동서길이가 197m, 남북너비는 97m이다. 향전享殿은 주춧돌만이 남아 있는데 전면 5칸에 측면 3칸의 건축물이었음을 확인할 수 있다.

향전 양쪽의 담장은 길이가 24.8m, 높이가 2m이다. 크고 작은 벽돌[甎]로 쌓아 조성하였는데 곁에는 회를 바르고 붉은색 칠을 하였다.
향전 앞에는 좌우에 배전配殿이 있었는데 현재는 전하지 않는다.
향전 뒤쪽 22m지점에는 무자비無字碑가 세워져 있는데 비의 높이는 2.23m, 폭은 0.91m, 두께는 0.25m이고 전액부분에는 운봉문雲鳳紋이 조각되어 있다.
비는 가정제 때에 세워졌으며 비 뒤의 봉분은 높이가 약 8m, 직경이 약 24m이다.
보성은 산기슭에 건설되어 있는데 부분적으로 보존되어 있고 성벽에는 회칠과 함께 붉은색 칠을 하였다.

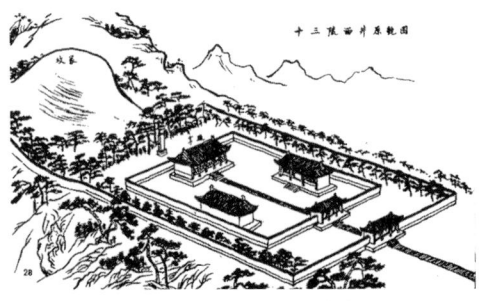

〈그림 1〉 서정(西井) 전경

서정西井은 정릉定陵 서남쪽, 소릉昭陵에서는 서북쪽에 위치하며 남향을 하고 있다. 형식은 동정과 같으며 남북의 길이는 233m, 동서 너비는 115.3m이다. 문은 셋이고 향전은 전면이 5칸, 측면이 3칸으로 현재 주춧돌만 남아

있다. 향전을 둘러싼 담장이 있는데 높이가 2m, 두께가 0.55m이다.

좌우배전자리는 밭으로 개간되어 흔적도 없다. 향전 뒤쪽 21m 지점에는 무자비無字碑가 세워져 있는데 비의 높이는 2.1m, 너비는 0.9m, 두께는 0.28m이다. 봉분은 높이가 약 10m, 직경이 25m 정도이다.[3]

보성은 산기슭에 건설되어 뒷부분이 일부 남아있는데 성벽에 회칠을 한 후에 붉은색 칠을 하였다.

3. 만귀비萬貴妃 묘

소릉으로 부터 서남쪽으로 약 1km 지점 소산蘇山 아래에 만귀비 묘가 건설되어 있다. 현재의 지명은 만낭분촌萬娘墳村이다.[4]

〈사진 3〉 만귀비의 묘(자료출처 : www.eemap.org)

---

3) 上揭書, 221頁.
4) 上揭書, 222頁.

〈사진 4〉 향전 유지 〈사진 5〉 담장의 모습(4층출첨형식)

원침은 남향으로 앞쪽은 사각형이고 뒷부분은 반원형으로 동정과 서정과는 약간 다르다. 담장 밖의 문루는 보존상태가 비교적 좋으며 원침의 동서길이는 197.8m, 남북의 너비는 138.5m이다.[5]

원침 앞부분의 남북 길이는 138.5m, 동서의 너비는 106.7m이다.[6] 담장은 성전城甎으로 쌓았으며 담장 상부는 4층 출첨형식으로 황색유리 기와가 덮어져 있다.

향전은 전면이 5칸, 측면이 3칸으로 주춧돌의 보존 상태는 양호하고, 동서 배전 자리는 농민들에 의해 밭으로 개간되어 주춧돌의 흔적도 없다.

봉분은 높이가 2.5m 직경이 약 14m이다.[7]

만귀비는 산동성 제성諸城사람으로[8] 헌종 성화제의 사랑을 독차지한 후궁이다.

4살에 궁에 들어와 손태후(선종의 황후, 헌종의 조모)의 궁녀가 된다.

정통14년 헌종이 3살 때 태자에 책봉되자 20세의 만귀비는 동궁에서 태자를 모시게 된다. 헌종이 18살에 황제에 즉위할 때 만귀비는 35살이었다. 그는 항시 황제의 의복을 시중들면서 온갖 교태로 남자의 맘을 사로잡아 소덕비昭德妃에 봉해진다. 이듬해 황장자를 낳고 귀비로 진봉한다. 그러나 아들이 돐이 되기도 전에 죽고 그

---

5) 華博, 『中國盜墓』(中國友誼出版公司, 2006), 160頁.
6) 上揭書, 161頁.
7) 上揭書, 160~161頁.
8) 胡漢生, 前揭書(北京燕山出版社, 2004), 21頁.

〈사진 6〉 만귀비 묘 전경

후로는 아들을 낳지 못한다.9)

또한 만귀비는 오황후가 강직한 것에 불만을 품고 황제에게 황후를 폐할 것을 건의하여 황후를 폐하게 된다. 그 후 그의 전횡은 더해져 궁중의 모든 비빈들은 임신을 못하도록 약을 먹어야만 했다.

만귀비가 성화23년 봄에 병으로 죽자 헌종은 비통해 하며 7일간 조회를 열지 않는다.

귀비가 죽은 후에 시호를 공숙단신영정황귀비恭肅端愼榮靖皇貴妃라 한다. 귀비의 시호 6자는 전례가 없는 일이며, 황제의 능역에 안장하는 것 또한 법도를 어긴 일로 헌종의 총애 정도를 짐작해 볼 수 있다.10)

4. 정귀비鄭貴妃 묘

만낭분촌萬娘墳村으로 부터 남쪽으로 약 1km 지점의 은전산銀錢山에는 정귀비鄭貴

---

9) 華博, 前揭書(2006), 159頁.
10) 上揭書, 157~158·160頁.

〈사진 8〉 정귀비 묘의 모습

妃의 묘가 있다.

　원침의 형식은 만귀비 묘와 기본적으로 같으며 남향을 하고 있다.

　원침의 남북 길이는 287m, 동서너비는 218m이다.
　향전은 전면이 5칸 측면이 3칸이며 주춧돌이 잘 보존되어 있다. 전면 길이가 32m, 너비가 18.5m이다.
　향전 앞 월대는 길이가 16.7m, 너비가 6.5m이다.
　앞쪽의 좌우배전은 각 3칸이다. 주춧돌이 비교적 많이 보존되어 있으며 길이가 15.4m, 너비가 6.4m이다.
　원침 뒤편의 봉분에는 반원형의 담장이 둘러싸고 있는데 보성寶城과 유사하다.

〈사진 8〉 정귀비(鄭貴妃) 묘(자료출처 : www.eemap.org)

정귀비는 대흥大興 사람으로 만력10년 3월에 숙빈淑嬪에 봉해진다.

만력11년 8월 덕비德妃에 봉해지고, 만력12년 8월에 귀비로 진봉된다.

만력14년 1월 셋째 아들 상순常洵을 낳고 3월에 황귀비에 책봉된다.

숭정3년 5월에 죽는데 시호를 공각혜영화정恭恪惠榮和靖이라 하고, 은전산銀錢山에 안장한다.

정귀비는 아름답고 황제의 뜻을 정확히 꿰뚫어 총애를 받는다.

만력제의 정치 생활 중에 여러 건의 중대한 정치사건이 일어나는데, 모두 그녀와 직접 또는 간접적으로 관련되어 있었다.

만력제가 통치하는 중에 황위계승 문제가 대두되자 황제의 사랑을 받지 못하는 공비恭妃 소생의 장자長子 상락常洛을 밀어내고 자신의 소생인 상순常洵을 태자로 세우고자 한다. 이로 인하여 조정에는 끊임없는 암투와 권력투쟁이 벌어진다. 이러한 정황을 지켜보던 만력제의 모후 이태후李太后에 의해 장자인 상락常洛이 만력 29년 10월에 태자에 책봉된다.

하지만 상락이 태자에 책봉된 후에도 황위를 둘러싸고 계속적으로 정씨의 음모는 진행된다.

신종은 죽으면서 유언으로 그를 황후에 봉하도록 하는데 광종의 갑작스런 죽음으로 실행에 옮겨지지 못한다.

그러나 죽은 후에 천수산 능역에 안장된 능묘의 규모가 거대하여 다른 배장 묘와는 월등한 차이를 보이게 된다. 이것은 신종황제의 유언을 후세의 자손들이 완벽하게 이행한 결과이다.

5. 신종의 4비 묘

4비 묘의 위치는 정귀비 묘로부터 남쪽으로 약 0.5km 지점에 위치하는데 속칭 동소궁東小宮이라 부른다. 원침은 남향을 하고 있으며 남북길이가 123m, 동서 너비가 60m이다.

〈사진 9〉 신종 4비의 묘(자료출처 : www.eemap.org)

　　원침부분은 이미 밭으로 개간되어 건축물의 흔적은 없고 내외성의 흔적만이 일부 남아 있다.
　　뒤쪽의 봉분은 높이가 3.3m, 직경이 16m이다.
　　『창평산수기』에는 신종의 비빈인 두 명의 이비李妃와 주비周妃, 유비劉妃의 묘라고 기록되어 있다.

　　경비敬妃 이씨는 만력22년 11월 경비에 책봉되어 만력25년 3월 21일 죽어 황귀비에 추봉된다. 시호는 공순영장단정恭順榮莊端靖이다.

　　순비順妃 이씨는 만력32년 8월 책봉된다. 천계3년 윤10월 은전산의 경비묘 옆에 안장한다.

　　소비昭妃 유씨는 만력 6년 2월 소비에 책봉되어 천계제와 숭정제때에 자녕궁慈寧宮에 거처하였으며 태비太妃라 불렸다.
　　숭정15년에 죽는데 향년 86세이다. 시호를 선의강소宣懿康昭라 한다.

단비端妃 주씨는 만력22년 11월에 단비에 책봉되어 단왕端王 상호常浩를 낳는다. 시호는 기록이 없다.

6. 세종비와 태자 묘

세종의 여섯 명의 비와 두 명의 태자 묘는 신종 4비 묘와 도릉悼陵 사이에 위치하며 속칭 소궁小宮이라 부른다.

남향을 하고 있으며 규정은 신종의 4비 묘와 같다. 남북길이는 93.6m, 동서 너비는 40m이다.

공안供案 뒤에는 봉분 5기가 있는데 가운데에 1기와 좌우에 2기씩이 있다. 『창평산수기』에는 신종 비 묘 남쪽을 오아욕襖兒峪이라 하는데 4비 묘와 2태자 묘가 있다.

가운데에는 염비閻妃와 왕비王妃가 좌측에는 마비馬妃가, 그 좌측에는 애충태자哀冲太子가, 우측에는 양비楊妃가, 그 우측에는 장경태자莊敬太子와 세종 비 태자가 있다고 기록되어 있다.

염비閻妃는 처음에 여비麗妃에 봉해져, 가정12년 8월 황장자를 낳고 가정13년 1월 귀비로 진봉한다.

가정19년 1월 죽자 황귀비에 추봉하고 시호를 영안혜순단희榮安惠順端僖라 한다.

효결황후孝潔皇后 능 옆에 안장한다.

귀비 왕씨는 지휘첨사指揮僉事 왕륭王隆의 딸이다.

가정14년 2월 소빈昭嬪에 책봉된다.

가정15년 10월 둘째황자 재학載壑을 낳고 가정16년 4월 귀비에 진봉된다.

가정16년 1월 다시 황귀비로 진봉되고 가정 29년 11월 죽는데 시호를 단화공순온희端和恭順溫僖라 한다.

가정30년 1월 염귀비閻貴妃 묘에 안장한다.

〈사진 10〉 세종비와 태자묘(자료출처 : www.eemap.org)

애충태자哀冲太子는 이름이 재기載基이고 어머니는 염귀비이다.

가정12년 8월에 태어나 10월에 병사하는데 시호는 애충태자哀冲太子이다. 금산에 안장한다.

장경태자莊敬太子는 이름이 재학載壑이고 어머니는 왕귀비이다.

가정15년 10월에 태어나 4살에 태자에 책봉된다.

가정28년 14살 되던 해에 혼례를 치르는데 병에 걸려 2일 만에 죽는다.

시호는 장경태자莊敬太子이고 6월에 금산에 안장한다.

황귀비 왕씨는 가정29년 11월에 죽어 다음해 1월에 염귀비 묘에 안장한다. 어린 아들은 어머니를 따른다[幼子隨母]는 원칙에 따라 가정30년 10월 애충과 장경 두 태자는 천수산 오아욕의 그들 어머니 묘 옆에 안장된다.

정비貞妃 마씨는 가정45년 6월에 죽어 시호를 영안榮安이라 한다.

천수산 능역에 안장하는데 장례의례는 염귀비와 똑같이 하였다.

영비榮妃 양씨楊氏는 가정45년 6월에 죽는데 궁인을 용비容妃로 추봉하고 시호를 공숙안희恭淑安僖라 한다.

윤10월 황귀비 염씨의 의례를 축소하여 치르며 귀비 묘 옆에 장사한다.

영비는 가정제의 특별한 은총을 받게 된다. 그 이유는 궁중에 불이 났을 때 황제를 보호한 공을 세웠기 때문으로 후에 그의 아버지가 표기장군금의위지휘사驃騎將軍錦衣衛指揮使에 증직되고, 그의 형제는 금의위지휘첨사錦衣衛指揮僉事에 제수된다.

7. 세종 세비 묘(悼陵)

세종의 세비 묘는 6비와 태자묘의 바로 남쪽 도릉에 위치하며 속칭 대궁大宮이라 한다.

원침은 직사각형으로 남서향 이며 남북 길이가 169m, 동서 너비는 86.3m이다.

담장은 기본적으로 보존상태가 양호하며 향전과 좌우 배전의 주춧돌도 잘 보존되어있다. 원침 안의 송림은 울창하며 봉분은 높이가 4.4m, 직경이 15m이다.

도릉悼陵에는 원래 세종의 효결황후孝潔皇后가 안장되어 있었다.11)

효결후 진씨陳氏는 원성元城 사람으로 아버지는 만언萬言이다.

처음에 도독동지都督同知에 제수되고 그 후 태화백太和伯에 봉해진다.

가정원년 황후에 책봉된다. 가정7년 10월에 가정황제의 노여움을 받아 화병火病을 얻게 되고 유산으로 인하여 죽게 된다.

처음 시호는 도령悼靈이다.

〈사진 11〉 도릉(悼陵)(자료출처 : www.eemap.org)

---

11) 胡漢生, 前揭書(2004), 223頁.

효결후(孝潔后) 진씨

오아욕襖兒峪에 능을 건설하여 가정8년 3월에 도릉에 안장한다.

가정15년 시호를 효결孝潔로 고친다.

융경원년 3월 세종을 영릉에 안장하고 동시에 효결황후를 영릉에 합장한다.

만력9년 10월 가정 황귀비 심씨가 죽자 효결황후의 유지遺址에 안장한다. 심씨는 가정10년 3월에 책봉한 9빈九嬪 중의 한명이다.

노씨盧氏는 가정10년 3월에 책봉된 정빈靖嬪이다. 넷째 황자 경공왕景恭王 재수載㘸를 낳는다. 가정16년 4월 정비靖妃으로 진봉된다.

경비敬妃 문씨文氏는 가정45년 8월에 귀비에 진봉한다.

정비 노씨와 경비 문씨는 시호가 전해지지 않는다.

그 외에 동릉의 동쪽 녹마산鹿馬山에는 전귀비田貴妃 묘가 있다.

전씨는 살아서 은총을 받아 황귀비에 봉해진다.

숭정15년 7월에 죽어 숭정17년 5월에 이곳에 장사지낸다.

숭정17년 3월 농민군이 봉기하여 북경에 처들어 왔을 때 숭정제는 만수산萬壽山에서 자결함으로써 명 왕조는 패망한다.

4월초에 전 귀비 묘에 안장되는데 후에 사릉思陵이라 부른다.

제9장

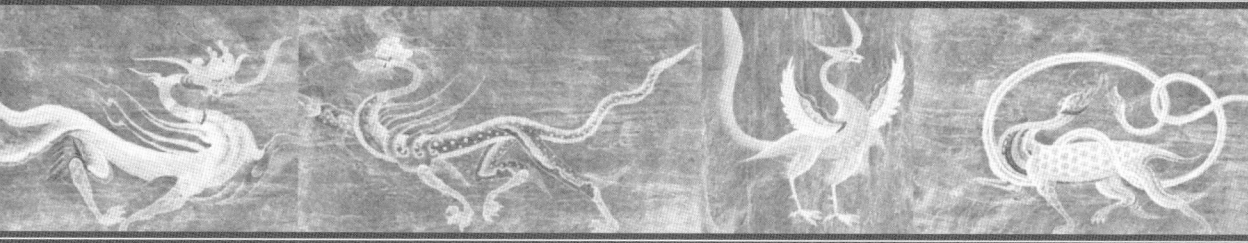

산릉 제사

1. 산릉 제사
2. 제사의식
3. 제사용품의 종류와 수량
4. 제사 때 관원의 복장
5. 명 황제와 황후를 안장 할 때의 예의

제9장

산릉제사

1. 산릉 제사[1]

명나라 때에는 절기節氣의 순서에 따라 파견된 제릉관원祭陵官員에 의해 능침제사의 주요형식을 거행하였다.

청명淸明과 중원中元, 동지冬至 3절제사를 줄여서 삼대제三大祭라고도 불렀는데, 태뢰太牢(소와 양, 돼지로 만든 제례음식을 태뢰라 한다)로 제사를 지냈다.

제릉관원祭陵官員은 일반적으로 공公, 후侯, 백伯 또는 부마駙馬 등 훈척대신勳戚大臣들이 맡았다. 이때 각 문무아문文武衙門의 당상관堂上官은 모두 제례에 참여하였다. 이들 제사는 매년 같은 방법으로 거행하였다.

기진忌辰과 정단正旦(1월 1일), 성단聖旦(생일), 맹동孟冬(10월 1일) 등 4절에는 술과 과일 등으로 제사를 지냈다.

역시 파견된 공公, 후侯, 백伯 또는 부마 등 훈척대신들이 제사를 주관하였으나, 각 아문의 관원은 참여하지 않았다. 이러한 네 번의 제사를 사소제四小祭라 하였다.

가정제嘉靖帝는 능묘제사에 대하여 기존방식을 바꾸게 되는데 그 이전에는 천수산의 모든 릉陵 제사는 건문제建文帝 초기 효릉에 제사를 지내던 방식으로 지냈다.

---

1) 胡漢生,『明十三陵探秘160問』(北京燕山出版社, 2004), 244~245頁.

이때 천수산 능역의 제사순서에도 변화가 생긴다.

 가정14년(1535) 2월 세종은 예부에 능침제사 제도를 연구 조사하여 새롭게 정할 것을 지시한다. 이후 매년 청명淸明과 상강霜降에는 파견된 제릉관祭陵官에 의해 제사를 지내는데 각 아문의 관리는 제사에 참여 하였다.

 중원中元과 동지冬至에도 파견된 제릉관祭陵官이 제사를 지내나, 각 아문의 관리들은 제사에 참여하지 않는다.

 이러한 4절제사는 태뢰제사에 속한다.

 가정15년 9월 세종은 맹동묘향孟冬廟享을 동지冬至로 옮기고 맹동제사孟冬祭祀는 없애라고 지시한다. 이후 천수산 각 능의 제릉관원祭陵官員에 의한 제사는 매년 대제大祭 네 차례와 소제小祭 세 차례만 해당한다.

 이러한 제사를 4대제四大祭와 3소제三小祭라 불렀으며 명나라가 망할 때 까지 지속한다.

2. 제사의식[2]

 명나라의 대제와 소제는 제사의식에 일정한 차이가 있어 서로 구별되었다.

 대제 의식은 제사일 자시子時에 각 릉의 제릉관원主祭官은 찬례관贊禮官의 안내로 릉은전의 오른쪽 문으로 들어간다.

 전의典儀가,

   집사관은 각자 위치로 가시오.

하고 외치면 제릉관원은 찬례관을 따라 배위拜位 앞으로 걸어간다. 동시에 찬례관도 정해진 위치에서 무릎을 꿇고 상향上香하면 제릉관원도 따라서 세 번 상향上香한다. 상향上香이 끝나면 찬례관과 제릉관원은 원위치로 돌아와 사배四拜한다. 이때 참

---

 2) 上揭書, 245~246頁.

여 관원들도 따라서 사배四拜한다.

전의典儀가,

> 존백(尊帛)하고 초헌례(初獻禮)를 행하시오.

라고 외치면 집사관이 백帛을 받들고 어안御案을 각각 봉헌한다. 이후에 무릎을 꿇고 앉으면 찬례관도 따라서 무릎을 꿇고 앉아 축문祝文을 읽는다. 이때 모든 관원들도 무릎을 꿇고 앉는다.

축문을 다 읽은 찬례관은 부俯(머리를 아래로 낮춘다), 복伏(상체를 앞으로 엎드리다), 흥興(상체를 똑바로 세운다), 평신平身(일어선다)한다.

모든 관원들도 부, 복, 흥, 평신을 따라서 한다.

이어서 아헌례亞獻禮와 종헌례終獻禮를 재차 실시하는데 초헌례와 같은 방법으로 실시한다. 단지 존백尊帛과 축문의 낭독을 하지 않을 뿐 이다.

삼헌례三獻禮를 모두 마치면 찬례관과 모든 관원들은 사배한다. 절을 마치면 전의典儀가,

> 독축관(讀祝官)은 봉축(捧祝)하고 진백관(進帛官)은 봉백(捧帛)하여 각자 로(爐) 위치로 가시오.

하고 외친다. 독축관은 축문판을 받들고 진백관進帛官은 백帛을 받들어 능은전 가운데 문을 나와 분백로焚帛爐에 이르러 태우게 된다. 이것으로 제사는 마치게 된다.

그 외에도 청명淸明과 상토의上土儀 등이 있었다. 이 경우에는 주제관主祭官이 3품관으로 바뀌게 된다.

소제小祭의 예의도 기본적으로 같다. 하지만 존백尊帛과 축문을 낭독하는 과정이 다르다.

3. 제사용품의 종류와 수량[3]

천수산 각 릉 제사의 대제大祭와 소제小祭 때는 제사용품祭祀用品이 같지 않았다. 대제大祭 때 황제와 황후에게는 각각 잘 차려진 정안正案을 준비하였다.

황제의 탁자 위에는 삼작三爵과 일차一茶, 양탕兩湯, 양반兩飯, 사채四菜, 일적육一炙肉, 일적간一炙肝, 일육골一肉骨, 일유병一油餠, 일각아一角兒, 일율一栗, 일조一棗, 일원안一圓眼, 일여지一荔枝, 일호도一胡桃, 양만두兩饅頭, 일양육一羊肉, 양시육兩豕肉, 일즙호一汁壺, 일주호一酒壺가 차려진다.

황후의 탁자위에는 주호酒壺가 아닌 다호茶壺를 올리게 되는데 나머지는 황제와 같다.

황제와 황후의 정안正案 앞에는 또 3가지 짐승의 안갑案匣이 있고 안에는 일우一牛, 일양一羊, 일시一豕를 놓는다. 그 앞에는 백합帛盒과 황제와 황후의 제백制帛을 설치한다. 백帛 앞에는 공안供案과 향로香爐, 두 개의 촉대燭臺를 설치한다. 그 왼쪽에는 주준酒樽을 올려놓는 사준탁司樽棹을 설치하고, 오른쪽에는 축탁祝棹을 설치하여 축문판祝文版을 놓는다.

소제小祭에는 비교적 간단하여 삼작오과三爵五果(즉 호도와 여지, 원안, 조, 율)와 향로 하나, 촉대 두 개를 설치한다.

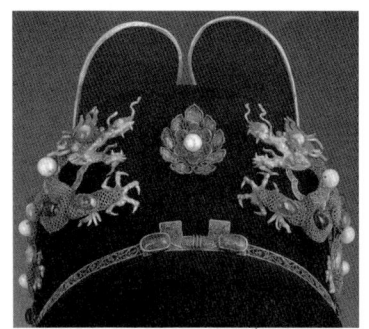

〈사진 1〉 오사익선관(烏紗翼善冠)

4. 제사 때 관원의 복장[4]

명 조정에서는 능 제사에 관원들에게 일정한 복장을 갖추도록 하였다.

황릉皇陵과 조릉祖陵에 제사할 때에는 양관梁冠과 상의, 바지 등에 대한 복장의 규정을 정하고 있다.

---

3) 上揭書, 246~247頁.
4) 上揭書, 252~253頁.

| 문1품 선학 | 문2품 금계 | 문3품 공작 | 문4품 운안 |

| 무1품 사자 | 무2품 | 무3품 호표 | 무4품 |

〈사진 2〉 명대 문무관 모자

효릉과 천수산 능의 제사를 지낼 때에는 주제관인 황제는 논하지 않으나, 대신들은 엷은 피부색의 옷(평상시에는 청색옷을 착용)을 입었다.

황제는 오사익선관烏紗翼善冠과 사단용용포四團龍龍袍를, 대신들은 오사모烏紗帽와 관복의 앞뒤에 품계도안(보자)을 하였다.

보자補子는 문무관원과 품계에 따라 다르고 도안도 또한 다르다. 문관 1품과 2품은 선학仙鶴과 금계錦鷄가, 3품과 4품은 공작孔雀과 운안雲雁이, 무관1품과 2품은 사자獅子가, 3품과 4품은 호표虎豹가, 공公, 후侯, 백帛과 부마는 기린麒麟 보자補子의 복장을 갖췄다. 허리의 혁대革帶는 복장한 장식이 되어 있다.

5. 명 황제와 황후를 안장 할 때의 예의[5]

황제와 황후가 죽은 후에 소렴小殮과 대렴大殮을 거쳐 그의 재궁梓宮은 기연전幾筵

---

5) 上揭書, 256~258頁.

殿안에 모셔둔다.

재궁은 황궁의 기연전幾筵殿에서 지하궁전에 안장 될 때까지 많은 예의禮儀가 거행된다.

재궁이 기연전에 도달하기 전에 먼저 기연전에서 거행하는 계전례啓奠禮가 있다. 이어받은 황제와 황후, 황자와 궁중의 가족은 쇠복衰服(베로 만든 상복)을 착용하고 전 안에서 거행하였다.

예를 마치면 조전례祖奠禮를 다시 거행하였다. 도인관導引官이 이어받은 황제를 전 안의 동쪽으로 안내하면 황제는 서쪽을 향해 선다.

집사관이 재궁 주위의 휘장과 막을 철거하면 재궁을 닦고 기연전 앞에 신정神亭과 신백여神帛轝, 시책보여諡册寶轝 등을 전 앞의 단폐丹陛 위에 설치한다.

내시관內侍官이 계전례啓奠禮를 행한 제사용품祭祀用品을 치우면 주찬酒饌과 배위拜位 등을 새롭게 다시 설치한다. 이어받은 황제와 황후, 황자와 궁중의 가족들은 각각 절을 하게 된다. 예를 마치면 내시관은 영가靈駕의 출발을 아뢴다.

내시관은 시책보諡册寶를 두 손으로 받쳐 들고 신백神帛을 여轝에 놓고 전殿으로 출발한다.

집사관執事官의 지휘로 내집사內執事들이 삽翣을 들고 좌우에 둘러서면 많은 사람들은 재궁을 들어 올려 용순龍輴을 위에 놓고 채색된 휘장과 장막을 덮어 장식하면 영가는 계행啓行을 개시한다.

영가靈駕가 계행할 때 죽은 황제나 황후가 생전에 사용하던 의장儀仗을 가장 앞쪽에 배치한다. 뒤쪽에는 시책보여諡册寶轝와 신백여神帛轝, 신정神亭, 명정銘旌을 재궁을 실은 용순龍輴에 연결한다.

영가靈駕가 오문午門 안에 이르면 재궁을 용순龍輴 위에서 내려 대승여大升轝로 바꿔서 가게 된다.

황후와 황자 그리고 궁의 가족들은 영가靈駕를 보내는 곡哭을 멈추고 견전례遣奠禮를 거행한다.

재궁의 선두가 단문端門 밖에 이르러 잠시 머물게 된다. 그 때에 호상대신護喪大臣은 신백神帛을 봉안하고 태묘太廟 안에 모셔진 선조들에게 아뢰게 된다. 예를 마친 후에 재궁은 승천문承天門과 대명문大明門, 덕승문德勝門을 통과하여 북으로 나와 천수산天壽山 능침으로 출발한다.

재궁이 대명문大明門을 나온 후에 문무백관은 쇠복衰服을 착용하고 대명문에서 덕승문 토성 밖까지 도보로 따르게 된다.

호상관護喪官과 집사관執事官은 재궁 앞에서 기마騎馬로 따르나 대홍문大紅門에 이르면 말에서 내려 도보로 능역까지 걸어서 간다.

연도沿道상에서 재궁을 만나면 군민들은 모두 꿇어 앉아 거애擧哀를 하여야 한다.

재궁을 옮기는 인원은 일반적으로 관군이며 인원은 수천명 이상이 동원되었으며, 인종의 장례 때에는 관군 약 2만여 명이 동원되었다.

능역에 도착하면 재궁을 우선 능은전陵恩殿 안에 모시고 안신례安神禮를 거행한다. 내시관內侍官은 전殿안에 주찬酒饌과 배위拜位를 설치하고 호상관護喪官이 예를 행한다. 존백尊帛과 헌작獻爵, 독문讀文, 궤배跪拜, 거애擧哀 등 일련의 복잡한 예를 지낸 후에 축문祝文과 신백神帛은 로爐에서 태워진다.

추후 재궁은 현궁玄宮에 안장된다. 명나라 황제와 황후의 재궁 안장은 흠천감에서 정한 길시吉時에 한다.

안장시간이 되면 전안에서 천전례遷奠禮를 먼저 거행한다. 호상관護喪官은 무릎을 꿇고 앉아 현궁으로 영가靈駕가 향할 것을 청한다. 이후에 용순龍輴은 현궁의 황당皇堂(後殿) 안으로 옮겨져 재궁을 관상棺牀 위에 안치한다. 그리고 증례贈禮를 거행한다.

호상관護喪官은 옥玉과 백帛을 바치고 난후에 현궁의 석문을 닫는다.

현궁 대문 밖에서 향례享禮를 거행한다. 예를 마치면 황제나 황후의 신주神主를 쓴다.

내시관은 손을 씻은 후에 현궁문밖에 향안香案과 주찬酒饌를 설치하고 제주관題主官은 손을 씻은 후에 신주를 써서 신주를 주안主案 위에 모시게 된다.

그리고 신주는 능은전陵恩殿 영좌靈座 위에 모시고 안신례安神禮를 재차 거행한다. 이후에 북경의 태묘太廟에 모시게 된다. 이로서 산릉의 복잡한 예의는 모두 마치게 된다.

부록

명대 황제 계통도

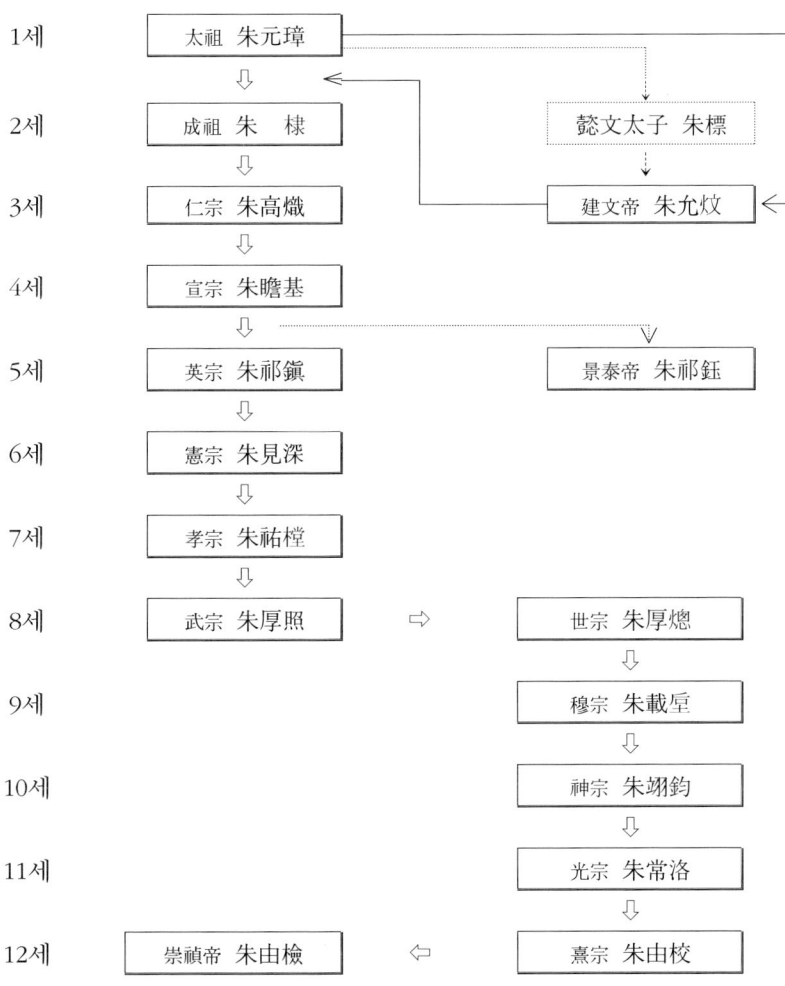

명 황제 일람표

陵名	年号	墓号	姓名	即位年月	即位 나이	在位 年数	死葬 나이	附葬皇后	陵址
孝陵	洪武	太祖	朱元璋	洪武元年正月(1368. 1)	41	31	71	馬氏	鐘山
	建文		朱允文	洪武三十一年閏五月(1398. 6)	22	4			
長陵	永樂	成祖	朱棣	建文四年六月(1402. 7)	43	22	65	徐氏	天壽山
獻陵	洪熙	仁宗	朱高熾	永樂二十二年八月(1424. 9)	47	1	48	張氏	黃山寺1岭
景陵	宣德	宣宗	朱瞻基	洪熙元年六月(1425. 6)	28	10	38	孫氏	黑山
裕陵	正統	英宗	朱祁鎭	宣德十年正月(1435. 2)	9	14		錢氏 周氏	石門山
景泰陵	景泰	代宗	朱祁鈺	正統十四年九月(1450. 9)	22	8	30		金山
裕陵	天順	英宗	朱祁鎭	景泰八年正月复辟(1457. 2)	31	8	38	錢氏 周氏	石門山
茂陵	成化	憲宗	朱見深	天順八年正月(1464. 2)	18	23	41	王氏 紀氏 邵氏	聚寶山
泰陵	弘治	孝宗	朱右樘	成化二十三年九月(1487. 2)	18	18	36	張氏	筆架山
康陵	正德	武宗	朱厚照	弘治十八年五月(1505. 6)	15	16	31	夏氏	蓮花山
永陵	嘉靖	世宗	朱厚熜	正德十六年四月(1521. 5)	15	45	60	陳氏 方氏 杜氏	陽翠岭
昭陵	隆慶	穆宗	朱載垕	嘉靖四十五年十二月(1567. 2)	30	6	36	李氏 陳氏 李氏	大峪山
定陵	万曆	神宗	朱翊鈞	隆慶六年六月(1572. 7)	10	48	58	王氏 王氏	大峪山
慶陵	泰昌	光宗	朱常洛	万歷四十八年八月(1620. 8)	39	1月	39	郭氏 王氏 劉氏	黃山寺2령
德陵	天啓	嘉宗	朱由校	泰昌元年九月(1620.10)	16	7	23	張氏	潭峪岭
思陵	崇禎	思宗	朱由檢	天啓七年八月(1627.10)	18	17	35	周氏 田氏	鹿馬山

명 황제 정식 시호

홍무제(주원장)
太祖 開天行道肇紀立極大聖至神仁文義武俊德成功高皇帝
태조 개천행도조기입극대성지신인문의무준덕성공고황제

건문제(주윤문)
惠宗 嗣天章道誠懿淵功觀文揚武克仁篤孝讓皇帝
혜종 사천장도성의연공관문양무극인독효양황제

영락제(주체)
成祖 啓天弘道高明肇運聖武神功純仁至孝文皇帝
성조 계천홍도고명조운성무신공순인지효문황제

홍희제(주고치)
仁宗 敬天體道純誠至德弘文欽武章聖達孝昭皇帝
인종 경천체도순성지덕홍문흠무장성달효소황제

선덕제(주첨기)
宣宗 憲天崇道英明神聖欽文昭武寬仁純孝章皇帝
선종 헌천숭도영명신성흠문소무관인순효장황제

정통제(주기진)
英宗 法天立道仁明誠敬昭文憲武至德廣孝睿皇帝
영종 법천입도인명성경소문헌무지덕광효예황제

경태제(주기옥)

代宗 符天建道恭仁康定隆文布武顯德崇孝景皇帝
대종 부천건도공인강정륭문포무현덕숭효경황제
** 명 8대 천순제天順帝는 정통제가 복위한 것이므로 제외

성화제(주견심)

憲宗 繼天凝道誠明仁敬崇文肅武宏德聖孝睿皇帝
헌종 계천의도성명인경숭문숙무굉덕성효예황제

홍치제(주우탱)

孝宗 達天明道純誠中正聖文神武至仁大德敬皇帝
효종 달천명도순성중정성문신무지인대덕경황제

정덕제(주후조)

武宗 承天達道英肅睿哲昭德顯功弘文思孝毅皇帝
무종 승천달도영숙예철소덕현공홍문사효의황제

가정제(주후총)

世宗 欽天履道英毅聖神宣文廣武洪仁大孝肅皇帝
세종 흠천리도영의성신선문광무홍인대효숙황제

융경제(주재후)

穆宗 契天隆道淵懿寬仁顯文光武純德弘孝莊皇帝
목종 계천융도연의관인현문광무순덕홍효장황제

만력제(주익균)

神宗 範天合道哲肅敦簡光文章武安仁止孝顯皇帝
신종 범천합도철숙돈간광문장무안인지효현황제

태창제(주상락)

光宗　崇天契道英睿恭純憲文景武淵仁懿孝貞皇帝
광종　숭천계도영예공순헌문경무연인의효정황제

천계제(주유교)

熹宗　达天禅道敦孝笃友张文襄武靖穆莊勤哲皇帝
희종　달천선도돈효독우장문양무정목장근철황제

숭정제(주유검)

毅宗　紹天繹道剛明恪儉揆文奮武敦仁懋孝烈皇帝
의종　소천역도강명각검규문분무돈인무효열황제

명나라 황후들의 공식 시호

홍무제(주원장)
孝慈貞化哲順仁徽成天育聖至德高皇后 馬氏
효자정화철순인휘성천육성지덕고황후 마씨

홍종 의문태자
孝康皇后 常氏
효강황후 상씨

건문제(주윤문)
惠皇后 馬氏
혜황후 마씨

영락제(주체)
仁孝慈懿誠明莊憲配天齊聖文皇后 徐氏
인효자의성명장헌배천제성문황후 서씨

홍희제(주고치)
誠孝恭肅明德弘仁順天啓聖昭皇后 張氏
성효공숙명덕홍인순천계성소황후 장씨

선덕제(주첨기)
恭讓誠順康穆靜慈章皇后 胡氏
공양성순강목정자장황후 호씨

孝恭懿憲慈仁莊烈齊天配聖章皇后 孫氏
효공의헌자인장렬제천배성장황후 손씨

정통제, 천순제(주기진)

孝莊獻穆弘惠顯仁恭天欽聖睿皇后　錢氏
효장헌목홍혜현인공천흠성예황후　전씨

孝肅貞順康懿光烈輔天承聖睿皇后　周氏
효숙정순강의광렬보천승성예황후　주씨

경태제(주기옥)

貞惠安和景皇后　王氏
정혜안화경황후　왕씨

성화제(주견심)

廢皇后　吳氏
폐황후　오씨

孝貞莊懿恭靖仁慈欽天輔聖純皇后　王氏
효정장의공정인자흠천보성순황후　왕씨

孝穆慈惠恭恪莊僖崇天承聖純皇后　紀氏
효목자혜공각장희숭천승성순황후　기씨

孝惠康肅溫仁懿順協天祐聖皇后　紹氏
효혜강숙온인의순협천우성황후　소씨

홍치제(주우탱)

孝康靖肅莊慈哲懿翊天贊聖敬皇后　張氏
효강정숙장자철의익천찬성경황후　장씨

정덕제(주후조)
孝靜莊惠安肅溫順天偕聖毅皇后　夏氏
효정장혜안숙온순천해성의황후　하씨

흥헌왕
慈孝貞順仁敬誠一安天誕聖獻皇后　蔣氏
자효정순인경성일안천탄성헌황후　장씨

가정제(주후총)
孝潔恭懿慈睿安莊相天翊聖肅皇后　陳氏
효결공의자예안장상천익성숙황후　진씨

廢皇后　張氏
폐황후　장씨

孝烈端順敏惠恭誠祗天衛聖皇后　方氏
효열단순민혜공성지천위성황후　방씨

孝恪淵純慈懿恭順贊天開聖皇后　杜氏
효각연순자의공순찬천개성황후　두씨

융경제(주재후)
孝懿貞惠順哲恭仁儷天襄聖莊皇后　李氏
효의정혜순철공인려천양성장황후　이씨

孝安貞懿恭純溫惠佐天弘聖皇后　陳氏
효안정의공순온혜좌천홍성황후　진씨

孝定貞純欽仁端肅弼天祚聖皇后 李氏
효정정순흠인단숙필천조성황후 이씨

만력제(주익균)

孝端貞恪莊惠仁明節天毓聖顯皇后 王氏
효단정각장혜인명절천육성현황후 왕씨

孝靖溫懿敬讓貞慈參天胤聖皇后 王氏
효정온의경양정자참전윤성황후 왕씨

태창제(주상락)

孝元昭懿哲惠莊仁合天弼聖皇后 郭氏
효원소의철혜장인합천필성황후 곽씨

孝和恭獻溫穆徽慈諧天鞠聖皇后 王氏
효화공헌온목휘자해천국성황후 왕씨

孝純恭懿淑穆莊靜毗天毓聖皇后 劉氏
효순공의숙목장정비천육성황후 유씨

천계제(주유교)

懿安哲皇后 張氏
의안철황후 장씨

숭정제(주유검)

莊烈愍皇后 周氏
장렬민황후 주씨

명 황제 황후와 비빈

君主		配偶者	本名	職位	在位期間	子女
明仁祖 朱世珍	1	陳夫人		淳皇后		南昌王 朱興隆 明太祖 朱元璋
明太祖 朱元璋	1	馬皇后	馬秀英	孝慈昭憲至仁文德承天順聖高皇后	1368年1月~1382年	明興宗 朱標 秦愍王 朱樉 晉恭王 朱棡 明成祖 朱棣 周定王 朱橚 寧國公主 安慶公主
	2	孫貴妃		成穆貴妃	1368年1月~1374年	生懷慶公主
	3	李淑妃		淑妃	1385年~?	興宗朱標生母
	4	趙貴妃		貴妃		沈簡王 朱模
	5	郭寧妃		寧妃		魯荒王 朱檀
	6	胡充妃		充妃		楚昭王 朱楨
	7	郭惠妃		惠妃		蜀獻王 朱椿 代簡王 朱桂 谷王 朱橞 永嘉公主 汝陽公主
	8	胡順妃		順妃		湘獻王 朱柏
	9	李賢妃		賢妃		唐定王 朱桱
	10	劉惠妃		惠妃		郢靖王 朱棟
	11	葛麗妃		麗妃		伊厲王 朱㰘
	12	鄭安妃		安妃		福清公主
	13	碩妃		妃		高麗人 含山公主
	14	韓妃		妃		伊歷王 朱植
	15	余妃		妃		慶靖王 朱栴
	16	楊妃		妃		寧獻王 朱權
	17	周妃		妃		岷莊王 朱楩 韓憲王 朱松
明興宗 朱標	1	常夫人		孝康皇后		鄭國公常遇春딸 虞懷王 朱雄英 吳王 朱允熥
	2	呂夫人		側室		明惠帝 朱允炆 衡王 朱允熞 徐王 朱允[火熙]

明惠宗 朱允炆	1	馬皇后		孝愍溫貞哲睿肅烈襄天 弼聖讓皇后	1399年~1402年	太子 朱文奎 次子 朱文圭
明成祖 朱棣	1	徐皇后		仁孝慈懿誠明莊獻配天 齊聖文皇后	1402年11月~1407年	魏國公徐達의 딸 明仁宗 朱高熾 漢王 朱高煦 趙王 朱高燧
	2	王貴妃		昭獻貴妃	1409年~1420年	
	3	權賢妃		恭獻賢妃	1409年~1410年	高麗人
明仁宗 朱高熾	1	張皇后		誠孝恭肅明德弘仁順天 啟聖昭皇后	1424年7月~1442年	明宣宗 朱瞻基 越靖王 朱瞻墉 襄憲王 朱瞻墡 嘉興公主
	2	郭貴妃		貴妃		滕懷王 朱瞻塏 梁王 朱瞻垍 衛恭王 朱瞻埏
	3	李賢妃		賢妃		鄭靖王 朱瞻埈 蘄獻王 朱瞻垠 眞定公主
	4			順妃		荊憲王 朱瞻堈
	5	譚順妃		昭容恭禧順妃	?~1425年	
明宣宗 朱瞻基	1	胡皇后	胡善祥	廢黜 恭讓章皇后	1426年~1428年	英宗追封
	2	孫皇后		孝恭章皇后	1426年~1462年	明英宗 朱祁鎮
	3	吳賢妃		孝翼溫惠淑慎慈仁匡天 錫聖皇后		明代宗 朱祁鈺
	4	郭嬪	郭愛	賢妃	?~1435年	입궁 20여 일만 에 순장됨. 약 16세
	5	端妃		端靜貴妃	?~1435年	殉葬
	6	趙賢妃		純靜賢妃	?~1435年	殉葬
	7	吳惠妃		貞順惠妃	?~1435年	殉葬
	8	焦淑妃		莊靜淑妃	?~1435年	殉葬
	9	曹敬妃		莊順敬妃	?~1435年	殉葬
	10	徐順妃		貞惠順妃	?~1435年	殉葬
	11	袁麗妃		恭定麗妃	?~1435年	殉葬
	12	諸淑妃		貞靜淑妃	?~1435年	殉葬
	13	李充妃		恭順充妃	?~1435年	殉葬
	14	何成妃		肅僖成妃	?~1435年	殉葬
明英宗 朱祁鎮	1	錢皇后		孝莊睿皇后	1442年~1468年6月	

	2	周貴妃		孝肅貞順康懿光烈輔天承聖皇后		1464年~1504年	明憲宗 朱見深 崇簡王 朱見澤 重慶公主
明代宗 朱祁鈺	1	汪皇后		廢黜 淵肅懿貞惠安和輔天恭聖景皇后		1449年~1452年	
	2	杭皇后		肅孝皇后		1452年~1453年	懷獻太子朱見濟
明憲宗 朱見深	1	吳皇后		廢黜		1464年7月27日 ~1464年8月28日	在位僅31日 최단명 황후
	2	王皇后		孝貞純皇后		1464年10月12日 ~1518年2月	
	3	紀淑妃		孝穆純皇后			瑤族人 明孝宗 朱祐樘
	4	邵貴妃		孝惠純皇后			明睿宗 朱祐杬 岐惠王 朱祐棆 雍靖王 朱祐枟
	5	萬貴妃	萬貞兒	恭肅貴妃		?~1487年1月10日	
	6	柏賢妃		賢妃			悼恭太子朱祐極
	7	張德妃		德妃			益端王 朱祐檳 衡恭王 朱祐楎 汝安王 朱祐梈
	8	姚安妃		安妃			壽定王 朱祐楷
	9	王敬妃		敬妃			
	10	楊恭妃		恭妃			涇簡王 朱祐橓 申懿王 朱祐楷
	11	潘端妃		端妃			榮莊王 朱祐樞
明孝宗 朱祐樘	1	張皇后		孝康敬皇后		1486年~1541年	明武宗 朱厚照 朱厚煒 太康公主 永福公主 永淳公主
明武宗 朱厚照	1	夏皇后		孝靜毅皇后		1506年~1535年1月	
明睿宗 朱祐杬	1	蔣夫人		慈孝貞順仁敬誠安天誕聖獻皇后		?~1538年2月	明世宗 朱厚熜
明世宗 朱厚熜	1	陳皇后		孝潔恭懿慈睿安莊相天翊聖肅皇后		1522年 ~1528年10月	
	2	張皇后		廢黜		1528年11月 ~1535年1月	
	3	方皇后		孝烈端順敏惠恭誠祇天衛聖皇后		1531年3月 ~1547年11月	
	4	杜康妃		孝恪淵純慈懿恭順贊天開聖皇后		1531年~1554年1月	明穆宗 朱載垕

	5	沈宸妃		宸妃		
	6	閻麗妃		麗妃		哀冲太子朱載基
	7	曹端妃		端妃		常安公主
	8	盧靖妃		靖妃		景恭王 朱載圳
	9	江肅妃		肅妃		穎殤王 朱載啇
	10	趙懿妃		懿妃		戚懷王 朱載㘽
	11	陳雍妃		雍妃		薊哀王 朱載 歸善公主 朱瑞燦
	12	趙榮妃		榮妃		均思王 朱載㙾
	13	王寧嬪		寧嬪		
	14	鄭嬪		嬪		
	15	韋嬪		嬪		
	16	盧嬪		嬪		
	17	沈嬪		嬪		
	18	杜嬪		嬪		
明穆宗 朱載垕	1	李夫人		孝懿貞惠順哲恭仁儷天襄聖莊皇后	?~1558年4月	憲懷太子朱翊釴
	2	陳皇后		孝安貞懿恭純溫惠佐天弘聖皇后	1567年3月 ~1596年7月	
	3	李貴妃		孝定貞純欽仁端肅弼天祚聖皇太后	1567年3月 ~1614年2月	明神宗 朱翊鈞 潞簡王 朱翊鏐
明神宗 朱翊鈞	1	王皇后	王喜姐	孝端貞恪莊惠仁明媲天毓聖皇顯后	1578年~1620年	
	2	王貴妃		孝靖溫懿敬讓貞慈參天胤聖皇太后	1581年~1611年	明光宗 朱常洛
	3	鄭貴妃		恭恪惠榮和靖皇貴妃	?~1630年7月	明恭宗 朱常洵 沅懷王 朱常治 壽寧公主
	4	周端妃		端妃		瑞王 朱常浩
	5	李貴妃		貴妃		惠王 朱常潤 明禮宗 朱常瀛
	6	劉昭妃		皇太妃		
	7	李德嬪		德嬪		仙居公主
明光宗 朱常洛	1	郭夫人		孝元昭懿哲惠莊仁合天弼聖貞皇后		
	2	王才人		孝和恭獻溫穆徽慈諧天鞠聖皇太后		明熹宗 朱由校 簡懷王 朱由㰘
	3	劉淑女		孝純恭懿淑穆莊靜毘天毓聖皇太后		明思宗 朱由檢

명 13릉의 건축물 현황

릉명	묘호	연호	석패방	대홍문	비정	석상생	영성문	능문	신주고	능은문	능은전	배전	침문	이주문	석오공	명루	지궁현상
장릉	성조	영락	유	유	유	유	유	유	훼손	유	유	훼손	유	유	유	유	완호
헌릉	인종	홍희	무	무	훼손	무	무	무	훼손	훼손	훼손	훼손	유	잔	유	명	완호
경릉	선종	선덕	무	무	훼손	무	무	뮤	훼손	훼손	훼손	훼손	유	유	유	유	완호
유릉	영종	정통	무	무	훼손	무	무	무	훼손	훼손	훼손	훼손	유	잔	유	잔	완호
무릉	헌종	성화	무	무	훼손	무	무	무	훼손	훼손	훼손	훼손	잔	잔	유	잔	완호
태릉	효종	홍치	무	무	훼손	무	무	무	훼손	훼손	훼손	훼손	잔	잔	유	잔	완호
강릉	무종	정덕	무	무	훼손	무	무	무	훼손	훼손	훼손	훼손	유	유	유	유	완호
영릉	세종	가정	무	무	훼손	무	무	유	훼손	훼손	훼손	훼손	무	유	유	유	완호
소릉	목종	융경	무	무	유	무	무	무	유	유	유	유	유	유	유	유	완호
정릉	신종	만력	무	무	훼손	무	무	유	훼손	훼손	훼손	훼손	무	유	유	유	완호
경릉	광종	태창	무	무	훼손	무	무	무	훼손	훼손	훼손	훼손	잔	잔	유	유	완호
덕릉	희종	천계	무	무	훼손	무	무	무	훼손	유	훼손	훼손	유	유	유	유	완호
사릉	사종	숭정	무	무	훼손	무	무	무	무	훼손	훼손	훼손	무	무	유	훼손	도굴

1. 장릉은 명대 건축물은 신주고와 배전을 제외하고는 완전하다.
2. 소릉의 원 건축물은 다른 능과 같다.

참고문헌

사료

(南唐)何溥 著,『靈城精義』.
(唐)楊筠松 著,『撼龍經』.
(唐)_____,『疑龍經』.
(晋)郭璞 著,『葬書』.

중국문헌

康浩明,『皇帝背後的女人』, 內蒙古人民出版社, 2006.
高友謙,『理氣風水』, 團結出版社, 2006.
_____,『中國風水文化』, 團結出版社, 2006.
唐智波,『八卦日晷』, 宗敎文化出版社, 2005.
『明淸帝后陵』, 中國世界語出版社, 1992.
毛上文 溫芳,『陰陽宅風水』, 團結出版社, 2008.
邵偉華,『中國風水秘策』, 中州古籍出版社, 2007.
晏子友,『明淸帝王及其陵寢』, 台海出版社, 1997.
晏子有,『淸東西陵』, 中國靑年出版社, 2004.
辛侎柱,『正統風水地理原典』권1·2·3, 韓國自然風水地理學會, 1994.
哀守定,『堪輿大全』, 華齡出版社, 2006.
楊文衡,『中國風水十講』, 華夏出版社, 2007.
吳少珉·徐金星,『河洛文化通論』, 光明日報出版社, 2006.
王其亨,『風水地理理論硏究』, 天津大學出版社, 1992.
王玉德,『尋龍點穴』, 中國電影出版社, 2006.
王子林,『紫禁城 風水』, 紫禁城出版社, 2005.
王前華·廖錦漢,『明孝陵史話』, 南京出版社, 2005.
于希賢 于涌,『風水理論與實踐』上券, 光明日報出版社, 2005.

袁守定, 李非 白活主 譯,『地理啖蔗錄』, 華齡出版社, 2006.
劉沛林,『風水』, 上海三聯書店, 2005.
林徽因,『風生水起』, 團結出版社, 2007.
張茗陽,『生存風水學』, 學林出版社, 2005.
張玉正,『細說中國帝陵風水』, 聖環圖書, 2008.
蔣平階 輯, 李峰整理,『水龍經』, 海南出版社, 2003.
褚良才,『易經·風水·建築』, 學林出版社, 2004년.
趙玉材,『繪圖地理五訣』, 華齡出版社, 2006.
朱天運,『十三陵風水探秘』, 中國青年出版社, 2005.
何曉昕 羅雋,『中國風水史』, 九州出版社, 2008.
胡漢生,『明十三陵』, 中國青年出版社, 1998.
_____,『明十三陵探秘 160問』, 北京燕山出版社, 2004.
華　博,『中國盜墓』, 中國友誼出版公司, 2006.
黃　濂,『中國歷代皇帝陵』, 大連出版社, 1997.

한국문헌

강영환,『한국주거문화의 역사』, 기문당, 1993.
곽　박, 허찬구 역,『장서역주』, 비봉출판사, 2005
김광언,『풍수지리』, 대원사, 1993.
김동규,『구성학』, 명문당, 1990.
김동규 역,『지리나경투해』, 명문당, 1992.
김두규,『조선풍수학인의 생애와 논쟁』, 궁리출판, 2000.
노　자, 오강남 풀이,『도덕경』, 현암사, 2008.
노도향 역,『택리지』, 명지대출판부, 1975.
두산백과사전(EnCyber & EnCyber.com).
樓慶西, 한동수 옮김,『중국의 고대건축』, 도서출판 혜안, 2004.
『민속학연구』제17호, 국립민속박물관, 2005.12.
박덕규,『중국역사이야기』12·13, 일송북, 2008.
박시익,『한국의 풍수지리와 건축』, 일빛출판사, 2001.

박정해,「풍수지리 관점으로 본 서울근교 음식점 입지패턴에 관한 연구」, 한양대석사학위논문, 2005.

_____,「동・서사택론의 이론체계의 고찰」,『한국건축역사학회 2008년도 춘계학술발표대회논문집』, 2008, 313~326쪽.

_____,「동구릉 좌향에 대한 지리신법 적용여부에 관한 연구」,『한국건축역사학회 2008년도 추계학술발표대회논문집』, 2008, 331~342쪽.

박주봉,『한국풍수지리의 원리』, 관음출판사, 2002.

사 식, 김영수 옮김,『황제들의 중국사』, 돌베개, 2008.

사단법인 정통풍수지리학회(www.poongsoojiri.co.kr).

寺田隆信, 서인범・송정수,『중국의 역사』, 도서출판 혜안, 2006.

上官平, 차효진 옮김,『황제』, 달과소, 2008.

서선계・서선술, 김동규 역,『인자수지』, 명문당, 1992.

손정호,『명당비전』, 신지서원, 2002.

신경준, 박용수 해설,『산경표』, 푸른산, 1990.

신성곤・윤혜영,『중국사』, 서해문집, 2008.

楊 寬, 장인성・인대희 옮김,『중국역대陵寢제도』, 도서출판 서경문화사, 2005.

양보경,「조선시대의 자연 인식 체계」,『한국사시민강좌』, 14, 일조각, 1994.

유종근・최영주,『한국 풍수의 원리』, 동학사, 1997.

이 찬,「韓國地理學史」,『한국문화사대계』Ⅲ, 고려대민족문화연구소, 1968.

이명석,『명사비전』, 대보사, 2000.

이몽일,『한국풍수사상사』, 명보문화사, 1991.

이태희,『십승지』, 도서출판 참나무, 1998.

이한종,『풍수지리학, 오성출판사, 1997.

이호일,『조선의 왕릉』, 가람기획, 2007.

장보웅,『한국의 민가』, 법문사, 1989.

장익호,『유산록』, 1990.

_____,『용수정경』, 1995.

정경연,『정통풍수지리』, 평단, 2003.

_____,「강남・서초구의 풍수지리적 특성 연구」, 대구한의대 석사학위논문, 2004.

조관희,『이야기중국사』, 청아출판사, 2008.

『주간동아』 504호, 2005.10. 4.

지창룡, 『한국풍수지리총람』, 명문당, 1994.

채성우, 김두규 역, 『명산론』, 비봉출판사, 2002.

천인호, 『풍수사상의 이해』, 세종출판사, 1999.

최길성 역, 『조선의 풍수』, 민음사, 1990.

최영주, 『신한국풍수』, 동학사, 1992.

최창조, 『한국의 풍수사상』, 민음사, 1984.

_____, 『좋은 땅이란 어디를 말함인가』, 서해문집, 1990.

_____, 『서양인인 본 생활풍수』, 민음사, 1995.

_____, 『한국의 자생풍수』 1·2, 민음사, 1997.

최창조 역, 『청오경 금낭경』, 민음사, 1993.

한국문화역사지리학회, 『한국의 전통지리사상』, 민음사, 1991.

한동환, 『풍수사상과 환경』, 푸른나무, 1995.

한성희, 『조선왕릉의 비밀』, 솔지미디어, 2006.

한송계 역, 『명당전서』, 명문당, 1975.

찾아보기

가정제嘉靖帝 209
간룡幹龍 32
간좌곤향艮坐坤向 217
감여堪輿 16
감용경撼龍經 125
감파풍수竷派風水 21
감파竷派 20
갑좌경향甲坐庚向 258
강룡强龍 34
강릉康陵 201
거문巨門 125
거시据屍 207
거애擧哀 301
건문제建文帝 147, 269
건좌손향乾坐巽向 230
겁룡劫龍 34
겁살명당劫殺明堂 47
경도명당傾倒明堂 47
경릉景陵 167
경릉慶陵 246
경태景泰 175

경태와景泰注 249
경태제景泰帝 249
경황제景皇帝 272
계통성系統性 16
고굉사산股肱砂山 136
고굉용호股肱龍虎 133
곤륜산崑崙山 33
과협過峽 35, 164
곽박郭璞 13
광동廣東 34
광야명당曠野明堂 47
교쇄명당交鎖明堂 46
구궁도九宮圖 113
구궁팔풍도九宮八風圖 130
구복전具服殿 89
구성九星 125
국각國榷 200
군도산맥軍都山脈 121
궤배跪拜 301
귀뚜라미 천자蟋蟀天子 169
귀주貴州 34

찾아보기 321

극성極星   151
금령산金岭山   206
금성낙맥金星落脈   153
금정穴中   113
금한구역禁限區域   121
기맥氣脈   23
기복위이起伏逶迤   129
기연산祁連山   121
기진忌辰   295
길吉   24

나경佩鐵   21
낙맥落脈   127
낙타산駱駝山   257
남간룡南幹龍   33, 34
남경성   21
남목柟木   219
내룡來龍   127
노군당구老君堂口   119
녹마산鹿馬山   262
녹존祿存   125
능대陵臺   82
능문陵門   105
능은문稜恩門   105
능은전稜恩殿   105

담욕령潭峪岭   255
담자사潭柘寺   61

대궁大宮   291
대명태종문황제지릉大明太宗文皇帝之陵   157
대별산大別山   33
대세용-호大勢龍虎   133, 136
대욕산大峪山   54, 223
대의례지쟁大議禮之爭   211
대종代宗   272
대홍문大紅門   98
대회명당大會明堂   46
덕릉德陵   253
덕승구德勝口   119
도릉   262
독문讀文   301
동산구東山口   119
동소궁東小宮   287
동정東井   281

로爐   301
뢰문준賴文俊   20
료균경廖均卿   60
료우廖禹   20

마안산馬鞍山   16
만귀비 묘   281
만낭분촌萬娘墳村   283
만두산饅頭山   281
만력제萬歷帝   232
망산蟒山   54

맹동孟冬 295
명 13릉 21
명당明堂 23, 45
명루明樓 105
무곡武曲 125
무릉茂陵 183
문곡文曲 125
물 24
민파풍수閩派風水 21

박

박환剝換 35, 123
반고班固 22
반배명당反背明堂 47
방향方向 24, 48
배전配殿 105
백호통의白虎通義 22
보성寶城 105
보정寶頂 70, 105
복건성福建省 20, 34
복룡福龍 34
복부형覆釜形 251
부귀빈천富貴貧賤 23
북간룡北幹龍 33
북경성 21
분백로焚帛爐 105
분지환경盆地環境 54
빼어남[秀] 24

사

사砂 20
사가산史家山 197
사격砂格 24, 41
사단용-용포四團龍龍袍 299
사룡死龍 34
사릉思陵 259
사수미악沙水美惡 23
사신방위설四神方位說 19
살룡殺龍 34
삼강오상三綱五常 23
삼태三台 125
삼헌례三獻禮 297
상지相地 16
상택相宅 16
생극生剋 21
생기生氣 15, 29
생기설生氣說 18
생룡生龍 34
생왕사절生旺死絶 24
서달徐達 149
서산구西山口 119
서산릉西山陵 272
서우胥宇 16
서정西井 281
석공안石供案 105
석마구石磨溝 256
석문산石門山 178
석산부장石山不葬 207
석상생石像生 98
석패방石牌坊 98

찾아보기 323

선덕제宣德帝 167
선익사산蟬翼砂山 136
선익사蟬翼砂 179
선익용호蟬翼龍虎 133
성괘星卦 21
성단聖旦 295
성왕郕王 249
성화제成化帝 183
성효황후誠孝皇后 161
세종 세비 묘(도릉) 281
세종비와 태자 묘 281
소궁小宮 289
소목상망체제昭穆相望體制 64
소목체계昭穆體系 65
소산蘇山 186, 283
소조산小祖山 31, 32
수水 20
수구 24
수구사水口砂 42
순덕산純德山 223
순룡順龍 34
순장제도殉葬制度 176
술좌진향戌座辰向 243
숭산嵩山 33
숭정제崇禎帝 259
신고神庫 89
신공성덕비정神功聖德碑亭 98
신백로神帛爐 89
신백神帛 301
신종 4비 묘 281

신주神廚 89
십팔도령十八道岭 214

아

아이금산阿爾金山 121
아파원啞巴院 230
아헌례亞獻禮 297
안산案山 41, 136
안자구雁子口 119
압록강鴨綠江 33
약룡弱龍 34
양균송楊筠松 20
양금영楊金英 211
양부楊溥 175
양사기楊士奇 175
양영楊榮 175
양취령陽翠岭 214
여맥餘脈 192
역룡逆龍 34
연산산맥燕山山脈 61, 121
연산燕山 33
연음산沿陰山 33
연진령沿秦岭 33
연화산蓮花山 206
염정廉貞 125
염정화성체廉貞火星體 206
영락제永樂帝 145
영릉永陵 209
영성문欞星門 98
영성정의靈城精義 127

324　명십삼릉

오공교　105
오사모烏紗帽　299
오사익선관烏紗翼善冠　299
오상五常　24
오성도택五姓圖宅　16
오성五聲　16
오아욕襖兒峪　262
오음성리五音姓利　96
오음五音　16
오행설五行說　16
오행팔괘구궁격五行八卦九宮格　94
오행팔괘五行八卦　21
완주봉玩珠峰　85
왕급王伋　20
왕승은王承恩　261
왕진王振　175
요새릉역要塞陵域　54
요충지要衝地　54
용龍　20, 24
용맥龍脈　31
용반호거龍盤虎踞　17
용산龍山　54
용호교합수龍虎交合水　136
용호수龍虎水　133
우백호右白虎　19
우필右弼　125
운남雲南　34
웅성雄星　151
원군援軍　233
원천강袁天罡　20

위충현魏忠賢　254
유릉裕陵　174
유모乳母 객씨客氏　254
은전산銀錢山　285
음양설陰陽說　16
음후설蔭後說　19
이기종법理氣宗法　20
이기파理氣派　20
이순풍李淳風　20
이주문二柱門　105
인좌신향寅坐申向　173
인효황후仁孝皇后　149
임좌병향壬坐丙向　201
입수룡入首龍　207

자

자구榨子口　119
잠복룡潛伏龍　35
장강長江　33
장경葬經　19
장릉長陵　145
장면지지長眠之地　257
장서葬書　17
장수산長壽山　54
장열민황제지릉莊烈愍皇帝之陵　265
장지葬地　15
장풍득수설藏風得水說　18
재궁齋宮　89
적的　24
전귀비묘田貴妃墓　261

전방후원前方後圓　93, 97
전봉관傳奉官　195
전성甎城　89
전주작前朱雀　19
절장법截杖法　153
정격안挺擊案　247
정귀비 묘　281
정단正旦　295
정덕제正德帝　201
정릉定陵　232
정통제正統帝　174
제갈량諸葛亮　17
제릉도설帝陵圖說　199
조선朝鮮　233
존백尊帛　301
존성尊星　151
종묘파宗廟派　20
종헌례終獻禮　297
좌보左輔　125
좌보우필左輔右弼　127
좌청룡左青龍　19
주거학住居學　14
주견심朱見深　183
주고치朱高熾　160
주기옥朱祁鈺　249
주기진朱祁鎭　174
주밀명당周密明堂　46
주산主山　31, 36
주상락朱常洛　246
주세진朱世珍　85

주우탱朱祐樘　194
주유검朱由檢　259
주유교朱由校　253
주윤문朱允炆　269
주익균朱翊鈞　232
주작수朱雀水　133, 136
주첨기朱瞻基　167
주체朱棣　145
주황후周皇后　261
주후조朱厚照　201
주후총朱厚熜　209
주희朱熹　59
중간룡中幹龍　33
중산구中山口　119
증문천曾文辿　20
지궁地宮　79
지룡支龍　32
지리오결　23
지맥地脈　16
지주산蜘蛛山　257
진박陳搏　20
진시황제　16
진眞　24
진택지眞宅地　17

창
평성후산昌平後山　54
천계제天啓帝　253
천수령산天壽靈山　155
천수산天壽山　54

천심십도법天心十道法 243
천을태을天乙太乙 127
천지天地 16
천하대사묘天下大師墓 269
청낭青囊 16
청 동·서릉 21
청오青烏 16
초헌례 297
추석구錐石口 119
축문祝文 301
춘추번로春秋繁露 22
취길피흉取吉避凶 13
취보산聚寶山 190
칠공교 105

탐랑貪狼 125
태릉泰陵 194
태일구궁격太一九宮格 113
태조산太祖山 31, 32
태창제泰昌帝 246
태행산太行山 33, 121, 155
태화전太和殿 136
택법宅法 21
토목보土木堡의 변變 175
토성土城 89
퇴룡退龍 34

파군破軍 125

품계도안 299
풍수 13
필가산筆架山 54, 197

하란산賀蘭山 33
하마비下馬碑 98
하수교합수蝦鬚交合水 136
하수사下手砂 179
하수수蝦鬚水 133
한포산汗包山 54
헌릉獻陵 160
헌작獻爵 301
현릉顯陵 223, 274
현장구賢莊口 119
혈穴 20, 24, 39
혈위평이법 257
형가形家 20
형론 59
형세종법形勢宗法 20
형세파形勢派 20
혜종惠宗 269
호산虎山 54
호욕산虎峪山 54
호혜후 소씨孝惠后邵氏 189
홍치제弘治帝 194
홍환안紅丸案 247
홍희제洪熙帝 160
화개華蓋 125
환포[抱] 24

황당皇堂 82	효순후孝純后 249
황성皇城 89	효안후孝安后 222
황토산黃土山 61	효열후孝烈后 213
황하黃河 33	효원후孝元后 248
회남자淮南子 16	효의후孝懿后 222
회남淮南 34	효장황후孝莊皇后 177
회령구灰岭口 119	효정황후孝貞皇后 187
효각후孝恪后 213	효정후孝定后 222
효강후장씨孝康后張氏 196	효정후孝靖后 236
효결황후孝潔皇后 213	효정후 하씨 205
효단후孝端后 235	효화후孝和后 248
효목황후孝穆皇后 187	후현무後玄武 19
효숙태후孝肅太后 177	흠천감관원欽天監官員 74